역사가
기억하는
제국시대

기원전 500년부터 500년까지

궈팡 편저 이한님 옮김

꾸벅

4대 강 유역에서 출발한 인류 문명은 외부와 활발히 교류하며 지속적으로 발전했다. 이곳에서 인류 역사는 평화롭다가도 잔혹한 살육 전쟁이 벌어지며 다시 통일을 이루고 그리고 이 과정을 반복하며 성장했다.

페르시아는 역사 최초로 유럽과 아시아, 아프리카를 잇는 광활한 제국을 이룩했다. 동방의 진주로 불리는 페르시아는 유프라테스와 티그리스 강과 나일 강, 인더스 강까지 아우르는 문명의 메카였다. 이곳은 동서양 문명이 한데 모였던 곳이자 후대 문명의 요람이었다.

마우리아 왕조의 아소카 왕이 불교에 귀의하면서 석가모니가 일으킨 불교가 빠르게 전파되었다. 그러나 마우리아 왕조도 얼마 못가 역사의 저편으로 사라졌다. 절망에 빠져 있던 인도는 기원전 4세기에 찬드라굽타 왕조가 등장하면서 옛날의 영광을 재현했다.

마케도니아의 알렉산드로스 대왕은 유일하게 자신의 이름을 국명으로 삼은 인물이었다. 위대한 선현 아리스토텔레스의 가르침을 받아 청년 시절에 고대 그리스의 영웅 전설에 심취했다. 그의 비상한 머리와 두려움을 모르는 용맹함은 페르시아제국을 물리칠 수 있었던 큰 원동력이었다. 당시 유럽 문명은 아시아와 아프리카까지 널리 전파되었고, 알렉산드로스의 영토 확장과 함께 고대 그리스의 문화도 세계 곳곳에 전해졌다. 동서양의 문화가 가장 이상적으로 결합하여 찬란하게 빛을 발하던 시기였다.

그러나 알렉산드로스 시대도 영원하지 못했다. 그가 13년 동안 왕좌를 지키다가 세상을 떠난 후, 세계는 분열하고 분쟁으로 얼룩졌다. 대제국은 이렇게 여러 나라로 나뉘었지만, 그 후에도 헬레니즘 문화를 꽃피웠다. 당시의 건축 예술과 철학은 오늘날까지 지대한 영향을 끼쳤다.

고대에 지중해 서쪽에 막강한 세력이 등장했다. 카르타고와 사활을 건 전쟁에서 당당히 승리한 자들, 로마가 지중해의 패자로 등장했다. 아우구스투스가 이끄는 로마는 최고의 전성기를 누리며 역사상 가장 광활한 영토를 점령했다. 그러나 꿈같던 시절도 그리 오래가지 못했다. '인간 만사는 새옹지마'라 하지 않던가! 로마도 내란과 피비린내 나는 전쟁, 그리고 분열과 몰락이라는 어둠의 그림자에 휩싸였다.

한때 시대를 지배한 세계의 제국은 이제 아득한 역사 속 이야기가 되어버렸다. 그렇지만 제국의 문명과 그 속에서 피어난 희로애락은 대대손손 전해져 오늘도 우리 곁에 살아 숨 쉬고 있다.

제 1 장

페르시아제국

제 2 장

고대 인도제국

제 **3** 장

고대 그리스

제**4**장

마케도니아제국

제**5**장

헬레니즘

제**6**장
로마제국

Age of Empires

History of the World

제 1 장

페르시아제국

'초승달 지대'의 정복자 페르시아

서아시아와 북아프리카는 세계에서 가장 유구한 고대 문명의 발상지이다. 이곳에서 페르시아는 긴 세월에 걸쳐 찬란하고 우아한 페르시아 문명을 꽃 피웠다. 또 용감무쌍한 페르시아인들은 유라시아에서 아프리카에 걸친 광활한 제국을 세웠다. 이 제국은 사산 왕조가 일으켜서 사산조 페르시아라고 한다. 페르시아는 약육강식의 시대 분위기 속에서 자신들만의 방식으로 역사를 창조했다.

페르시아, 꽃봉오리를 피우다

평화롭고 여유로운 조용한 마을, 건장한 남자들은 마을 밖으로 나가 사냥하고 소와 양을 쳤다. 작물이 무성하게 자라는 마을 어귀에서는 장난기 가득한 아이들이 삼삼오오 즐겁게 뛰놀고, 마을 주민들모두 행복한 한때를 보냈다. 그러던 중 유목 민족이 나타나면서 평화롭던 마을에는 어둠의 그림자가 드리웠다. 아리아인의 한 갈래인이 유목 민족은 희망과 동경을 품고 페르시아에 정착했다. 유프라테스와 티그리스 강 서쪽에 지중해를 향해 좁고 긴 활 모양으로 펼쳐지는 지역이 있는데, 이곳을 '초승달 지대'라고 한다.

▼ 고대 사산 왕조 시기의 은쟁반

기원전 7세기 후반, 당시 이란의 서부 고원에서는 메디아왕국이 강성해져 고원 대부분 지역을 지배했다. 시간이 흘러 기원전 558년에 키루스 2세가 페르시아의 왕으로 추대되었다. 오랫동안 메디아의 지배를 받아 온 페르시아에 키루스 2세는 구세주와같았다. 키루스 2세는 왕궁과 사당을 세워 페르시아인들을 더욱 단결시켰다. 또 넓은 안목으로 영토를 확장하며 서방 세계에 페르시아의 존재를 알렸다. 이 무렵 부패가 끊이지 않던 메디아는 페르시아의 눈에 가장 쉽게 먹힐 것 같은 먹잇감이었다.

페르시아 군대는 보병과 기병 부대를 갖추었고, 기병을 중심으로 강력한 전투력을 발휘해 승승장구했다. 메디아군은 새롭게 떠오른 페르시아군의 적수가 되지 못하고 패배를 거듭하다가 결국 참패했다. 이때부터 페르시아인이 초승달 지대의 새로운 주인이 되었다.

대적할 자 없는 막강한 세력

이제 메디아를 정복한 페르시아에 더 이상의 적수는 없어 보였다. 기원전 547~546년에 페르시아와 소아시아의 강국 리디아 사이에 전쟁이 벌어졌다. 혹독한 추위로 전쟁하기에는 더없이 어려운 상황이었다. 그러나 페르시아는 승리를 예상하기라도 한 듯 철저히 전쟁 준비를 했다. 그 결과, 2주라는 짧은 시간에 채 한 세기도 번영을 누리지 못한 대국 리디아가 멸망했고 리디아의 왕 크로이소스는 포로가 되었다.

키루스 2세는 또다시 정복 활동에 나섰다. 짧은 시간 동안 페르시아는 소아시아 해안 지역의 고대 그리스 도시국가들을 하나씩 집어삼켰다. 그런데 안타깝게도 키루스 2세는 이번 정복 전쟁 중에 벌어진 격렬한 전투에서 전사했다. 그 뒤를 이어 황제가 된 키루스 2세의 아들 캄비세스가 아버지의 대업을 이어받아 남쪽으로 원정해서 이집트를 점령했지만, 기원전 492년 페르시아 전쟁에서 참패해 점차 쇠락의 길로 접어들었다. 그리하여 기원전 334년에는 알렉산드로스 대왕의 마케도니아군에 의해 페르시아 왕궁마저 화마에 휩싸이면서 승승장구하던 페르시아제국은 더 이상 앞으로 나아가지 못하고 결국 역사 속으로 사라져버렸다. 신이 내린 완벽한 땅인 초승달 지대는 한때 제국들의 격전 속에서 제 모습을 잃어갔으나, 훗날 알렉산드로스 대왕이 정복하면서 번성하던 과거의 모습을 되찾았다.

찬란하던 꽃이 시들다

알렉산드로스의 군대가 도착했다 하면 상대는 늘 먼저 겁을 먹고 백기를 들었다. 알렉산드로스는 뛰어난 전술로 초승달 지대를 점령했다. 그리고 그리스 원정이라는 목표를 달성하기 위해 모든 수단과 방법을 동원했다. 그러나 그리스 원정 성공을 눈앞에 두고 알렉산드로스가 젊은 나이에 세상을 떠나면서 제국은 크나큰 위기에 부딪혔다. 이후 알렉산드로스제국의 광대한 영토는 마케도니아, 시리아, 이집트 세 나라로 나뉘었고, 셀레우코스가 페르시아를 통치했다. 그

후로 키루스의 후예는 오랫동안 수치와 모욕을 당하는 세월을 보내
야 했다. 그러던 기원전 247년에 그들은 결국 반란을 일으켜 파르티
아 왕조를 세웠다. 그러나 혜성처럼 등장한 파르티아 왕조도 1세기
이후 점차 쇠퇴했다.

페르시아는 찬란한 문명을 탄생시켜 한 시대를 풍미했으나, 점차
그 힘은 약해졌고 끊임없이 왕조가 교체되면서 화려했던 과거는 덧
없이 스러졌다. 번영하던 때 꿈꾸던 희망과 장밋빛 미래에는 점점
검은 그림자가 드리웠다. 그러다 사산 왕조에 이르러서야 드디어 세
력을 갖춰 페르시아를 통일했다. 이후 통일된 페르시아제국은 이전
왕조의 기상을 이어 영토를 넓히고자 정복 활동에 나섰다. 샤푸르
1세가 통치한 시기에 사산조 페르시아는 서아시아 지역의 새로운
패자로 떠올랐다.

그러나 이렇게 번성한 사산 왕조에도 어느덧 쇠퇴의 그림자가 다
가왔다. 마침내는 사산 왕조도 진퇴양난의 상황에 몰려 역사의 저편
으로 사라지면서 페르시아는 복잡한 중세를 맞이했다.

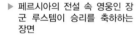
▶ 페르시아의 전설 속 영웅인 장
군 루스템이 승리를 축하하는
장면

미치광이 폭군 캄비세스 2세

'왕 중의 왕'으로 평가되는 키루스 2세와 달리 그의 아들 캄비세스 2세는 폭군으로 기억된다. 선천적으로 간질을 앓은 캄비세스 2세는 속국인 이집트의 신을 모독하는 등 악행을 일삼았다. 한편, 이 폭군의 죽음은 아직도 풀리지 않는 수수께끼로 남아 있다. 캄비세스 2세는 역사상 가장 난폭한 왕이었다.

찬란함에 드리운 어둠

캄비세스 2세의 아버지인 키루스 2세는 역사상 가장 뛰어난 왕으로 손꼽힌다. 키루스 2세는 강한 군대를 이끌고 메디아, 파르티아, 리디아, 소아시아 지역에 있는 고대 그리스의 여러 도시국가, 오늘날 이란 서남쪽의 이란 고원에 있던 작은 마을은 물론 바빌로니아 제국까지 정복해 방대한 대국을 지배했다. 그는 배포도 크고 앞날을 내다볼 줄 아는 혜안까지 갖췄다. 훗날 키루스 2세는 페르시아의 국부로 칭송 받으며 고대 그리스의 영웅이 되었다. 또 유대인들은 '성유[1]의 부음을 받은 왕' 또는 '은인'이라 부르며 그를 영원히 기억했다.

◀ **키루스 2세의 죽음**

기원전 530년에 키루스 2세는 카스피 해의 동쪽에 있는 광활한 초원의 마사게타이를 정복하기로 했다. 마사게타이족은 토미리스 여왕의 지휘로 페르시아 군대와 격렬한 전투를 벌였다. 마침내 페르시아군은 전멸했고, 키루스 2세도 전사했다. 그러자 토미리스 여왕은 키루스 2세의 목을 베어서 미리 피를 가득 담아 둔 단지에 넣고, 자신이 맹세를 지켰다고 공표했다.[2]

---

1) 가톨릭 교회에서 성사나 축성 등 세 가지 용도에 사용하는 기름으로 은총의 상징
2) 지난 날 키루스 2세가 토미리스 여왕에게 막무가내로 수청을 들라고 요구했고 이에 여왕이 딱 잘라 거절했다. 이 일로 너무나도 수치스러웠던 여왕은 피에 주린 키루스 2세에게 실컷 피를 마시게 하겠다고 신들에게 맹세했다.

캄비세스 2세는 왕위에 오르기 전에 이미 아버지와 함께 나라를 다스렸다. 바빌로니아에서는 키루스 2세 대신 왕으로서의 모든 권리를 행사하기도 했다. 당시 캄비세스 2세는 늘 두려움에 떨었다. 그는 아버지의 후광과 위대한 업적이 자신을 억누른다고 생각했기 때문에 영원히 아버지를 능가하는 업적을 이루지 못할까 봐 두려웠다. 이러한 부담은 그에게 심리적으로 큰 압박이 되었고, 급기야는 아버지의 공적을 시기하기 시작했다. 어느 날 그가 신하에게 물었다.

"나를 아버지와 비교할 수 있겠는가?"

아첨을 잘하는 그 신하는 이렇게 대답했다.

"캄비세스 왕이여, 전하께서는 이미 아버지를 뛰어 넘으셨지요. 전하께서는 선친이 통치하신 영토의 주인이 되셨을 뿐만 아니라 이집트를 정복하셨기 때문입니다."

당시의 지성 크로이소스는 더 완곡한 표현으로 캄비세스 2세를 치켜세웠다.

"키루스의 아들이시여, 전하를 아버지와 비교할 수 없습니다. 선친은 전하와 같은 훌륭한 아드님을 두셨지만, 전하는 그렇지 않으시기 때문입니다."

이 말을 들은 캄비세스 2세는 더할 나위 없이 기뻐했다.

질투의 화신이자 폭군으로 잔혹한 행동을 일삼았던 그는 아버지의 그늘에서 벗어나기 위해 눈에 띄는 업적을 세우는 데 급급했다. 조급하고 초조했던 캄비세스 2세는 결국 점점 폭군으로 변해갔다.

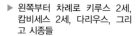
▶ 왼쪽부터 차례로 키루스 2세, 캄비세스 2세, 다리우스, 그리고 시종들

물거품이 된 이집트 원정의 꿈

캄비세스 2세는 왕위에 오르자마자 아버지보다 위대한 공을 세우기 위해 수단과 방법을 가리지 않았다. 기원전 525년에 캄비세스 2세는 나일 삼각주에 있는 펠루시움에서 적들을 물리치고 비옥한 이집트를 정복했다. 그가 이집트로 향한 이유에 대해 고대 그리스의 역사학자 헤로도토스는 이렇게 설명했다.

"당시 캄비세스 2세는 이집트의 파라오 아모세 2세의 공주를 아내로 맞고 싶었다. 이 소식을 들은 아모세 2세는 캄비세스 2세가 진심으로 공주를 사랑해서 그런 것이 아니라고 생각했다. 딸이 모욕을 당하도록 내버려 둘 수는 없었지만, 캄비세스 2세에게 반발하는 것은 곧 대제국 페르시아에 반역하는 행동이었다. 그러던 중에 아모세 2세는 문득 기막힌 해결 방법이 생각났다. 그는 폐위된 전왕 와히브레의 딸을 공주로 변장시켜 페르시아에 보냈다. 와히브레의 딸은 미모가 빼어나서 캄비세스 2세의 사랑을 한 몸에 받았다. 그러나 행복한 시간은 잠시뿐이었다. 어느 날 그녀가 캄비세스 2세에게 말했다.

"왕이시여! 어찌하여 아모세에게 속은 것을 모르십니까? 그는 왕께 진짜 공주 대신 저를 보냈습니다. 사실 저는 전 파라오인 와히브레의 딸입니다. 그가 반란을 일으켜 제 아버지를 죽이고 이집트의 왕위에 올랐습니다."

그러자 캄비세스 2세는 화가 머리끝까지 치밀었다. 그리고 아모세 2세를 철저하게 응징하기 위해 곧바로 이집트 원정에 나섰다.

광활한 사막을 거쳐 캄비세스 2세의 군대는 나일 강 펠루시움 하구 부근에서 이집트의 대군과 격렬한 전투를 벌였다. 한 치의 양보도 없는 격전으로 곳곳에 시체가 나뒹굴었고 강물은 온통 피로 물들었다. 곧바로 캄비세스 2세가 '태양의 도시'라는 뜻의 헬리오폴리스와 멤피스를 공략하면서 이집트를 점령했다. 이집트 원정을 성공적으로 마치며 오랜 숙원을 푸는 듯 했으나 여기서 만족하지 않고 에티오피아를 정복하고자 나섰다. 하지만 준비가 부족했고 식량이 동나 버려서 결국 퇴각해야 했다. 한편, 시와 오아시스로 향한 또 다른 페르시아 군대는 사막에서 전멸했다. 화는 또 다른 화를 부른다는 말이 있듯이, 페르시아 내부에서도 가우마타가 반란을 일으켰다. 사면초가에 놓인 캄비세스는 반란을 잠재우기 위해 서둘러 귀국하던 도중에 뜻밖의 사고로 세상을 떠났다.

잔혹한 폭군

캄비세스 2세는 왜 실패했을까? 그의 난폭한 통치와 광기 어린 행동이 하늘과 백성을 분노하게 했기 때문이라고 할 수 있다.

캄비세스 2세는 난폭하고 제멋대로였으며 걸핏하면 광기 어린 행동을 했다. 그래서 사람들은 그를 잔혹한 폭군이라고 불렀다. 프레사스페스는 캄비세스 2세의 충신이었다. 그의 아들 또한 캄비세스 2세의 두터운 신임을 받아 행상직을 맡았다. 어느 날 캄비세스 2세가 프레사스페스에게 물었다.

"페르시아 백성은 과인을 어떻게 생각하는가?"

그가 대답했다.

"전하, 페르시아 백성은 전하의 일거수일투족을 모두 칭송합니다. 다만, 전하께서 술을 너무 좋아하시는 것은 아닌지 이야기하기도 합니다."

그 말을 듣고 캄비세스 2세가 격분해서 물었다.

"그것은 너의 생각인가, 아니면 정말로 페르시아 백성의 생각인가?"

그러고는 두려움에 떠는 프레사스페스에게 섬뜩하게 웃으면서 말했다.

"그럼 이렇게 하도록 하자. 네 말이 진실인지 거짓인지 시험해 보겠다. 집 앞에 서 있는 네 아들의 심장을 화살로 명중시킬 수 있다면 페르시아 백성이 근거 없는 말을 했다고 증명해보일 수 있을 것이다."

캄비세스 2세는 말이 떨어지기 무섭게 프레사스페스의 아들을 향해 활시위를 팽팽하게 당겼다. 화살이 시위를 떠나 날아가는 소리가 들린 순간, 프레사스페스의 가엾은 어린 아들이 풀썩 쓰러졌다. 캄비세스 2세의 잔인함은 여기에서 끝나지 않았다. 그는 아이의 배를 갈라서 화살이 심장에 명중한 것을 확인하고 크게 기뻐했다. 심지어는 너무나도 기쁜 나머지 큰 소리로 껄껄 웃으며 이렇게 말했다.

"자, 보아라! 내가 바로 완벽한 왕, 위대한 군주 캄비세스이다."

또 어느 날은 별로 대수롭지 않은 일을 이유로 귀족 12명을 생매장하기도 했다.

자신의 충신에게도 이처럼 잔인했던 캄비세스 2세는 정복한 땅의 백성에 대해서는 더욱 잔혹했다. 캄비세스 2세는 이집트를 정복하면서 이집트 파라오 프삼티크 3세를 포로로 잡았다. 그 후 이집트 파라오와 이집트인을 모두 성 밖으로 내쫓고, 이집트 공주와 금지옥엽으로 자란 귀족 가문의 딸들에게 노비 차림을 하게 하고 물세례를 퍼부었다. 그때까지 손에 물 한 방울 묻히지 않고 걱정이라고는 모르고 살던 여인들은 수치를 느끼며 눈물을 훔쳤다. 귀족의 아들들은 밧줄에 꽁꽁 묶인 채 입에 재갈을 물고 단두대로 걸어갔다. 파라오와 귀족들은 아들과 딸이 수치를 당하는 모습을 보며 칼로 심장을 도려내는 듯 마음이 아팠고, 가슴이 미어질 정도로 비통하게 울었다. 그런데 한편에서 호탕한 웃음소리가 들렸다. 그 웃음소리의 주인공은 다름 아닌 캄비세스 2세였다.

이즈음 캄비세스 2세는 에티오피아 왕의 오만함에 크게 분노해서 에티오피아를 공격할 것을 명령했다. 그러나 이는 이집트에서 에티오피아까지의 거리를 따지지 않고 무모하게 시작한 원정이었다. 페르시아군은 에티오피아에 도착하기도 전에 식량이 바닥나 급기야는 굶어 죽은 전우의 인육까지 먹기 시작했다. 사태가 이 지경에 이르자 페르시아군은 결국 에티오피아 원정을 포기하고 발길을 돌렸다.

▼ **키루스 2세의 왕릉**
키루스 2세는 페르시아제국의 첫 번째 수도인 파사르가대에 매장되었다. 이 백여 년이 지나 알렉산드로스 대왕이 파괴된 무덤을 재건해 2천 500년 동안 잘 보존되었다. 묘 옆 비문에는 '나는 키루스 2세, 아케메네스 왕조의 주인이다'는 글귀가 새겨있다.

19

이집트인들은 캄비세스 2세가 에티오피아 원정에 실패했다는 소식을 듣고는 전통 복장을 갖춰 입고 거리로 나와 성대하게 축하 의식을 벌였다. 이에 캄비세스 2세는 치를 떨며 분노했고 이집트인이 자신을 조롱한다고 생각했다. 그래서 곧바로 축하 의식에 참여한 이들을 사형에 처하고, 그들의 신 아피스를 데려오라고 명령한다. 아피스는 본래 새끼를 잉태할 수 없는 황소를 가리켰다. 이집트인들은 하늘이 노해서 어미 소를 지상 세계에 내려 보냈고, 그 어미 소가 아피스를 낳았다고 생각했다. 캄비세스 2세는 그들이 신으로 모시는 대상이 흔해빠진 동물인 것을 알고 허탈해했다. 그러고는 아피스의 목을 찔러 죽이려고 했는데, 급소를 명중시키지 못하고 허벅지를 찔렀다. 그는 이집트의 제사장들을 향해 비웃으면서 말했다.

"이 피투성이 짐승이 정녕 너희의 신이란 말인가? 이집트인이 모시는 신이란 고작 이런 것이었군!"

그는 무고한 제사장들에게 채찍을 휘둘렀고, 신을 위한 축하 의식 자체를 금지했다. 그리고 자신의 명령을 거역하는 자들에게 채찍을 내리쳐도 무방하다고 선언했다.

잔혹한 캄비세스와는 다르게 동생 바르디아는 출중한 재능에 배포가 넓은 인물로, 페르시아 백성에게 두터운 신뢰를 받았다. 질투의 화신 캄비세스 2세가 이를 가만히 두고 볼 리 없었다. 어느 날 캄비세스 2세는 꿈에서 바르디아가 왕위에 올랐다고 꾸며내어 그의 목을 가져오라고 자객을 보냈다. 한편, 캄비세스는 친남매인 왕비가 바르디아를 그리워하는 말을 꺼냈다는 이유로 그녀를 잔혹하게 죽였다. 고대 그리스의 역사학자 헤로도토스는 왕비의 죽음에 관해 두가지 가정을 제시했다. 어느 날 캄비세스 2세와 왕비가 강아지와 새끼 사자의 싸움을 관람하고 있었다. 강아지가 공격받자 이를 지켜보던 또 다른 강아지가 쇠사슬에서 벗어나려고 몸부림쳤다. 결국, 강아지 두 마리는 협공으로 새끼 사자를 물리쳤다. 그 광경을 보고 캄비세스 2세는 탄성을 내뱉으며 너무나도 기뻐했다. 그러나 옆에 있던 왕비는 울음을 터뜨렸다. 의아한 캄비세스 2세가 왕비에게 왜 우느냐고 물었다. 그러자 그녀는 문득 바르디아가 생각났다면서 당시에 왜 아무도 바르디아의 원한을 갚아주지 않았을까 하고 생각해 보니 자신도 모르게 울음이 터졌다고 말했다. 그 말을 들은 캄비세스 2세는 분노해서 곧바로 왕비에게 사형을 선고했다. 이 밖에 왕비의 죽음을 둘러싼 또 다른 가정도 제기되었다. 어느 날 캄비세스 2 세와 왕비가 함께 탁자 앞에 앉아 있을 때 왕비가 상추 줄기에서 상 추 잎을 하나씩 뜯어내며 물었다.

"왕이시여, 잎이 많은 것이 보기 좋으십니까, 아니면 한두 개만 있 는 것이 좋으십니까?"

캄비세스가 대답했다.

"많은 것이 좋지."

그러자 왕비가 이렇게 말했다.

"그렇지만 왕께서는 가족을 모조리 몰살하지 않으셨습니까? 이것 처럼요."

캄비세스 2세는 그 말을 듣고 너무 화가 난 나머지, 임신 중인 왕 비를 밀어 넘어뜨렸다. 이 일로 왕비는 유산했고, 곧 세상을 떠났다.

죽음을 둘러싼 의혹

특별한 사람의 죽음은 일반 사람들과는 다르기 마련이다. 혹은 캄 비세스 2세의 폭정에 격분한 후대 사람들이 아마도 그가 보복이나 신의 저주를 받아서 죽었다는 등의 의미를 부여했을지도 모르겠다. 그래서인지 캄비세스 2세의 죽음을 둘러싸고 여러 가지 설이 제기 되었다. 역사의 진상을 밝혀내기 위해 고군분투하는 여러 역사학자 는 이 미스터리한 수수께끼를 꼭 밝혀내고 싶어한다. 헤로도토스가 내놓은 설에 따르면, 캄비세스 2세는 가우마타가 반란을 일으켰다 는 소식을 듣고 분노해서 곧장 말에 올라탔다고 한다. 그런데 뜻밖 에도 보검을 꽂아 놓은 칼집의 이음새가 떨어지면서 날카로운 칼끝 이 그의 허벅지를 찔렀다. 공교롭게도 캄비세스 2세가 부상당한 곳 은 이집트인이 숭배하는 황소 신 아피스를 찌른 바로 그 자리였다. 이십여 일이 지나자 상처는 감염되었고 궤양까지 생겨서 결국 캄비 세스 2세는 죽음을 맞이했다. 일부 학자들은 '비시툰의 비문'에 적 힌 글을 보고 캄비세스 2세가 자살했을 것이라고 주장하고, 혹자는 암살되었다고 하는 등 여러 설이 난무한다. 이제 독자 여러분이 미 궁에 빠진 캄비세스 2세의 사인을 풀어줄 것이라고 생각한다.

전쟁의 왕 다리우스 1세

그에게는 어떤 수식어가 어울릴까? 상대가 없는 막강한 실력자? 그보다는 '세계에 눈을 뜬 최초의 통치자'라고 하는 편이 나을 듯하다. 강력한 무력을 기반으로 대제국을 이루었을 뿐만 아니라 광대한 영토를 원활히 통치하기 위해 전국을 사트라피라는 20개의 행정 구역으로 나누고, 중앙에서 각 사트라피로 파견한 관리에게 세금과 군대 관리 업무를 맡겨 지방 세력을 견제했다. 이러한 제도는 후대의 로마, 아랍, 오스만 등 대제국에도 큰 영향을 미쳤다. 그는 바로 '전쟁의 왕'이자 '최고의 왕'인 다리우스 1세이다.

말 울음 소리로 천하를 거머쥐다

기원전 522년 3월 11일에 쿠데타가 일어났다. 이 쿠데타는 왕위에 오르기 전의 다리우스 1세가 출세할 기회이기도 했다. 페르시아의 왕 캄비세스 2세가 이집트 원정으로 자리를 비운 당시, 페르시아 왕궁에서는 가우마타가 최고 지휘권을 행사하고 있었다. 가우마타는 어느 날 캄비세스 2세가 자신의 동생 바르디아를 죽인 사실을 숨기고 있음을 알게 되었다. 그는 페르시아를 손에 넣을 절호의 기회를 포착하고, 바로 왕의 동생 바르디아를 자칭하며 쿠데타를 일으켰다. 당시 캄비세스 2세는 밀사에게 지령을 내려서 동생 바르디아를 죽였기 때문에 사람들은 그 내막을 알 리 없었다. 무엇보다 가우마타는 바르디아와 쌍둥이라고 해도 전혀 의심할 수 없을 정도로 꼭 닮아서 사람들은 가우마타가 캄비세스 2세의 동생이라는 사실을 조금도 의심하지 않았다. 가우마타는 여러 가지 새로운 정책을 펼쳐나갔고, 메디아왕국의 세력을 일으키기 위해 노력했다. 그렇게 진실은 영원히 베일 속에 감춰졌을까? 물론 아니었다. 가우마타가 즉위한 지 8개월째이던 때, 귀족 오타네스는 가우마타가 바르디아로 가장했다는 사실을 밝혀냈다. 이 오타네스는 바로 훗날 군주독재 체제를 비판하며 민주주의 체제로 전환하자고 제안한 장본인이다.

왕족 출신인 다리우스 1세는 가우마타의 세력이 약해지는 틈을 타 과감하게 진격해서 페르시아제국을 통일하기 위해 모든 노력을 쏟아 부었다. 그는 페르시아에서 가장 존귀한 신분인 동지 여섯 명과 함께 가짜 왕을 없애고 왕위를 되찾자고 계획했다. 그리고 몰래 왕의 침실에 침입해서 가우마타를 암살하고 마침내 반란에 성공했다.

　그러자 가우마타를 정통 후계자로 알고 있는 이들이 들고 일어나 페르시아에서는 한동안 내란이 벌어졌다. 그러나 다리우스 1세가 이를 차례차례 진압하면서 불안하던 정국은 점차 안정을 되찾아 갔다. 그 후 심각한 문제가 대두했다. 엄청나게 넓은 영토를 과연 누가 통치하느냐 하는 것이었다. 가우마타를 끌어내리는 데 의기투합한 일곱 사람은 열띤 논쟁을 벌였다. 모두 뾰족한 방법을 생각해내지 못하자 결국에는 모든 것을 신의 뜻에 맡기기로 했다. 이 일곱 명은 이튿날 동이 틀 때 성 밖에 모여서 각자의 말 중에 가장 먼저 운 말의 주인을 페르시아의 왕으로 받들기로 합의했다. 이때 다리우스는 자신의 말이 가장 먼저 울게 하기 위해서 수단과 방법을 가리지 않았다. 다리우스의 마부는 암말을 이용해서 다리우스가 탈 말을 잔뜩 흥분시켜 놓고, 해가 떠오를 때 그 말이 암말의 냄새를 맡게 해서 가장 먼저 울게 유도했다. 그러자 기권한 오타네스를 제외한 나머지 다섯 명은 곧장 말에서 내려 새로운 왕 앞에 엎드렸다. 다리우스 1세의 탄생이었다. 다리우스 1세는 왕위에 오른 후 이를 기념하기 위한 비석을 세웠다. 그 비석에는 이렇게 적혀 있다.

　'히스타스페스의 아들 다리우스, 말과 마부의 공로로 페르시아 왕위에 오르다.'

　다리우스 1세는 이렇게 단순한 방법으로 페르시아제국의 왕위에 올랐다.

잔혹한 전쟁 정책

　다리우스 1세가 왕위에 오른 후에도 페르시아제국의 국내 상황은 여전히 혼란스러웠다. 바빌로니아, 메디아, 엘람, 아시리아, 파르티아와 스키타이 등 지역에서 잇달아 반란이 일어났다. 정복 지역에서는 사람들이 반페르시아를 부르짖으며 시위를 벌였고, 페르시아 내부에서도 귀족들의 정권 쟁탈전이 끊임없이 이어졌다. 다리우스 1세는 새로 왕위에 오르자마자 이러한 정치적 시험대에 놓였다. 그는 경계 태세를 더욱 강화하고 무력 진압에 나서 우후죽순으로 일어나던 반란을 잠재웠다. 기원전 522년 12월에 다리우스는 직접 군대를 이끌고 대대적이고 잔혹한 진압에 나섰다. 먼저 바빌로니아의 반란을 진압하고, 이어서 2년여 동안 열여덟 번이나 전쟁을 일으켜 계속해서 승리했다. 비록 전쟁으로 군사 10만 명을 잃었지만, 그는 그 대가로 각지에서 일어난 반란을 성공적으로 잠재웠다. 이렇게 해서 바람 잘 날 없던 혼돈의 땅 페르시아제국은 안정을 되찾았다. 다리우스 1세는 철수하여 돌아오던 중에 득의 양양해서 어느 절벽에 고대 페르시아와 엘람, 그리고 바빌로니아 3개국의 문자로 '비시툰의 비문'을 새겼다. 자신의 업적을 기록해서 만천하에 알리려는 목적에서였다. 이 비문은 근대 영국의 오리엔트 학자 롤린슨이 설형 문자를 해독해내면서 고대 아시리아 연구의 기반을 마련해 주었다. 과연 다리우스 1세는 이러한 상황을 예측하기라도 했을까?

다리우스 1세는 페르시아제국을 통일한 이후 대외확장 정책을 펼치며 새로운 땅을 정복하기 위한 발걸음을 조금도 멈추지 않았다. 그의 정복계획은 인도에까지 이르렀고, 결국에는 인도를 점령했다. 그 후 페르시아 대군은 한시도 지체하지 않고 스키타이에 이르렀다. 페르시아군은 스키타이군을 상대로 벌인 전쟁에서 탄력적인 유격전술을 펼쳤지만, 이미 지칠 대로 지친 터라 아무런 성과도 얻지 못하고 퇴각할 수밖에 없었다. 역사는 그렇게 기원전 6세기 말을 맞이했다. 페르시아제국은 역사상 최초로 유럽, 아시아, 아프리카 3대륙

▶ 수사는 페르시아 행정 지역의 메카이다. 다리우스 1세는 수사를 대대적으로 다시 구성하고 호화로운 왕궁을 세웠다. 사진은 다리우스 1세의 궁전 벽면에 그려진 최정예 근위대의 모습이다.

24

을 아우르는 대제국을 탄생시켰다. 북으로는 아르메니아, 남으로는 에티오피아, 동으로는 고대 인더스 강, 서로는 에게 문명의 비옥한 토지와 맞닿아 있었다. 제국의 영토는 광활했고 다양한 종족이 모여서 인구 대국을 이루었다. 고대의 찬란한 3대 문명을 기반으로 페르시아는 화려한 문명을 탄생시켰으며, '최고의 왕' 다리우스 1세는 키루스 부자가 다져 놓은 여러 좋은 조건을 활용하여 역사에 길이 남을 대제국의 왕이 될 수 있었다. 이렇게 해서 역사상 최초로 유럽과 아시아, 아프리카의 경계를 허물어 버린 군사 제국이 탄생했다.

탁월한 정치력

키루스 2세를 제국의 시조라고 한다면, 다리우스 1세는 제국을 계승한 왕 또는 제국을 다스린 왕이라고 할 수 있다. 키루스 2세에서 캄비세스 2세, 다리우스 1세에 이르기까지 역대 페르시아 왕은 대외 확장 정책에 큰 뜻을 품고 천하를 모두 움켜쥘 듯한 기세로 정복 활동에 나서서 위세를 떨쳤다. 그러나 그중에 탁월한 정치력이 돋보인 다리우스 1세는 절대 무력에만 의지하지는 않았다. 그는 가우마타 사건을 겪으면서 여러 가지 폐단을 인식했다. 그래서 이후 페르시아의 통치 제도를 대대적으로 개혁해 체계적으로 정비했다. 페르시아 제국이 강성한 비결은 바로 여기에 숨어 있었다.

다리우스 1세는 아시리아의 행정 제도를 도입해서 페르시아제국 초기의 조방식 관리 방식을 개혁해 새로운 행정 제도를 탄생시켰다. 전국을 20개 사트라피(주)로 나누고, 각기 사트라프(Satrap)라는 총독을 파견했다. 사트라프는 각 담당 지역에서 행정과 사법 부문에서만 권한을 행사할 수 있었다. 지역에서 세금을 걷거나 치안 유지, 병력을 동원하는 일은 중앙에서 왕이 파견한 관리가 맡았다. 그리고 사트라프는 행정과 사법을 맡아 모든 업무를 왕에게 직접 보고했다. 사트라프는 왕의 명령에 복종한다는 밀서를 항상 지녀야 했다. 의심이 많았던 다리우스 1세는 '왕의 눈', '왕의 귀'라고 불리는 첩자들을 곳곳에 심어서 사트라프들의 일거수일투족을 감시하게 했다. 만약 불미스러운 사건이 발생하면 반란자의 살가죽을 벗겨서 의자 덮개로 사용했다. 일벌백계의 수단이었다. 겉치레하기 좋아했던 다리우스 1세는 접견을 담당하는 사신까지 따로 두어 외부의 눈을 의식했고, 제1수도 페르세폴리스와 봄의 궁전이라고도 불리는 수사, 여름 궁전 하마단, 겨울 궁전 바빌로니아 등 4곳에 수도를 두고 계절이 바뀔 때마다 각 수도로 옮겨 다녔다.

다리우스 1세는 역참제를 시행해 중앙과 지방의 유대 관계와 군대의 기동력을 강화하고, 왕명을 빠르게 전달하며, 또한 시시각각 민생을 파악했다. 전국의 도로 가운데 소아시아 서쪽의 에페수스와 수도 수사를 잇는 교통로가 2.4km로 가장 길었으며, 다리우스가 왕궁에 앉아서도 제국 방방곡곡에서 일어나는 일들을 빠르게 파악할 수 있게 해 주었다. 그래서 '왕의 길'이라고 불렸고, 그리스인들은 이를 가리켜 "페르시아 왕은 바빌로니아에서 거주하며, 시시각각 온 나라 방방곡곡을 꿰뚫어 본다."라고 말하기도 했다.

한편, 다리우스 1세는 매년 각 사트라피에서 세금으로 황금을 바치게 했고, 이것으로 황금 벽돌을 만들어 왕궁의 금고에 보관했다. 또 도량형과 화폐를 통일하고 화폐주조 제도를 마련해서 중앙정부에서만 금화를 만들 수 있게 했다. '다리우스 화폐'로 불린 이 화폐는 무게가 8.4g이었으며, 전국에서 통용되었다. 그리고 사트라피에서는 은화를, 자치시에서는 동화를 주조했다. 그리고 다리우스 1세는 각 사트라피에서 중앙에 현물 조공을 바치도록 했다.

이 밖에도 정예군 1만 명을 모아 '불사대'를 조직하고 각 2,000명

▼ 다리우스 1세가 재건한 왕궁 복원도

의 기병과 보병이 주축이 된 근위대와 페니키아 함대를 두었다. 페르시아군은 보병, 기병, 전차병 및 코끼리 부대와 해군, 공군으로 편성되었고, 전국을 다섯 군데로 나누어 주둔했다. 지휘관은 대부분 페르시아인이었다. 왕이 매년 군대를 검열했고, 변두리 지역은 왕이 파견한 관리들이 검열을 대신했다.

이뿐만 아니라 다리우스 1세는 정책을 탄력적으로 시행하고 회유책을 펼쳐 해당 지역 사람들의 불만을 잠재웠다. 또한, 지역별로 기존의 전통을 최대한 인정하면서 페르시아와 정복 지역을 순조롭게 통치하여 페르시아의 통치 기반을 더욱 공고히 했다. 다리우스는 서쪽으로는 나일 강에서 홍해로 이어지는 운하를 건설하고, 동쪽으로는 사트라프를 파견해서 인더스 강을 시찰하게 했다. 인도와 페르시아의 관계를 긴밀하게 유지하기 위해 사트라프를 파견하여 인도를 페르시아의 후방 지원 세력으로 끌어들였다. 이렇게 대내외적으로 융통성을 발휘하면서 페르시아는 최고의 전성기를 누렸다.

▼ 기원전 522년에 페르시아제국의 왕이 된 다리우스 1세의 모습이다. 오른손에 왕을 상징하는 지팡이를 꽉 쥐고 왼손에는 왕실의 상징인 쌍떡잎 연꽃을 받치고 근엄하게 앉아 있다.

역사의 평가

다리우스 1세는 페르시아가 위기에 빠졌을 때 앞장서서 불안을 잠재우고, 정복 활동에 더욱 속도를 냈다. 이렇게 해서 페르시아는 위기를 넘기고 안정을 되찾을 수 있었다. 다리우스는 끊임없이 새로운 시도를 하며 개혁해 페르시아제국이 이후 200여 년 동안 안정적으로 유지될 기반을 다졌다. 그러나 한편으로 그는 잔혹한 통치자였다. 인정이라고는 찾아볼 수 없는 정복 전쟁과 피비린내가 진동하는 무참한 학살이 계속되었다. 다리우스 1세가 세운 큰 공은 막강한 군사력이 밑받침되었기에 가능한 일이었다. 나라의 안보를 지키는 든든한 방패막이 없다면 제국의 번영도 그때뿐, 오래 이어지지 못한다. 이러한 면에서 보면 다리우스 1세 역시 기나긴 역사에 잠시 흔적을 남기고 떠난 왕이라고 할 수 있을 것이다. 거침없이 정복 활동을 벌이며 영토 확장에 나선 페르시아제국에도 어느덧 쇠락의 어두운 그림자가 드리웠다. 다리우스 1세는 페르시아 농민들에게 많은 조공을 바치라고 압박하고, 매년 사트라프를 대대적으로 수탈했다. 그러고는 이렇게 잔혹한 착취를 일삼아 극도로 사치스러운 생활을 했다. 이렇게 시간이 흐르자 백성이 그의 횡포와 착취를 더는 참지 못하고 불평하는 등 곳곳에서 반란의 조짐이 보였다. 또 페르시아로 끌려 온 노예들의 불만도 이때를 기점으로 급물살을 타고 퍼져 나갔다. 특히 그리스와의 전쟁에서 연이어 패한 사실은 다리우스 1세의 심기를 매우 불편하게 했다. 그리고 기원전 486년에 이집트에서 페르시아의 통치를 반대하는 시위가 들불처럼 번졌다. 이때 다리우스 1세는 진압을 서두르다가 갑자기 목숨을 잃었다. 광대한 페르시아제국을 계승한 왕으로 평가되는 다리우스 1세이지만, 오늘날까지도 영원한 논쟁의 대상으로 남아 있다.

구세주와 숙적 페르시아

오랜 단잠에서 막 깨어난 듯한 수사자, 오랜 세월 침묵하던 페르시아라는
수사자가 이란 고원에 도착해서 전 세계를 먹잇감으로 삼고 대대적으로 사
냥에 나섰다. 페르시아는 무서운 기세로 유럽과 아시아, 아프리카 3 대륙을
장악했다. 페르시아의 통치 시기에 이 세 대륙의 70여 개 민족은 희비가 교
차했다. 이 상황에서 벗어나기 위해 그들은 나름대로 저마다의 속셈이 있
었는데….

포기할 수 없는 땅

키루스 2세가 등장하기 전까지 메디아왕국은 이란 고원 북서부를
중심으로 서아시아에서 위세를 떨치고 있었다. 지혜로운 왕 프라오
르테스가 즉위한 후 메디아왕국은 더욱 맹렬한 기세를 드러냈다. 프
라오르테스는 강력한 군대를 이끌고 한 핏줄과 같은 페르시아로 진
격해 페르시아인에게 폭력을 휘두르고, 페르시아를 정복하기 위해
수단과 방법을 가리지 않았다. 이렇게 전성기를 누리던 메디아왕국
도 어둠의 그림자를 피해갈 수 없었다.

전해지는 바에 따르면, 메디아의 4대 왕 아스티아게스가 즉위했을
때 꿈을 꾸었다. 딸 만다네의 배에서 피어 오른 포도넝쿨이 아시아
를 전부 뒤덮어버리는 꿈이었다. 왕은 이 꿈이 어떤 의미인지 궁금
해서 점쟁이를 찾아갔다. 점쟁이는 그의 꿈 이야기를 듣고는 훗날
공주가 메디아왕국의 여왕이 될 것이라고 풀이했다. 국왕은 너무 놀
라서 어찌할 바를 모르다가 흥분을 가라앉히고는 생각에 잠겼다. 그
리고 결국 딸을 페르시아의 캄비세스 2세에게 시집을 보냈다.

이후 아스티아게스는 딸의 임신 소식을 듣고 바로 딸을 메디아로
불러들였다. 뱃속의 아이가 태어나면 후환이 없도록 바로 죽여버리
려는 속셈이었다. 이 아이가 바로 훗날의 키루스 2세이다. 인정이라
고는 찾아볼 수 없던 아스티아게스는 한 목동을 불러서 만다네가 낳
은 아이를 건네주며 내다 버리라고 명령했다. 그런데 이 목동은 아
이를 잃어버린 아픈 과거가 있었다. 그래서 그는 왕명을 거역하고
몰래 아이를 길렀다. 그리고 훗날, 너무나도 잔혹한 행동을 한 아스
티아게스는 자신이 버린 키루스 2세에 의해 철저하게 응징 당했다.

어른이 된 키루스 2세는 자신의 출생의 비밀을 알고 마음에 깊은 상처를 받았다. 그래서 그 원한을 갚고자 막강한 군대를 이끌고 메디아를 압박했다. 원래 떼려야 뗄 수 없는 관계이던 메디아왕국과 페르시아는 이때를 시작으로 팽팽하게 힘겨루기를 시작했다. 하늘도 키루스 2세의 억울함을 알았는지 키루스 2세가 이끄는 페르시아의 손을 들어주어 전쟁은 페르시아의 승리로 끝났다. 하지만 메디아는 여전히 호시탐탐 복수할 기회를 엿보았다. 기원전 522년, 메디아인들은 페르시아 왕이 이집트로 원정을 간 틈을 타 메디아왕국을 다시 일으키고자 했다. 이들은 기병대를 앞세워 페르시아를 공격했고, 이즈음 페르시아의 지배를 받던 엘람인도 3년에 걸쳐 페르시아에 반란을 일으켰다. 그러나 이들 모두 막강한 페르시아 군대에 진압되고 말았다.

이렇게 페르시아는 메디아왕국과 엘람을 지배했지만 두 민족이 쉽게 복종하지 않아 애를 먹었다. 그럼에도 키루스 2세는 이들을 잔혹하게 억압하지 않고 오히려 상당히 융통성 있게 정책을 펼쳤다. 그래서 메디아 왕은 포로 신분이었지만 키루스의 궁전에서 편안한 시간을 보냈고, 메디아왕국의 수도 하마단과 엘람의 수도 수사는 페르시아의 수도로 승격되었다. 또 페르시아는 메디아왕국의 귀족에게 특권을 주기도 했다. 고집스러운 메디아왕국과 엘람은 비록 큰 골칫거리지만 페르시아로서는 이 둘 모두 포기할 수 없었다.

구세주 '메시아'

페르시아는 다시 일어선 지 10년 만에 무력으로 3대 문명권의 70여 개 민족이 거주하는 광활한 영토를 손에 넣었다. 그동안 숱한 격전이 벌어지며 여러 민족의 희비가 교차한 가운데, 유대인과 아람족, 그리고 페니키아인에게 영원한 구세주가 나타났다. 페르시아였다.

기원전 587년은 유대인들에게 바람 잘 날 없던 한 해였다. 이때의 일들은 유대인의 마음속에 영원히 지울 수 없는 상처를 남겼다. 신바빌로니아의 왕 네부카드네자르 2세는 광기가 느껴질 정도로 무섭게 팔레스타인으로 진격해 유대의 성전을 부수고 신당을 불태웠으며 유대인을 바빌로니아로 강제 이주시켜 노역하게 했다. 게다가 그것도 모자라서 유대 민족을 말살하기까지 했다. 이 사건이 바로 그 유명한 '바빌로니아의 죄수'의 배경이다. 유대인은 하루하루 고통스럽게 살아갔다. 하지만 하늘은 유대인을 버리지 않았다. 페르시아가 등장해 '바빌로니아의 죄수'들을 석방시켜주어서 모두 예루살렘으로 무사히 돌아올 수 있었다. 또 페르시아는 유대인의 오랜 종교의식을 존중해 성전을 재건하는 것을 도와주었다. 유대인들은 이런 페르시아를 영원한 은인으로 생각했다.

엘람인도 페르시아를 구세주로 생각했다. 페르시아가 후방에서 든든하게 버티고 있어 자신들의 전통문화를 계속 이어갈 수 있었고, 특히 엘람 문자를 널리 전파할 수 있었다. 페르시아는 우수한 엘람 문자를 본떠서 페르시아의 초기 문자인 설형 문자, 이른바 쐐기 문자를 완성했다. 그리고 훗날 다리우스 1세가 세 가지 문자로 자신의 공적을 기록한 '비시툰 비문'을 만들 때 이 설형 문자를 사용해 점차 널리 보급되었다. 고대 페르시아의 설형 문자는 우수한 엘람 문자와 바빌로니아 문자를 본떠 만들었지만, 이 문자를 기록하려면 방대한 점토판이 있어야 하는 등 실용성이 매우 떨어졌다. 그래서 페르시아의 설형 문자는 결국 간결하고 쓰기 편리한 엘람 문자에 밀려 역사의 저편으로 사라질 수밖에 없었다. 그러자 영리한 다리우스 왕은 엘람 문자를 페르시아의 공식 언어로 선포했다. 엘람 문자는 마치 살아 움직이는 듯 글자 자체에 생동감이 넘쳤고, 듣기에도 매우

◀ 다리우스 1세가 근위대의 호위를 받으며 '봄의 궁전'인 수사 궁전의 접견실에 들어서는 장면

아름다웠다. 페르시아가 엘람 문자를 공식 언어로 정했다는 것은 그만큼 문명이 성숙했다는 상징이자 엘람을 존중한다는 의미였다. 페르시아가 엘람 문화를 소중히 여기면서 엘람 문화는 전성기를 누렸다. 그래서 엘람은 페르시아를 영원한 구세주, 은인으로 생각했다.

지중해 동쪽 지역의 페니키아도 페르시아제국의 지배를 받았지만 페니키아 상인에게는 그런 상황이 오히려 광활한 내륙에서 무역 거점을 확보할 절호의 기회였다. 이즈음 지중해에서는 페니키아 상인들과 고대 그리스 상인들 사이에 팽팽한 긴장감이 감돌았다. 이 총성 없는 무역 전쟁 속에서 페르시아는 페니키아 상인들의 후원국을 자처하며 그들을 전적으로 도왔다. 이에 상인들은 그 은혜에 보답하고자 자신들의 전함을 전부 페르시아에 조공으로 바쳤다. 페르시아는 이렇게 해서 전함까지 손에 넣으며 이제 해상의 패자 자리도 넘볼 수 있게 되었다.

이집트의 천적

페르시아제국은 쓸모 있는 영토를 발견하면 곧바로 작전에 들어갔다. 이렇게 그들은 연이은 승리에도 만족하지 않고 더욱 원대한 포부로 영토 확장에 나섰다.

▼ 페니키아인들은 고대 사회에서 최고의 항해사이자 뛰어난 장사꾼이었다. 이들은 신식 함선을 타고 지중해 곳곳을 항해했다.

기원전 525년에 페르시아는 오랫동안 호시탐탐 노리던 문명의 고도 이집트를 정복해서 거점으로 삼았다. 그리고 페르시아 왕은 이집트를 강하게 압박하고, 이집트인을 잔혹하게 짓밟았다. 감당할 수 없는 세금을 내게끔 했고, 승려들을 학대했으며, 신앙의 자유마저 박탈했다. 이집트인은 이민족의 지배를 받으며 고통스러운 시간을 보내야 했다. 그러던 중 이집트인은 강한 민족 의식으로 뭉쳐서 페르시아 왕의 원정에 맞춰 대규모 봉기를 일으켰다. 그러나 이 저항이 처참하게 실패하면서 이집트의 귀족들은 예전보다 더욱 심한 수치를 당했다. 이집트 파라오와 귀족들은 공중에 대롱대롱 매달린 채 눈에 넣어도 아프지 않은 딸들이 노예 복장을 한 채 물세례를 받고 아들들이 사형장으로 걸어 들어가는 것을 그저 지켜만 봐야 했다. 그들은 가슴이 갈갈이 찢어지는 듯한 아픔을 느끼며 절규했다. 그런 한쪽에서는 한 사람이 호쾌한 웃음소리를 터뜨리며 기쁨을 포효했다. 바로 오랜 숙원을 이룬 페르시아 왕이었다. 이집트인은 그 모습을 보고 모욕감 때문에라도 죽고 싶었을 것이다. 페르시아의 잔혹함은 여기에서 그치지 않았다. 페르시아 왕은 이집트인들이 숭배하는 신인 황소 아피스를 해치려 하기도 했다. 훗날 페르시아 왕들이 이집트에서 유화 정책을 펼치기도 했으나, 이때 존엄을 짓밟고 이집트의 신을 모독한 행위는 이집트인들에게 뼈에 사무치는 고통을 주었다. 그 후 이집트는 기원전 404년에 이르러 독립하며 페르시아의 통치에서 벗어났다.

강적의 먹잇감

인류의 역사는 때로는 먹이사슬처럼 강자가 약자를, 그리고 이 약자는 또 다른 약자를 먹어버리는 약육강식의 구도를 그린다. 페르시아도 예외는 아니었다. 대적할 자가 없던 막강한 페르시아도 또 다른 강자의 제물이 되었다.

페르시아는 잇따라 승리를 거두자 유럽의 패자가 될 수 있다고 확신했다. 기원전 5세기부터 페르시아 왕은 대대적으로 원정을 시작해서 고대 그리스 지역까지 지배할 계획을 세웠다. 한때 탄탄대로를 달리던 페르시아의 원정은 밀레투스 폭동을 계기로 제동이 걸렸다. 결국, 이 폭동이 도화선이 되어 페르시아 전쟁이 벌어졌고 페르시아가 몰락할 시간이 점점 다가왔다.

기원전 500년에 페르시아는 고대 그리스 도시국가들을 잔혹하게 억압했다. 이즈음 이오니아의 밀레투스에서 폭동이 일어났다. 밀레투스는 그리스 도시국가들에 도움을 요청했지만, 헛수고였다. 그리스의 도시국가들도 페르시아의 눈치를 살피느라 마음대로 나서서 도울 수 있는 상황이 아니었다. 그렇지만 아테네와 에레트리아 등 도시국가에서 밀레투스를 도와야 한다는 여론이 일어나면서 페르시아 전쟁의 서막이 올랐다. 기원전 492년의 페르시아 전쟁은 그야말로 한 치의 양보도 없는 시소 전쟁이었다. 이후 마라톤 전투, 테르모필레 전투를 거쳐 후대에 치명적 영향을 끼친 살라미스 해전에 이르기까지 전쟁을 치르는 데 무려 40년 이상이 걸렸다. 기원전 449년에 이르러 그리스와 페르시아가 평화 조약을 체결하면서 전쟁은 일단락되었다. 그렇지만 전쟁에는 승자와 패자가 있게 마련이다. 그리스는 승리로, 페르시아는 참패로 이 전쟁을 마쳤다. 이후로 페르시아는 점점 쇠퇴해 갔다.

▼ 테오도르 샤세리오가 그린 유화
〈에스더의 화장〉 속의 에스더

《성경》의 '에스더서'를 보면, 페르시아 왕 아하스에로스의 재상 하만이 성 안의 유대인을 모조리 죽이라는 명령을 내렸다. 이에 유대인의 딸인 아리따운 에스더는 어떻게 해서든 이 위기에서 나라와 민족을 구하기 위해 자신이 페르시아 왕 아하스에로스를 만나기로 마음먹었다. 이 그림은 프랑스 화가 테오도르 샤세리오(1819~1856)의 작품으로, 아하스에로스를 만나기 위해 에스더가 단장하는 모습이다.

흥망성쇠의 전환점 페르시아 전쟁

역사상 최초이자 유라시아 대륙에서 유례없는 대규모 전쟁이 벌어진 이곳, 고대 그리스인과 페르시아인이 삶과 죽음의 갈림길에서 치열하게 전투를 치렀던 이곳, 바로 오늘날 그리스 반도와 짙은 쪽빛의 에게 해는 비참했던 과거의 모습을 완전히 씻어냈다. 그렇지만 이곳은 페르시아 전쟁의 모든 순간을 고스란히 간직하고 있는 곳이다. 페르시아 전쟁에서 고대 그리스는 영광스러운 승리를 거머쥔 반면, 페르시아는 참패로 쇠퇴의 길로 접어들었다.

비극의 주동자

고대 그리스 문명은 서아시아 서쪽을 끼고 흐르는 에게 해 부근에서 탄생했다. 그리스에 도시국가들이 형성되면서 아테네와 스파르타가 위세를 떨쳤다. 아름다운 아티카에 자리한 아테네는 민주 제도를 수립하고 다양한 예술 작품을 남기는 등 찬란한 문명을 꽃피웠다. 특히 아테네는 무역 수완이 보통이 아니었다. 기원전 5세기에 아테네는 유명한 국제 항구가 있는 도시국가로 이름을 날렸다. 스파르타는 막강 군대를 기반으로 국방을 튼튼히 했다. 한편, 이즈음 서아시아의 끝자락에서 패주로 등극한 페르시아는 잇달아 벌인 전쟁에서 연승하며 기원전 6세기 말에 최고의 전성기를 누렸다. 페르시아는 아시아, 유럽과 아프리카 3개 대륙에 걸친 광활한 영토의 주인이 되어 70여 개 민족을 지배했다. 이것이 가능한 데에는 다리우스 1세가 펼친 과감한 개혁이 큰 영향을 미쳤다. 페르시아는 각 대륙이 만나는 곳에 자리한 천혜의 시장인지라 세계 방방곡곡에서 상인들이 특산품을 가지고 왔다. 인도산 향신료는 물론 고대 그리스의 정교한 수공예품, 이집트산 크리스털까지 없는 것이 없는 세계 무역의 메카였다. 페르시아는 이를 통해 쌓은 경제적 부를 기반으로 서쪽 원정을 시작했다.

기원전 6세기 무렵에 페르시아제국은 서아시아 해안 부근에 자리한 도시국가들을 하나하나 점령

▼ 페르시아 전쟁

방패를 든 고대 그리스 병사가 방어 태세를 갖추고 땅에 엎드려 있는 페르시아 병사의 머리에 날카로운 칼날을 겨누고 있다.

했다. 밀레투스 등 도시국가들은 비옥한 토양과 같은 천혜의 자연환경을 갖추었고, 산업이 특히 번성했다. 시간이 흘러 기원전 512년이 되었을 때 다리우스 1세는 보스포루스 해협을 건너서 스키타이를 정복하고자 했으나, 실패했다. 그렇다고 그가 아무런 성과 없이 고국에 돌아왔을까? 물론 아니었다. 다리우스 1세가 흑해를 넘보자 그리스인들은 자국의 통로를 침범 당한 데에 분노했다.

기원전 500년에 전성기를 누리던 밀레투스에서 폭동이 일어났다. 밀레투스가 이오니아인을 중심으로 여러 작은 도시국가와 연합해서 페르시아에 반란을 일으킨 것이다. 밀레투스의 아리스타고라스는 직접 아테네로 가서 지원을 요청하는 한편, 스파르타에 가서는 이렇게 말했다.

"존경하는 스파르타의 왕이시여! 고대 그리스의 형제가 자유를 빼앗기고 노예로 살아가게 될지도 모르는 상황에 처했습니다. 그야말로 수치스러운 일이 아닐 수 없습니다. 왕이시여! 형제가 비참하게 살지 않도록 도와주십시오."

스파르타는 매정하게도 아리스타고라스의 사정을 봐주지 않았다. 어쩔 수 없이 어깨를 축 늘어뜨린 채 아테네로 발걸음을 옮긴 아리스타고라스는 페르시아 땅이 천혜의 자연환경을 갖추었다는 등 그곳을 공격해야 하는 이유와 함께 페르시아의 아킬레스건을 장황하게 늘어놓았다. 사실, 아테네는 페르시아를 호되게 혼내주고 싶어 하던 참이었다. 그래서 아리스타고라스의 이야기를 듣자마자 출정을 명령했다. 그러나 밀레투스 폭동은 페르시아에 의해 진압되었고, 페르시아는 밀레투스의 손을 잡아준 아테네를 새로운 적으로 삼았다. 다리우스 1세는 짬짬이 전투에서 승리하길 바라는 기도를 올렸는데, 그때마다 아테네에 대한 복수심은 더욱 활활 타올랐다. 시간이 흘러 기원전 492년에 다리우스 1세는 함대를 정렬하고 사위 마르도니우스를 사령관으로 삼아 트라키아 원정을 시작했다. 함대는 헬레스폰투스 해협을 무사히 통과했지만 아토스 곶에서 폭풍을 만나 난파했다. 밀레투스 폭동이 불씨가 되어 페르시아와 고대 그리스는 사활을 건 격전을 펼쳤다.

승리의 여신

　페르시아군은 기원전 490년에 아테네 동북 지역의 마라톤 평원에 도착해서 진영을 세웠다. 마라톤 하면 오늘날 올림픽의 하이라이트인 42.195km의 장거리를 달리는 마라톤 경기가 생각날 것이다. 이 마라톤 경기는 어떻게 시작되었을까? 바로 사상 최대 규모로 벌어졌던 페르시아 전쟁의 마라톤 전투에서 유래했다. 고대 아테네인은 페르시아가 아무리 강하더라도 자신들이 똘똘 뭉치면 전쟁에서 승리할 수 있다고 생각했다. 이 전쟁에 참가했던 비극 시인은 자신의 시 〈페르시아 사람〉에서 가슴 뭉클한 내용을 전했다.

　"전진하자, 그리스의 사내들이여! 우리의 조국을 구하자! 우리의 여성들과 아이들을 구하자! 우리의 신전을 수호하자! 이 한 몸 전쟁에 바쳐 보자!"

　당시 이 서정시는 많은 사람의 마음을 움직였다.

　아테네의 솔론은 군사 개혁을 시행해 체제를 정비했다. 보병은 갑옷을 입고, 길이 2m의 고대 그리스식 장창을 어깨에 메고 완전 무장을 했다.

　아테네군의 밀집 대형인 팔랑크스는 좌 기병 우 경갑병의 대형을 갖추었다. 그리스군은 그리스로 향하는 입구를 전부 통제하고 미리 방어 태세를 갖추어 페르시아군이 아테네에 들어서지 못하도록 철저하게 준비했다. 한편, 페르시아군은 여전히 구식 전술을 쓰고 무기도 적군의 공격을 한 번이나 제대로 막아낼 수 있을까 할 정도로 걱정스러운 수준이었다. 아테네의 지휘관 밀티아데스는 페르시아 군대에서 훈련을 받은 적이 있어서 적군의 전술을 손금 들여다보듯 훤히 알았다. 지피지기면 백전백승이라, 드디어 전쟁이 시작되자 용맹한 아테네군이 먼저 선제공격을 시작해서 순식간에 페르시아를 위기로 몰아넣었다. 밀티아데스의 유인책이 잘 먹힌 덕분에 페르시아를 쉽게 몰아낼 수 있었다.

　사활을 걸었던 마라톤 전투는 이렇게 아테네의 승리로 막을 내렸다. 신이 아테네를 도왔던 것일까? 이번 전쟁에서 아테네는 병사 192명을 잃기는 했지만, 이와 비교할 수 없는 페르시아군 6,000여 명을 물리쳤다.

마라톤의 기원

마라톤 전투에서 승리를 거둔 후, 스파르타에 사자로 갔던 페이디피데스는 아테네로 돌아와 승리를 알렸다. 전해지는 바에 따르면, 그는 이 낭보를 전하기 위해 아테네까지 40km가 넘는 거리를 단 한 번도 쉬지 않고 달려와서 시민들에게 "우리가 승리했다!"라는 말을 남기고는 과도한 질주로 그만 숨을 거두었다. 페이디피데스를 기념하기 위해 1896년 아테네 올림픽에서 마라톤을 정식 종목으로 채택했다. 마라토너들은 아테네 올림픽에서 페이디피데스가 달렸던 노선을 따라 달렸다. 그리고 이후에 다소 조정을 거쳐서 마라톤 레이스 구간은 현재의 42.195km로 확정되었다. 이 이야기에서 알 수 있듯이 마라톤 경기는 바로 이 마라톤 전투에서 비롯되었다.

살라미스 해전

마라톤 전투에서 승리한 그리스의 모든 도시국가는 내부 동맹을 더욱 강화했다. 기원전 481년에 그리스의 31개 도시국가는 스파르타의 주도로 그리스 동맹을 결성해서 공공의 적인 페르시아에 단체로 보복했다. 그러자 기원전 480년 봄에 페르시아 왕 크세르크세스가 직접 군대를 이끌고 그리스 원정에 나섰다. 이렇게 해서 고대 그리스와 페르시아는 테르모필레에서 전투를 벌였고, 같은 해 가을에 살라미스에서 또 한 차례 맞붙었다. 고대 그리스인들은 중요한 일을 결정할 때 신의 뜻을 묻거나 점을 쳤다. 델포이 신전의 사제가 전하는 신의 뜻은 이러했다.

"불쌍한 이들이여, 어째서 지금까지 가만히 앉아만 있는가? 하루 속히 고향을 떠나 이 가엾은 운명을 바꿔야 하지 않겠는가!"

그리스 연합군의 지휘관 테미스토클레스는 '살라미스의 함락'으로 명성이 자자한 인물이다. 당시에 그는 델포이 신탁이 전한 태양신의 뜻을 받들어 먼저 부녀자와 아이들을 살라미스로 피난 보내고, 나머지 아테네인을 전부 군함에 태워 전면 방어 태세를 갖추었다. 살라미스에 집결한 그리스 연합 함대는 유리한 지형과 테미스토클레스의 지략, 그리고 기동력으로 페르시아 해군을 완벽하게 무찔렀다. 해상 공격은 고대 그리스가 한 수 위였다.

▼ 기원전 5세기에 군사 훈련을 받고 있는 고대 그리스 청년의 모습을 그린 병이다. 그리스 청년이 검을 어깨 높이까지 바짝 끌어올렸다. 아래쪽에 투구와 방패도 보인다.

한편, 페르시아 대군은 일찍이 아티카에 상륙해서 철옹성 같던 아테네 성을 공격했다. 성 안에 있는 귀한 물건을 모조리 약탈하고 나서는 송두리째 불태워버렸다. 그리고 수적인 우세를 앞세워 고대 그리스 함대를 빈틈없이 포위했다. 후퇴할 곳마저 없어진 그리스군은 최후의 결사 항전을 벌였다. 그때, 따스한 햇살이 살라미스 땅을 포근하게 비추었다. 이것은 신의 계시였을까? 그리스군은 신이 보우하사 자신들이 승리하리라 확신하고 전면적인 공격에 돌입했다. 그러나 교만한 크세르크세스는 위기 상황을 제대로 파악하지 못한 채 그저 자신의 업적을 기록하는 데 집중했다. 전쟁은 결국 그리스의 승리로 끝났고, 그리스군은 하늘이 떠나가라 승리의 함성을 외쳤다. 반면에 페르시아군은 타국에서 전쟁을 하면 더 큰 두려움과 공포심을 느끼기 마련인 데다 지기까지 한 터라 정신 없이 후퇴했다. 그러자 고대 그리스는 기동력을 강화해서 신속하게 페르시아 함대가 있는 곳까지 내려가 대대적으로 공격했다.

양측은 한 치의 양보도 없이 격전을 벌였다. 페르시아 함대는 강하게 몰아붙이는 적의 공격을 막아낼 방법이 없었다. 게다가 크세르크세스가 동생을 잃고 시름에 빠지면서 페르시아 군대는 제대로 된 지령도 전달받지 못했다. 페르시아군은 후방 함선 부대의 방어망도 뚫리고, 전방 함선 부대도 거의 함락된 상황에 몰렸고, 결국에는 참패했다. 그리스군은 페르시아 병사들을 그 자리에서 죽이거나 바다에 던져버렸다. 아테네의 지휘관 테미스토클레스는 모든 함선이 페르시아 함대를 향하도록 하고 즉시 심장부를 공격하라고 명령했다. 그러자 페르시아 함대는 너무나도 무기력하게 깊은 바닷속으로 가라앉았다. 대부분 군사를 잃은 페르시아는 눈물을 머금은 채 참패를 인정했다. 고대 그리스군은 이렇게 수적 열세를 극복하고 무려 300척이나 되는 페르시아 함대를 모두 격침시키면서 완벽한 승리를 거두었다.

크세르크세스는 남은 병사들과 함께 쓸쓸히 철군했다. 《손자병법》에 나오는 "아군이여, 선제공격으로 적의 공격에 대비하라."라는 구절처럼 고대 그리스인은 살라미스 해전에서 유리한 지형을 활용하여 적군을 완벽하게 물리쳤다.

즐거움도 잠시

살라미스 해전에서 참패한 페르시아는 군사력이 크게 약화되었다. 그렇지만 상대적으로 피해가 덜한 육군을 그리스에 주둔시킨 채 이번 패배를 만회하리라고 다짐했다. 때는 기원전 479년, 그리스와 페르시아 군대는 옛 성 플라타이아이 부근에서 대치했다. 그리스 연합 진영은 아테네와 스파르타를 주축으로 24개 도시국가가 모였고, 페르시아는 10만 대군을 투입했다. 격전이 펼쳐지는 가운데 페르시아의 지휘관 마르도니우스는 군대를 이끌고 스파르타의 파우사니아스 장군과 결사 항전을 벌였다. 그러나 그는 도중에 전사하고, 지휘관을 잃은 페르시아군은 삽시간에 모든 전선에서 밀려났다. 한편, 고대 그리스 해군은 소아시아 부근에서 다시 한 번 페르시아군을 무너뜨렸다. 그리스는 승리의 여세를 몰아 기원전 449년에 페르시아와 평화 조약을 맺으며 소아시아 지역에서 자유를 되찾았다. 페르시아는 군함을 다시 에게 해로 돌릴 수밖에 없었다. 고대 그리스와 페르시아는 전쟁을 끝내며 서로의 영역을 침범하지 않기로 약속했다.

40년 이상 이어진 페르시아 전쟁은 고대 그리스의 완승, 페르시아의 참패로 막을 내렸다. 이후 그리스는 최고의 전성기를 맞이하고, 특히 아테네는 안정된 분위기 속에서 예술 작품을 탄생시켰다. 반면에 페르시아제국은 전통적으로 우위를 차지한 산업에서 기존의 자리를 지키는 데에도 힘겨웠고, 새로운 일을 시작하는 것은 더더욱 엄두도 내지 못하는 상황이 되었다. 전쟁은 페르시아를 끝없는 쇠락의 길로 몰아넣었다. 자고로 전쟁은 잔혹하고 비참한 것이다. 백성의 안락하고 평화롭던 생활을 한순간에 송두리째 앗아갔다. 페르시아는 키루스 2세와 캄비세스 2세, 다리우스 1세로 이어지며 탄탄대로를 걸어왔지만, 페르시아 전쟁으로 단번에 몰락했다. 참패한 크세르크세스는 더 이상 공격하지 못하고 후퇴하기에 급급했다. 이렇게 한 시대의 패자는 역사의 저편으로 사라졌다.

▼ 테르모필레의 레오니다스
19세기 프랑스 화가 자크 루이 다비드가 15년 동안 심혈을 기울여 그린 작품이다. 페르시아 전쟁에서 스파르타의 왕 레오니다스가 군사 300명과 함께 테르모필레를 목숨을 걸고 지키다가 전사해 사람들의 마음을 아프게 한 장면을 예술적으로 표현했다.

찬란했던 꽃이 지다 페르시아제국의 멸망

페르시아는 역사상 최초로 아시아와 아프리카, 유럽 세 대륙을 정복한 대제국이다. 또한 200여 년 동안 역사의 흥망성쇠를 겪으며 찬란한 유산을 만들어 낸 문명의 고도이기도 하다. 하지만 페르시아제국 후기에 이르자 전국적으로 반란이 일어나고 백성의 원성도 하루가 다르게 심해졌다. 왕실에서 벌어지는 암투와 외적의 침입 등 계속되는 어둠의 그림자는 결국 페르시아를 몰락으로 이끌었다.

페르시아 전쟁의 후환

기원전 492~449년, 광활한 유라시아 대륙에서 페르시아와 그리스는 이후 40년 이상 한 치의 물러섬도 없이 이어진 결전을 시작했다. 이 시간은 페르시아가 몰락해가는 어둠의 시간이었다. 마라톤 전투, 테르모필레 전투, 살라미스 해전을 치르며 페르시아제국의 군사력은 점차 바닥을 드러냈고, 결국 전쟁에서 참패한 페르시아는 참담한 대가를 치러야 했다.

전쟁이 패배로 끝나자 그동안 뒤에서 전쟁을 지원하느라 압박에 시달리던 페르시아 백성의 원성이 들끓어 올랐고, 반란 세력도 이곳저곳에서 고개를 들기 시작했다. 기원전 405년에는 이집트에서 봉기가 일어나 제28대 왕조가 들어섰다. 그 뒤를 이어 반페르시아의 왕조가 들어섰고, 소아시아 지역에서도 각 부족의 봉기가 계속되었다. 그러자 사이프러스에서도 반란 세력이 들고 일어나며 반페르시아 물결의 메카가 되었다. 게다가 군대 지휘 권한을 받은 사트라프가 중앙의 명령에 불복하고 독단적으로 행동했다.

권력의 핵심인 왕실을 둘러싸고 암투도 끊이지 않았다. 이렇게 계속되는 모략과 암투로 페르시아의 중앙집권제는 위기를 맞았다. 기원전 401년, 다리우스 2세의 장남인 아르타크세르크세스 2세의 통치 시기에 동생 키루스가 소아시아에서 군사 반란을 일으켰다. 이로써 왕위 쟁탈을 위한 전쟁이 벌어졌고, 결국 아르타크세르크세스 2세가 반란을 진압해 왕권을 지켰다. 아르타크세르크세스 2세는 동생 키루스를 응징하기 위해 그의 손과 발을 무참하게 잘라버렸다. 이처럼 실패에는 큰 대가가 따르기 마련이다. 그러나 형제 간의 반역과 배신은 페르시아제국이 몰락으로 가는 전조에 불과했다.

내부적으로 비극이 계속되는 가운데 즉위한 아르타크세르크세스 3세는 곧바로 친형제들을 무참하게 처형했다. 그러나 기원전 338년에 그 자신도 신하 바고아스의 손에 죽음을 맞았다. 인정이라고는 전혀 찾아볼 수 없는 바고아스는 아르타크세르크세스 3세의 아들마저 살해했다. 이 바고아스의 추대로 왕위에 오른 다리우스 3세도 수복 베수스에게 독살되었다.

전쟁이 휩쓸고 간 페르시아는 아비규환이 따로 없었다. 군대는 사기를 잃었고, 같은 민족끼리 속고 속이는 등 페르시아의 상황은 나날이 나빠졌다. 검소하다고 자부하던 페르시아의 전통도 완전히 사라져 사치와 향락이 팽배했다. 외적의 침입을 막아내야 한다는 애국심과 정의의 사도를 자처하던 강한 의지도 찾아볼 수 없었다. 오직 왕실 암투와 부정부패만이 가득했다.

알렉산드로스 대왕과의 최후의 전쟁

다리우스 3세가 통치하던 시기에 고대 그리스 지역에는 또 다른 세력, 즉 마케도니아가 점차 세력을 키워가고 있었다. 필리포스 2세가 마케도니아를 통일하면서 그의 아들 알렉산드로스는 정복 전쟁

▼ 기원전 331년 10월 1일, 다리우스 3세는 가우가멜라에서 알렉산드로스 대왕과 전투를 벌였다. 페르시아는 이 전쟁에서 참패한 후 몰락했다.

에 대한 야욕을 더욱 불태웠다. 마케도니아에 동방 원정에 대한 요구가 높아지면서 기원전 334년에 알렉산드로스 대왕은 드디어 원정을 떠났다. 알렉산드로스 군대가 아시아 대륙을 밟았을 때, 그라니코스 강에서 페르시아와 맞닥뜨렸다. 마케도니아의 팔랑크스 진영은 곧 페르시아군을 궁지로 몰아넣었다. 위기에 몰린 페르시아군은 뿔뿔이 흩어지며 줄행랑을 쳤고, 알렉산드로스 대왕은 첫 전쟁에서 손쉽게 대승을 거두었다. 반면에 참패한 페르시아는 더는 회복할 수 없는 어려운 상황에 빠졌다.

알렉산드로스 대왕은 계속 진격하며 파죽지세로 여러 지역을 정복하며 승전보를 전했다. 페르시아는 그런 마케도니아의 기세에 눌려 계속해서 후퇴해야 했다. 마침내 마케도니아와 페르시아는 이수스에서 다시 맞붙었다. 이번에도 패한 페르시아는 황실 가족을 모두 알렉산드로스 대왕에게 포로로 넘겨주게 되었다. 다리우스 3세가 화친을 요청했지만 거절당했고, 역사의 패권 전쟁은 이처럼 잔혹하고 처참하게 끝났다. 이윽고 알렉산드로스는 메소포타미아로 건너가 가우가멜라에서 페르시아제국을 크게 쳐부쉈다. 결국 한 시대를 풍미한 대제국은 화마에 휩싸였고 알렉산드로스 대왕은 아시아를 통치하는 대제국의 왕이 되었다. 다리우스 3세는 도망치던 중에 신하 베수스의 손에 죽었다.

페르시아와의 전쟁은 마케도니아의 연승으로 막을 내렸다. 정복왕 알렉산드로스는 뛰어난 전술로 군대를 이끌었다. 반면에 페르시아는 이미 쇠퇴하고 있었고, 군대도 수적으로는 우세했으나 과거와 같은 사기와 용맹한 모습은 찾아볼 수 없을 정도로 나약했으며, 일사불란한 작전 체계도 없었다. 결국 꺼져가는 불씨처럼 위태롭던 페르시아 대제국은 알렉산드로스에게 무릎을 꿇었다.

고대 문명의 만남 페르시아 문명

페르시아 문명은 다양한 문명과 여러 민족이 만들어낸 걸작이다. 페르시아 궁전을 세우기 위해 이오니아 출신의 석공과 메디아, 이집트 출신 금은도공이 불려 왔고, 벽돌 제작은 바빌로니아 출신, 벽 장식은 메디아와 이집트 출신 기술자가 맡았다. 페르시아 궁전은 수많은 일꾼의 땀방울로 만든 결과물이자 고대 문명의 걸작이다.

찬란한 문명

페르시아 왕은 정복한 지역의 민족에게도 아량을 베풀어 그들이 우수한 문명을 지킬 수 있도록 했다. 그리고 페르시아는 이민족의 우수한 문명을 거울 삼아 독특한 페르시아 문명을 탄생시켰다.

한때 막강한 패자를 자처한 페르시아 왕도 세월과 함께 덧없이 잊혀졌지만, 그가 일궈낸 페르시아 문명은 찬란한 빛을 발하며 천고에 생명력을 자랑한다.

페르시아는 유목 문명과 농업 문명을 접합해 관개 농업을 시작했다. 지역별로 밭 주인들이 국가의 후원을 받아 새로운 농산품을 연구했고, 이집트의 정교한 경작 제도를 도입해서 고원 지역에서 사용

▼ 페르시아 도자기

할 수 있는 관개수로를 개발했다. 이렇게 해서 페르시아는 식량을 충분히 비축해 훗날 제국이 동서 원정을 끊임없이 벌일 때에도 식량을 공급할 수 있었다. 또 식량을 미리 비축해서 외화를 벌어들이기도 했다. 페르시아는 아시리아의 교통로를 본떠서 훗날 자타가 공인하는 신비의 길인 실크로드의 토대를 완성했다. 실크로드는 바빌로니아를 시작으로 하마단과 파르티아, 그레코-박트리아를 지나 중앙아시아와 인더스 강의 하류를 잇는 길이었다. 페르시아는 실크로드를 통해 이민족의 문명을 흡수했다. 고원 지역 출신인 페르시아인은 유프라테스 강과 티그리스 강, 이집트의 복식 스타일을 기반으로 모자, 면사, 장신구 등

페르시아만의 우아하고 기품 있는 복식 스타일을 완성했다. 실크로드 덕분에 교통도 매우 편리해졌다. 다른 지역과의 교류가 더욱 활발해지면서 제국도 더욱 부강해져 나날이 빛을 발하던 페르시아 문화를 활짝 꽃 피우게 했다. 알렉산드로스가 페르시아의 금고를 열자 12만 은 달란트를 비롯해 수많은 금은보화가 쏟아져 나왔다. 당시 동방 원정에 출정했던 마케도니아 군사들은 달란트를 받아 벼락부자가 되기도 했다.

그러나 농업 문명, 복식 문명 등 페르시아 대제국이 일군 찬란했던 문명은 알렉산드로스의 동방 원정으로 한순간에 모두 덧없이 사라졌다.

완벽한 제도 문명

페르시아제국은 유럽과 아시아, 아프리카 세 대륙을 정복해 70여 개 이민족을 지배했다. 이민족마다 풍습과 전통이 각기 달랐을 텐데, 역대 페르시아 왕들은 어떻게 이들을 통치했을까? 비결은 완벽한 제도에 있었다. 철권 통치자 다리우스 1세는 제국을 안정적으로 다스리기 위해 제도를 세웠다. 제도 문명이 탄생한 순간이었다.

기원전 522년에 다리우스 1세가 왕위에 올랐다. '왕 중의 왕'으로 자처했던 다리우스 1세는 우수한 고대 제도와 페르시아 제도를 잘 결합시켜 새로운 제도 문명을 꽃피웠다.

▼ 페르시아 왕궁 벽면에 새겨진 조각

그는 아시리아제국의 역참제를 계승해 사트라프 제도를 정립했다. 광대한 영토를 행성 구역인 사트라피 20개로 나누고, 각기 귀족 출신의 총독 사트라프를 두었다. 그러나 중앙에서 왕이 따로 관리를 파견했다. 이렇게 해서 각 지방에 중앙의 권력이 미치게 하고 지병 세력끼리 뭉쳐 반란을 일으킬 가능성을 방지해 중앙집권화를 꿈꿨다.

중앙과 지방의 소통을 강화하기 위해 다리우스 1세는 아시리아의 완벽했던 역참제를 계승해 전국으로 통하는 교통망을 갖추었다. 그중 에페수스와 수도 수사를 잇는 교통로는 길이가 무려 2.4km나 되었으며 사이에 역을 두었다. 또 역마다 '왕의 눈', '왕의 귀'라고 불리는 기수를 배치해 제국에서 벌어지는 모든 일을 시시각각 왕에게 보고하게 했다. 이렇게 해서 긴급한 상황이 발생하면 신속하게 군대를 파병할 수 있고, 상인들의 교류도 활발해져서 무역도 번성했다.

다리우스 1세는 이집트의 법전을 토대로 페르시아의 법률과 제도를 더욱 완비했다. 또 엘람 문자와 아람 문자를 사용해 22년 만에 페르시아 법전을 편찬하고, 모든 사트라피에 법전을 두어 통일된 제례와 군사 지침을 적용하게 했다. 다리우스 1세는 화폐를 주조하거나 징세와 병력을 동원할 때 페르시아의 현실에 맞는 정책을 펼쳤다.

이렇게 다리우스 1세는 우수한 문명을 계승하여 페르시아의 독특한 문명과 결합함으로써 새로운 페르시아 문명을 탄생시켜 대대손손 찬란한 빛을 발하게 했다.

포용이 만든 문명

페르시아 대제국은 유프라테스와 티그리스, 이집트와 인더스 강에 이르는 3대 문명을 모두 섭렵했다. 그리고 대제국이지만 결코 자만하지 않고 오히려 우수한 3대 문명을 본떠서 새로운 페르시아 문명을 탄생시켰다.

페르시아 문자도 여러 문명의 문자를 접목시켜서 탄생했다. 다리우스 1세는 '신의 땅'이라고 불리던 절벽에 고대 페르시아 문자, 엘람 문자, 바빌로니아 문자로 자신의 철군 통치가 반란을 잠재웠다고 기록했다. 이것이 바로 '비시툰 비문'이다. 메디아 문명을 시작으로 우수한 엘람 문명을 계승한 페르시아는 그 토대 위에서 페르시아 문자를 만들었다. 이 페르시아 문자는 기본적인 의사소통에 사용되었다. 키루스 2세가 통치하던 시절에 페르시아는 엘람 문자의 영향을 받아 설형 문자를 쓰기도 했다. 그러나 설형 문자를 기록하려면 방대한 점토판이 필요해서 여간 불편한 것이 아니었다. 이후 아시리아 지역까지 영토를 확장한 페르시아는 아람 문자를 알게 되었고 이를 공식 언어로 삼았다. 그래서 일반적으로 비석에는 설형 문자를 썼고, 공식 언어로는 아람 문자를 사용했다.

찬란한 페르시아 문명을 논한다면 건축 예술을 꼭 언급해야 한다. 일례로, 최고의 걸작으로 꼽히는 페르시아 왕궁은 각 지역에서 이름 난 석공들을 불러서 지역의 건축 특징을 두루 살려 건축했다. 그래서 건축 형식이며 스타일, 조각 예술 등에 여러 지역의 우수한 요소들이 녹아들어 독특한 아름다움이 있다. 이러한 왕궁에서도 가장 중심이 되는 공간은 접견실로, 이집트식의 회랑 구조로 설계되었다. 길이가 무려 12m나 되는 기둥 36개가 접견실을 튼튼하게 받치며 공간의 웅장함을 한껏 부각시킨다. 접견실 천장은 목재를 사용했고, 매우 섬세하게 조각했다. 이집트 오리엔탈 스타일로 기둥머리를 장식하고, 꼭대기 부분의 수소와 사자 머리상은 메소포타미아 스타일을 살렸다. 또 페르시아 스타일로 등을 마주하고 돌아서 있는 동물상을 조각했고, 계단 양측에는 엄숙한 의장대를 새겼는데 영락없는 아시리아 스타일이다. 페르시아 왕궁은 과연 이민족의 우수한 문명과 페르시아의 독특한 문명이 최상의 상태로 결합된 작품이다.

▲ 페르시아제국은 다리우스 1세 통치 시기에 최고의 전성기를 누렸다. 그러나 페르시아 전쟁에서 참패하며 쇠락의 길로 접어들었다. 그림은 다리우스 1세 시절의 페르시아제국으로 전쟁에서 참패하기 전까지 페르시아가 얼마나 강성했는지 보여준다.

이원론적 종교

종교 문명을 살펴보면, 페르시아는 수메르의 샤머니즘을 계승했다. 종교는 페르시아 정신 문화의 한 부분이 된 조로아스터교이다.

▼ 조로아스터 초상

조로아스터교는 기원전 6세기에 페르시아의 조로아스터가 창시했다. 기독교와 불교가 등장하기 전에 세계 3대 종교로 꼽힌 조로아스터교는 불교와 유대교의 특징이 두루 있었다. 먼저 조로아스터교는 선악의 이원론을 강조하며 선과 정의의 상징인 아후라 마즈다를 숭배했고, 이와 대비되는 죄악과 사악, 어둠의 상징은 아리만이라고 불렀다. 선과 악의 전쟁에서는 반드시 선이 승리했다. 또 조로아스터교는 7대 절기를 정하고 절기마다 축하 의식을 열었으며, 하루에 다섯 번씩 꼭 기도를 올렸다. 윤리를 강조해서 거짓말을 한 신도에게는 상응하는 벌을 내렸다. 한편, 조로아스터교의 경전인 《아베스타》는 아랍 부족의 문학 작품을 기록해 둔 매우 가치 있는 자료이다. 다리우스 1세는 조로아스터교를 반포해 훗날 기독교에 지대한 영향을 끼쳤다.

제 2 장

고대 인도제국

혼란 속에서 일어서다 마우리아 왕조

기원전 324년에 알렉산드로스 대왕이 동방 원정을 끝내고 육로와 뱃길로 인도에서 철수했다. 당시 인도에서는 혼란과 불안, 시위가 끊이지 않았다. 그때 찬드라굽타라는 젊은이가 나타나 군대를 이끌고 북인도의 난다 왕조를 무너뜨렸다. 그리고 공작 왕조라고도 불리는 마우리아 왕조를 세웠다.

혼란 속의 인도

▼ 알렉산드로스의 애마인 '부케 팔로스'

'부(소) 케팔로스(머리)' 즉 소머리라는 뜻의 이름은 말의 배와 머리에 소머리 모양의 무늬가 있다고 해서 붙여졌다. 알렉산드로스는 카이로네이아 전투를 시작으로 부케팔로스를 이끌고 여러 전투에서 승전고를 울렸다. 히다스페스 전투에서 부케팔로스가 죽자 애도의 차원으로 애마의 이름을 본떠 '알렉산드리아부케팔라' 라는 도시를 건설했다.

고대 인도 주변에는, 특히 인더스 강의 하류인 서북 지역에는 이민족들이 세운 작은 나라가 많았다. 그러나 이 나라들은 경제가 낙후하고 군사력도 약해서 인근의 페르시아, 마케도니아에 잇달아 정복되었다. 당시 인도의 불안한 상황은 이렇게 차츰차츰 다가온 강대국들에 좋은 침략 기회를 준 셈이었다.

다리우스 1세 시절에 페르시아가 인도의 서북쪽을 공격해 순식간에 인도를 집어 삼켰다. 그 후 시간이 흘러 페르시아가 쇠퇴하면서 인도 서북쪽의 민족들은 어느 정도 자유를 얻었다. 그러나 다시 마케도니아라는 새로운 세력이 등장해 이들은 또 한번 정복당했다.

마케도니아의 알렉산드로스 대왕은 이후 세력을 더욱 키워서 유럽과 아시아, 아프리카로 이어지는 대제국을 세웠다. 마케도니아는 강한 국력과 경제력 모두 지난날의 페르시아에 뒤지지 않았다. 알렉산드로스 대왕은 막강한 군대를 이끌고 전쟁을 시작한 지 10년도 채 안 되어 페르시아제국을 정복했다.

기원전 327년, 페르시아제국을 물리친 알렉산드로스 대왕은 인더스 강 쪽으로 힘차게 원정을 떠났다. 당시 인더스 강지역은 페르시아제국의 통치에서 벗어난 민족들이 여러 소국을 세웠다. 그러나 이 나라들은 잇단 강대국의 침략으로 어려운 상황이었고 또한 뿔뿔이 분산되어 있어서 적들을 물리치기 위해 단결하기도 어려웠다. 그래서 알렉산드로스 대왕의 군대처럼 강력한 세력이 자신들을 대신해서 적을 물리쳐주기를 바랐다. 이것이 고양이에게 생선을 내주는 꼴이 되리라고는 그들 가운데 아무도 상상하지 못했다.

당시 간다라 지역에서는 탁실라와 페샤와르 사이에 치열한 갈등이 빚어졌다. 양측은 팽팽하게 대치했지만 실력이 비슷한 관계로 승패를 주고받을 뿐 전쟁을 끝내지 못했다. 그러던 때에 알렉산드로스 대왕이 군사를 이끌고 오자 탁실라 국왕은 마침내 강국의 힘을 빌어 오랜 숙적 페샤와르를 없앨 기회가 찾아 왔다고 생각했다. 알렉산드로스는 인더스 강을 건너자마자 병력을 확충하기 위해 그 지역의 각 나라에 사자使者를 보냈다. 사자는 700명에 다다르는 기병을 대동하고 금과 은 같

PORI CAPTIVI MAGNANIMITAS.

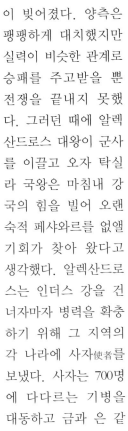

▲ 알렉산드로스의 포로가 된 페샤와르 국왕

은 재물과 식량을 싣고 갔다. 그러자 인더스 강 부근의 부락 수장들은 대체로 알렉산드로스를 지지했다.

기원전 326년 4월, 알렉산드로스 대왕은 페샤와르 왕과 정면으로 맞닥뜨렸다. 사료에 따르면 페샤와르는 보병 3만 명과 기병 5,000명, 수많은 전차를 이끌고 전쟁에 나섰다. 알렉산드로스 대왕은 정면으로 공격하지 않고 유인책을 쓰기로 했다. 먼저 자신과 호위대가 페샤와르의 좌우 양쪽을 기습한 후 아군이 숨어 있는 곳으로 도망쳐서 적군을 유인하고, 매복한 부대와 협공을 펼치는 것이었다. 유인책에 걸려든 페샤와르는 진퇴양난의 위기에 빠졌고 결과는 당연히 마케도니아의 대승이었다.

페샤와르 왕은 순순히 물러서지 않고 군사들의 사기를 높여 다시 진격했다. 그러나 결국에는 페샤와르 자신마저 중상을 입고 사로잡히고 말았다. 의지가 강한 페샤와르 왕은 포로가 되어서도 자존심을

꺾지 않았다. 알렉산드로스가 페샤와르 왕에게 물었다.

"어떻게 대우해주길 바라는가?"

그러자 페샤와르 왕이 대답했다.

"국왕을 대하듯 예를 갖추어야 한다."

이 전쟁은 알렉산드로스가 페샤와르의 보병 2만 명과 기병 3,000명을 죽이고 전차를 모조리 불태우면서 마무리되었다.

그 후 알렉산드로스는 계속 동쪽으로 원정했다. 원정 기간에 마케도니아는 크나큰 피해를 입었지만 한편으로 펀자브 지역을 정복하는 수확도 얻었다. 그러나 같은 해 여름이 되자 알렉산드로스의 군대는 오랜 행군으로 지칠 대로 지쳤고, 사상자가 날로 늘었으며 병사들은 전염병으로 죽어갔다. 더 이상 진군할 수 없게 된 알렉산드로스는 결국 철수를 결정하고 이 지역에 사트라프를 임명했다. 이렇게 철수하면서도 이곳을 지키려고 했으나, 알렉산드로스는 이후 다시는 이 지역의 땅을 밟지 못했다.

알렉산드로스가 군대를 이끌고 떠나자 인도 내부에 반마케도니아 물결이 꿈틀거렸다. 이즈음 찬드라굽타라는 패기 있는 젊은이가 등장했다.

작지만 위대했으니

찬드라굽타의 선조에 대해서는 잘 알려진 바가 없다. 그러나 사료에 따르면 찬드라굽타는 아주 가난한 집안 출신으로, 대대로 공작을 기르는 가업을 물려받았다. 또 전해지는 바로는 찬드라굽타가 마가다왕국의 마지막 왕인 난다 왕과 후궁 무라 사이에서 태어났다고 한다. 찬드라굽타의 선조는 카스트 제도의 제2계급에 해당하는 크샤트리아로, 공작 사육과 사냥, 목축업을 기반으로 성장했다.

찬드라굽타는 펀자브 지역에서 알렉산드로스 대왕을 만난 적이 있다. 당시 그는 알렉산드로스 대왕을 비난하는 말을 해서 죽을 뻔했다고 한다. 구사일생으로 목숨을 건진 찬드라굽타는 카우틸랴를 만났다. 카우틸랴는 한때 파탈리푸트라에서 난다 왕을 만나고 싶다고 간청했으나 왕에게 모욕을 당하자 즉시 그곳을 떠난 인물이다. 그는 찬드라굽타를 보자마자 장차 큰 인물이 될 재목이라고 생각해 그를 후원했다. 그리고 찬드라굽타가 군대를 모집할 수 있도록 자금을 끌어모아 주었다. 고대 역사학자 저스틴의 주장에 따르면, 찬드라굽타는 각지에서 도적을 모집하고 그들을 부추겨서 반란을 일으켰다.

당시 인도의 서북쪽은 여러 민족이 반란을 일으켜서 하루도 조용할 날이 없었다. 찬드라굽타가 이끄는 군대도 반란군의 하나로, 카우틸랴의 전략과 고대 그리스의 전술을 활용하며 점차 세력을 키웠다. 이렇게 해서 찬드라굽타가 마침내 인도 중서부 지역에서 가장 막강한 세력으로 성장했다.

기원전 326년에 인도에서 철수하던 때 알렉산드로스 대왕은 펀자브 지역 서쪽을 통치하는 장군을 임명했다. 기원전 324년에 이 장군이 살해되었으나, 그 후에도 알렉산드로스와 그의 후손들은 이 지역에서 계속 막강한 세력을 유지했다.

계속해서 세력을 키워온 찬드라굽타는 기원전 324년부터 인도의 서북쪽 지역을 통치했다. 이후 그는 동쪽으로 진격해서 당시 남아시아 대륙에서 가장 강성했던 마가다국을 격파했다. 이때 마가다국은 알렉산드로스 대왕의 동방 원정으로 세력이 크게 약화되었을 뿐만 아니라 반마케도니아 봉기가 잇달아 일어나 혼란한 상황이었다. 전쟁은 예상대로 찬드라굽타의 승리로 끝났다. 공작을 사육하던 평범한 청년이 막강한 마가다국의 수도 파탈리푸트라를 함락한 역사적인 순간이었다. 이로써 인더스 강과 갠지스 강 유역을 모두 통치하는 새로운 왕조가 탄생했다.

◀ 왕실 연주자가 비파를 켜는 모습을 새긴 조각

전해지는 바로, 찬드라굽타가 통치한 시절에 가장 번성한 마우리아 왕조는 전투용 코끼리 9,000마리와 기병 3만 명, 그리고 60만 명에 다다르는 보병을 두었다. 마우리아 왕조가 수도로 삼은 파탈리푸트라는 갠지스 강 남쪽을 접한 남아시아에서 가장 번성한 곳이었다. 마우리아 왕조가 최고의 전성기를 누리는 동안 이들을 호시탐탐 염탐하며 노리는 자가 있었다. 기원전 305년에 알렉산드로스제국의 영토 중 일부 아시아 지역을 물려받은 셀레우코스는 수많은 강적을 하나하나 물리치고 바빌로니아의 새로운 주인이 되었다. 셀레우코스는 알렉산드로스에 버금갈 정도로 용맹한 인물이었다. 다만 총기가 없고 운이 따르지 않았다는 사실이 아쉬울 뿐이다. 기원전 305년에 셀레우코스는 알렉산드로스의 동방 원정 노선을 따라 인도를 공격했다. 이를 맞아 찬드라굽타는 물러서지 않고 새로운 전술로 대응했다. 비록 이 전쟁은 기록으로 남아 있지 않지만, 전반적인 정황을 살펴보면 찬드라굽타의 승리로 막을 내렸다고 판단할 수 있다. 기원전 302년에 셀레우코스는 찬드라굽타가 펀자브 지역의 진정한 주인이라고 인정하고, 인더스 강 서쪽의 일부 지역을 마우리아 왕조에 내주었다. 그리고 찬드라굽타는 셀레우코스에게 코끼리 500마리를 주어 셀레우코스의 이집트 공격을 후원했다. 그는 셀레우코스와 동맹을 맺고 든든한 지원군을 얻었다.

▲ 고대 인도인들은 육중한 코끼리 등에 올라 탄 채 전투에 나섰다. 고대 인도의 코끼리 전투 부대는 막강한 위용을 과시했고, 이를 본 적군은 그 기세에 압도당해서 후퇴할 수밖에 없었다.

찬드라굽타는 반평생을 전투에 쏟아 부었다. 그는 모든 사람에게는 음흉하고 교활한 속내가 있다고 생각해 의심이 많았고, 무서울 정도로 냉정했다. 마우리아 왕조를 세운 후 찬드라굽타는 여러 곳에 별궁을 세우고 각지의 별궁을 돌아다니며 생활했다. 한 별궁에서 이틀 동안 머무르는 일이 없을 정도로 걸핏하면 옮겨 다녔다고 전해진다.

찬드라굽타가 이끄는 군대는 군사력이 막강해서 마우리아 왕조는 인더스 강과 갠지스 강을 모두 아우르는 대제국을 세울 수 있었다. 그리고 마우리아 왕조는 서양과 무역을 했다. 찬드라굽타는 또 항상 국사를 공정하게 처리해서 나라가 그 어느 때보다 안정적이 되었기에 백성의 전폭적인 지지와 신뢰를 받았다. 왕위에서 물러난 후에도 그는 방방곡곡을 돌아다녔고 훗날에는 인도 남쪽에서 은둔하기도 했다. 말년에는 조로아스터교의 교리에 따라 죽기 전까지 금식했다.

자이나교

자나교라고도 부르며 기원전 6세기에 탄생했다. 자이나교 신도들은 스스로 '승리자' 혹은 '수행을 완수한 사람'이라는 뜻의 '지나'라고 불렀다. 시조는 마하비라로 전해지며, 불교 경전에서는 그를 '위대한 영웅'을 뜻하는 니간타나타푸타라고 불렀다. 그는 크샤트리아 계급 출신으로, 서른에 양친을 모두 여의고 출가해서 고행 끝에 깨달음을 얻었다. 그 후 마흔둘에 자이나교를 창시했다. 자이나교의 신도는 크샤트리아나 제3계급인 바이샤가 대부분이었다. 자이나교는 카스트 제도와 제사를 위해 살생하는 것을 모두 반대했다. 즉, 브라만 지상주의와 제사 지상주의를 인정하지 않고 계급 평등주의와 살생을 금하자고 주장했다. 종합하면 금욕과 살생을 강조하는 것이었다. 후기에 규율에 대한 이견이 생겨 관용주의의 백의파와 엄격주의의 천의파로 나뉘었다. 백의파는 의복에 대한 욕심을 버리지 않으면서도 니르바나라고 하는 해탈의 경지에 이를 수 있다고 주장하는 지파였다. 또 천의파는 하늘을 옷 삼고 땅을 잠자리 삼아 나체로 행진을 하는 지파였다. 천의파는 항상 공작 깃털이 담긴 조롱박 모양의 용기를 들고 다니며 자신이 머무른 곳을 깨끗이 정리했다.

어린 나이에 큰 세력을 이룬 찬드라굽타는 그렇게 역사의 저편으로 사라졌다.

33제국의 계승자

인도 역사학자 저스틴은 찬드라굽타가 남기고 간 것들에 대해 이렇게 설명했다. "찬드라굽타는 아들 빈두사라에게 광대한 영토와 막강한 권력, 그리고 위대한 업적이 모두 녹아 있는 최고의 제국을 물려주었다."

찬드라굽타의 아들 빈두사라는 선친과 마찬가지로 능력 있는 군주였다. 빈두사라는 방대하고 강성한 대국을 계승했을 뿐만 아니라 선친의 기개까지 물려받았다. 《자카타》는 "빈두사라가 16개국을 정복했고 국왕을 모조리 죽였다."라고 전하는데, 구체적인 16개국의 위치를 기록하지는 않았다. 빈두사라는 북인도 지역에서 강대국을 통치하는 한편 계속해서 남쪽으로 원정했다. 빈두사라가 남인도 지역을 정복했을 때, 인도 서북부의 탁실라에서 또다시 폭동이 일어났다. 그러자 빈두사라는 남인도 전선에 대군을 남겨둔 채, 정예 부대 일부만 이끌고 가서 순식간에 반란을 진압했다.

빈두사라와 셀레우코스는 돈독한 관계를 유지해서 한때 셀레우코스가 마우리아 왕조의 수도 파탈리푸트라에 사자를 보내기도 했다. 빈두사라는 그뿐만 아니라 다른 이웃 국가들과도 대체로 좋은 관계를 유지했다. 한편, 이집트의 프톨레마이오스 왕조도 셀레우코스와 마찬가지로 파탈리푸트라에 사자를 보내 머물도록 했다.

빈두사라는 말년에 가서 후계자를 쉽게 정하지 못했다. 제국에 다시 한번 반란이 일어났을 때 빈두사라는 장남인 수마나를 보내서 소동을 잠재우라고 명령했다. 수마나는 반란을 뿌리 뽑지 못했으나, 당시 빈두사라는 나날이 건강이 악화되어 가던 터라 그를 왕실로 불러들여 후계자로 삼았다. 그런데 재상들에게 수마나는 그저 대머리 청년일 뿐 도저히 믿음이 가지 않는 인물이었다. 재상들은 저마다 속으로 '왕자께서 오늘은 나를 충신이라 치켜세울지라도, 내일은 또 심경에 어떤 변화가 생길지 알 수 없다.'고 생각했다.

복잡한 심정의 재상들은 마침내 한 가지 뾰족한 수를 생각해냈다. 바로 출정 명령이 떨어진 둘째 왕자를 위독한 것처럼 꾸며 출정을 막아보려고 했다. 사실 빈두사라는 장남 수마나를 불러들여 후계자로 세우고 그 대신에 둘째아들을 내보낼 계획이었다. 그러나 둘째아들이 아프다는 소식을 전해 듣고는 수마나를 불러들이지 못했다. 이후 둘째아들이 후계자가 되면서 제국은 30여 년 동안 전성기를 누렸다. 빈두사라의 둘째아들이 바로 아소카 왕이다.

광활한 영토를 개척한 자 아소카 왕

신비의 땅 고대 인도에는 남다른 비범함과 카리스마를 드러낸 아소카 왕이
있었다. 아소카 왕의 일생은 순탄치만은 않았으나 그는 진퇴양난의 위기에
서 무기력하게 있을 인물은 아니었다. 그는 불교의 교리를 따랐지만, 결코
소극적으로 세상을 등지고 살아가지도 않았다. 오히려 비범함을 드러내며
더욱 방대한 영토를 차지하고자 서둘러 마우리아 왕조를 개혁했다. 덕분에
마우리아 왕조 시대에 인도 백성은 불안과 혼란 속에서 점차 안정을 되찾
고 후손 대대로 평안을 누릴 수 있었다.

아소카 왕은 마우리아 왕조의 창시자인 찬드라굽타의 손자이자
빈두사라의 아들이다. 당시 어떤 사람이 브라만의 한 여식에게 훗날
황후가 되어 비범한 아들을 낳게 될 것이라고 예측했다. 특히 아들
한 명이 장차 어진 임금이 되어 나라를 다스릴 것이라고 말했다. 이
말을 들은 브라만은 딸을 곱게 꾸며서 파탈리푸트라의 빈두사라에
게 시집보내려 했다. 그의 딸은 매우 아리따워서 누구나 한번 보면
반할 정도였다.

그녀는 정말 황후가 되었고 오래지 않아 아소카를 출산했
다. 당시 수많은 후궁이 황제의 선택을 받기 위해 불꽃 튀
는 암투를 벌였다. 하지만 황후는 아들을 출산했기 때문에
후궁들의 모략을 걱정하지 않아도 되었다.

빈두사라는 황후를 끔찍이 아꼈다. 그에 비해 황후가 낳은
아들 아소카는 빈두사라의 사랑을 받지 못했다. 어머니를 닮지
않아 외모도 준수하지 않고 성격도 모났기 때문이다. 당시 백여
명에 이른 왕자 중에서 빈두사라가 제일 달갑게 생각하지 않은 아
들을 꼽으라면 단연 아소카였을 것이다. 그러던 어느 날, 빈두
사라가 아들들과 함께 연회를 즐겼다. 연회에 참석한 유명한
점쟁이들은 왕자들의 관상과 점괘, 그리고 후계자가 누가 될
것인지를 이야기했다. 당시 아소카는 부친이 자신을 싫어한
다는 사실을 잘 알고 있었기에 연회에 가고 싶은 마음이 전혀
없었다. 하지만 황후의 거듭된 설득에 어쩔 수 없이 연회장으로
향했다. 아소카는 덩치 큰 코끼리 등에 올라타고 어슬렁어슬렁
연회 장소에 나타났다. 아소카의 마음은 이러했다.

▼ 아소카 왕 석주
이 돌기둥에는 아소카 왕의 조
칙이 조각되어 있는데, 구체적
으로 빈곤 퇴치, 치안 유지와
같은 교리는 물론 도로와 우물,
밭을 정비하는 내용까지 포함
한다. 당시 인도인들은 사자를
가장 신성한 존재로 여겨서 이
돌기둥의 윗부분에도 사자 머
리를 조각했으며, 오늘날 사자
머리 조각상은 인도의 국장이
되었다.

'나 까짓 게 무슨 제국의 왕이 되겠어. 연회에 가 봤자 이미 아버지의 눈 밖에 나서 욕만 먹을 텐데 말이야. 다른 형제들은 또 이런 나를 비웃겠지.'

연회 장소는 화려하기 그지없었다. 알록달록한 초롱불이며 아름답게 수놓은 비단 등 그보다 화려롭게 꾸밀 수는 없을 터였다. 신하들이 연회 내내 쉴 새 없이 시중을 들었고, 왕자들은 고개를 빳빳이 쳐들고는 각기 자신이 바로 하늘이 점지한 왕자라고 주장하는 등 자만이 하늘을 찔렀다. 연회에는 화려한 의자와 금과 은으로 수놓은 식기들이 번쩍번쩍 화려한 자태를 뽐냈고, 왕자들은 삼삼오오 모여 즐겁게 이야기를 나누고 있었다. 아소카는 다른 왕자들과 어울리지 못하고 한편에서 홀로 시간을 보내고 있었다. 예언하기 위해 불려온 점쟁이는 왕자들을 한 명 한 명 뜯어보았다. 그러던 중에 장차 왕위를 계승할 인물을 발견했는데 그가 바로 아소카였다. 하지만 이 점쟁이는 수마나 왕자가 왕의 총애를 받는다는 사실을 잘 알고 있었다. 그래서 왕의 비위를 맞추려고 수마나가 후계자가 될 인물이라고 거짓말했다. 물론 아소카도 당시에는 자신이 장차 마우리아 왕조를 이끌어 갈 인물이라고는 상상도 하지 못했다.

▼ 아소카 왕 통치 시기에 인도는 전국적으로 기반 공사를 했다. 이 그림은 교통로에서 우물 공사를 하던 인부가 물을 마시며 갈증을 달래는 장면이다. 우물 건너 보이는 높다란 탑 꼭대기에는 용맹한 사자상을 조각했고, 탑의 기둥에는 아소카 왕 통치 시절의 법률을 새겼다.

형을 시해하고 권력을 쟁취한 자

얼마 지나지 않아 서북쪽 국경 지역의 탁실라에서 대대적으로 반란이 일어났다. 탁실라 민족은 워낙 끈질겨서 반란은 쉽게 수그러들지 않았다. 아버지 빈두사라의 명령에 따라 아소카는 반란을 진압하기 위해 탁실라로 향했다. 사실 탁실라의 반역은 지방 관리들이 지나치게 잔혹하고 난폭해서 발생한 일이었다. 그래서 아소카가 탁실라에 도착하자 그들은 오히려 기뻐하며 순순히 물러났다. 이후 아소카는 전에 없이 명성이 드높아졌다.

빈두사라의 통치 말기에 탁실라에서 또 한 번 반란이 일어났다. 그러자 빈두사라는 장남 수마나가 공을 쌓게 해서 후계자의 자리를 굳건히 하도록 해주려 했다. 그래서 수마나를 탁실라로 파견해서 반란을 진압하도록 명령했다. 그러나 수마나는 탁실라의 반란을 신속하게 진압하지 못했고 오히려 전쟁을 인도에 더욱 불리하게 끌고 갔다. 이즈음 병마에 시달리던 빈두사라는 수마나를 불러들여 후계자로 삼고 그 대신에 둘째 아소카를 탁실라로 보내려고 했다. 그러자 수마나를 못마땅하게 여기던 재상들이 아소카가 위독하다고 거짓말을 해서 결국 수마나가 계속 탁실라에 남았다. 아소카는 형이 없는 틈을 타 세력을 키우고 빈두사라의 병세가 위독해졌을 때 마침내 왕위를 차지했다. 탁실라에 있던 수마나는 아버지의 서거 소식을 듣고 곧바로 수도로 돌아와 무력으로 왕위를 쟁탈하려 했으나 결국 참패했다. 그 후에도 여러 왕자가 잇달아 반란을 일으켰고, 아소카 왕은 그러한 왕자의 난을 모두 진압했다. 그리고 유일하게 동생 한 명만을 남긴 채 그 많던 형제를 모조리 제거하고 왕위를 공고히 했다.

비범한 능력의 소유자

아소카는 마우리아 왕조의 제3대 왕으로 즉위했다. 아소카 왕은 마우리아 왕조의 기틀을 다져 고대 인도제국을 통일하는 데 큰 공헌을 했다. 그는 청년 시절에 속주의 태수를 맡으며 힘을 키웠고, 일찍이 여러 국가를 토벌한 경험이 있었다. 탁실라는 물론이고 우자인과 네팔 지역까지 정복했다. 주로 반란을 진압하고 영토를 개척하는 데 집중했다. 이렇게 몇 년 동안 노력한 끝에 아소카 왕은 역사상 가장 방대한 고대 인도 통일 제국을 완성했다. 이로써 마우리아 왕조는 동쪽으로는 칼링가국의 벵골 만 연안, 남쪽은 북부 마이소르, 서쪽은 소파라와 사우라스트라, 북서쪽은 탁실라, 북쪽은 히말라야 산록까지 미치는 광범위한 지역을 통치했다.

아소카 왕은 즉위 초기에 대신 500명을 죽였고, 그 후에도 억지로 이유를 만들어서 궁녀 500명을 죽였다. 또 대신들의 뜻을 받아들여 이른바 '이승의 지옥'이라 불리던 감옥을 세웠다. 그러나 시간이 흐른 후 그는 정권을 공고히 하기 위해 초기의 잔혹한 무력 사용을 포기하고, 불교의 교리인 다르마(dharma, 法)에 따라 국정을 다스리겠

▲ 아소카 왕

아소카 왕은 말기에 불교에 귀의해 독실한 불교 신자가 되었다. 사실 그가 진심으로 불교에 귀의했다기보다는, 아소카 왕이 정복보다는 종교로써 백성을 감화하는 편이 통치를 더욱 공고히 할 수 있다는 섭리를 깨달았다고 하는 것이 옳겠다. 이 그림은 불교에 귀의한 후의 아소카 왕의 좌상이다.

다고 다짐했다. 이후 아소카 왕은 인정의 정치를 펼치며 예전과 달리 인자함과 포용의 카리스마를 드러냈다. 나라의 기반 시설을 짓는 공사에도 집중해서 이렇게 명령했다.

"길가에 용수나무를 심을 것을 명했으니, 백성은 물론이요 가축도 시원한 그늘에서 편안하게 쉴 수 있을 것이다. 또 과수원을 조성하고 10km마다 우물을 파도록 명했으니 그대들은 편안하게 이용하라."

아소카 왕은 약초를 수입하고, 다리와 도로 건설에도 속도를 냈으며, 대규모 수리 공정을 펼치는 등 국가 시설을 정비하는 데 주력했다. 또 역대 왕들처럼 왕의 지위를 즐기는 데만 빠지지 않고 포교하는 데 힘을 쏟았다. 아소카 왕은 전국을 돌아다니며 포교하고, 승려들에게 재물을 하사했다.

아소카 왕은 무력으로 다른 나라를 정복하는 정책을 버리고 이웃 국가와 우호 관계를 맺었다. 그리고 신하와 백성에게 부모에게 효도하고, 연장자들을 잘 따르라고 명령했다. 또 종교계에 아낌없이 지원하고, 노예와 시종들에게도 관용을 베풀었으며, 가난한 백성을 진심으로 안타깝게 여겼다. 이제 이후 아소카 왕이 걸어간 길에 살생이란 없었다.

다르마를 더욱 널리 알리기 위해 아소카 왕은 포교령을 반포하고, 각지의 벽면과 기둥, 비석에 포교문을 새겨 넣어서 모든 백성이 다르마를 지키게 했다. 이때 여러 가지 문자로 기록해서 모든 백성이 예외 없이 법에 따를 것을 명령했다. 또 오로지 다르마를 보급하는 임무를 수행하는 관리를 특별히 두었다.

아소카 왕은 독실한 불교 신자로, 그가 불교로 귀의한 것과 관련해 에피소드가 전해진다. 기원전 260년에 아소카 왕은 수십만 보병과 기병, 그리고 코끼리 부대와 전차 부대를 이끌고 칼링가로 진격했다. 칼링가는 이에 결사 항전의 각오로 맞섰지만, 이들의 필사적인 대항은 아소카 왕의 신경을 예민하게 할 뿐이었다. 몇 차례 이어진 힘겨루기 끝에 아소카 왕의 군대는 마침내 칼링가의 수도를 함락하고 성 안의 백성을 대대적으로 학살했다. 아소카 왕은 승리의 기쁨을 만끽하며 칼링가의 중심지를 거닐었다. 그런데 피로 물든 참혹한 현장을 직접 목격하자 아소카 왕은 무자비한 무력 행동의 이면을 돌아보게 되었고, 잘못을 회개했다. 그리고 적군 10만 명을 죽이고 칼링가 백성 15만 명을 이재민으로 전락시켜 추방한 이러한 잔혹한 전쟁은 다시는 발생해서는 안 된다고 힘주어 말했다.

자신의 잘못을 깊이 뉘우친 아소카 왕은 이후 불교를 받들었다. 그러면서 포교 활동에 전념한 그는 각 지역에 불탑을 세우고 불교 신자를 우대하는 정책을 펼쳤으며, 각지에 승려를 보내 포교에 매진하도록 명령했다. 그리고 그의 아들 마힌다와 딸 상가미타도 포교에 힘썼다. 불교는 이렇게 해서 인도의 동남쪽을 시작으로 동남아시아까지 전해졌고, 서북쪽으로는 중앙아시아 지역으로 뻗어나가 마침내 세계적인 종교로 자리 잡았다. 기원전 253년에 아소카 왕은 파탈리푸트라에서 불교사에 한 획을 그은 3차 '결집'을 열었다. 결집이란 승려들이 한자리에 모여서 교리를 외우고 불전을 올바르게 평가하고 편찬하는 일로, 아소카 왕 시절에 있었던 결집이 가장 전형적이다.

불교의 포교에 나섰던 아소카 왕은 붓다의 사리를 고이 담아 보관

파탈리푸트라

파탈리푸트라는 마가다 왕국 마우리아 왕조(기원전 324~187)의 수도로 번영을 누리다가 4세기 이후 굽타 왕조의 수도로도 그 명성을 계속 이어갔다. 전해지는 바로는, 파탈리푸트라는 길이가 약 15킬로미터, 폭이 약 2.8킬로미터의 장방형으로 오백 개 이상의 성벽과 예순 개가 넘는 성문을 두었다. 꽃과 나무가 우거졌다는 뜻의 '쿠수마푸라'(꽃의 수도)의 명성에 걸맞게 공작새들이 많이 모여들었을 만큼 천혜의 환경을 갖춘 곳이었다. 또한, 도로를 잘 닦아 놓아 왕국 내부는 물론 외부와도 편리하게 왕래할 수 있던 교통의 요충지였다. 남인도의 보석부터 북인도의 카펫, 동인도의 아마와 서인도의 말, 붉은 산호, 유리에 이르기까지 다양한 특산품이 모이는 곳이기도 했다.

▼ 각지를 순방하며 포교활동을 펼친 석가모니는 제자들의 시종을 받으며 고요히 80세의 생애를 마쳤다. 사진은 길이 29미터의 석가모니 와상이다.

61

산치는 인도 중부 마디아프라데시 주의 주도州都 보팔 근처에 있는 곳으로, 아소카 왕의 사후쯤으로 추정되는 시기에 이곳에 탑이 세워졌다. 사임을 둥근 기둥 모양으로 잘라내고 표면을 다듬은 것으로 직경 30m, 높이 12m에 이른다. 탑 주변은 담으로 둘러싸였다. 토라나라고 불리는 아치형 탑문에는 붓다 생전의 에피소드를 아주 정교하게 표현했으며 신도들의 모습과 새와 짐승, 나무와 꽃 등의 다양한 문양도 조각했다. 아직 소승불교 단계에서 대승불교로 발전하기 전 단계였으므로 붓다의 모습이 직접적으로 드러나지 않고 단지 상징적으로 표현되고 있다. 산치에는 원래 크고 작은 탑이 20여 개 있었는데 대부분 파괴되었고, 오늘날에는 산치 대탑이라고 불리는 제1탑과 그 탑의 동서남북 사방을 둘러싼 탑문, 그리고 제3탑이 남아 있다. 산치는 인도에서 가장 오래되고 중요한 불교 조각 예술품 가운데 극치를 보여 주는 인도 불교 발전사를 집약해 놓은 곳이라고도 할 수 있다. 불교 교리에 따르면 모든 세계는 불교의 성지를 중심으로 원형으로 이루어져 있기 때문에 산치 대탑도 원형으로 설계되었다. 꼭대기는 우산 모양으로 만들었는데, 이는 극락 세계와 성지 주변, 그리고 탑의 사리가 한데 어우러져 있음을 상징한다.

하는 사리탑을 가장 중요하게 생각했다. 그래서 그는 사리탑을 개봉해 붓다의 사리를 8만 4,000여 점으로 나누었다. 그리고 그 수대로 전국의 교통 요지에 탑을 세워 사리를 안치했다. 사람들은 이 탑을 지날 때마다 잠시 발길을 멈추고 기도를 올렸다.

아소카 왕은 불교만을 인정한다는 식의 유일 종교를 내세우지는 않았다. 다른 종교에도 관용을 베풀고, 교파 간에 갈등이 생기거나 대치하는 모습이 보이면 유연하게 화해를 이끌어냈다. 예를 들어, 아소카 왕은 다른 종교를 비판하지 못하도록 명령하고 모든 종교의 자유를 허락한다고 선포했다. 이에 따라 각 종교는 다른 교파와의 협력을 강화하기 위해 서로 대화하며 상대를 이해했다. 또한, 다양한 종교 교리를 배우고 넓은 안목으로 다른 종교를 배척하지 말라고 당부했다. 아소카 왕은 이렇게 모든 교파를 아우르는 커다란 관용을 베풀며 대대손손 훌륭한 왕으로 인정받았다.

역사에 빛을 발하리라

아소카 왕의 다르마는 큰 성과를 거두었다. 먼저 인도 16국이 탄생한 이후 300년 이상 전쟁이 끊이지 않았듯이 마우리아 왕조 시대에는 날마다 크고 작은 혼란이 일어났다. 그러나 아소카 왕이 전쟁을 뉘우친 이후 대규모 전쟁이 벌어지지 않아 인도는 40년 동안 평화로운 시절을 보낼 수 있었다. 다음으로, 아소카 왕이 통치한 시절에 인도에서는 농업이 빠르게 발전했고 수공업이 널리 보급되었으며 수공예 기술도 상당한 수준에 이르렀다. 또 아소카 왕은 전국적으로 징세 제도를 통일했다. 활발하게 이루어진 무역도 역대 최고의 전성기를 맞아 인도산 제품이 육로와 뱃길을 통해 유럽, 서아시아, 중앙아시아까지 전해졌다.

아소카 왕은 또한 건축 예술의 르네상스 시대를 열었다고 해도 과언이 아니다. 아소카 왕은 오늘날 인도 중부의 도시 산치에 최고 높이를 자랑하는 불탑을 세웠다. 전해 내려오면서 계속 보수를 거쳐 현재는 인도의 최고 랜드마크로 자리 잡았다. 무엇보다도 아소카 왕 시절에 제작한 목조 조각품들이 현재까지도 정교한 아름다움은 물론 원형 그대로의 색을 보존한다는 사실이 놀라울 따름이다. 인도처럼 후텁지근한 곳은 나무를 갉아 먹는 벌레가 많은데 목조 조각품이 오랜 시간 동안 이렇게 원형을 보존한다는 것은 거의 기적에 가까운 일이다. 아소카 왕 시절의 목조 조각품들과 삼십여 곳에 분포하는 비문은 현재 중요 유형 문화재로 지정되어 잘 보존되고 있다. 그중 가장 주목할 만한 건축물은 바로 인도 북부의 불교 성지에 세운 석주로, 기둥머리에 사자 4마리의 반신상 조각을 새겨넣었다. 조각상은 매우 정교하면서도 웅장하고 엄숙한 자태를 드러내며 마치 살아 있는 듯 생생한 모습이 일품이다.

　아소카 왕은 인도 역사상 최고의 정치가이자 군사 지휘관, 종교 지도자였다. 아소카 왕 집권 시절에 인도는 정치와 경제, 문화에서 비약적인 발전을 거두었다. 마우리아 왕조는 역사상 최고의 번영을 누렸고, 나라가 평화롭고 안정되어 백성도 편안하게 생활했다. 그러나 아소카 왕은 말년에 이르러 불교에 너무 심취한 나머지, 승려들에게 너무 많은 재물을 하사해서 국고를 거덜냈다. 그러면서 아소카 왕은 예전만큼 막강한 힘을 발휘하지 못하게 되었고, 그가 통일한 방대한 제국도 역사의 지나간 페이지로 사라지게 되었다.

▼ 산치 대탑은 독특하면서도 정교한 스타일로 완성되어 가히 인도 최고의 걸작이라고 불릴 만하다. 특히 이렇게 특별한 탑문을 토라나라고 불렀으며, 이후 토라나 예술을 탄생시키는 기반이 되었다.

엄격한 카스트 제도 마우리아 왕조의 사회와 종교

고대 갠지스 강 유역의 유구한 역사 속에서 독특한 기질을 드러낸 민족이 있다. 인도의 마우리아 왕조가 발전시켜 시행한 카스트 제도는 인도 사회 전체에 큰 영향을 끼쳤고, 이후로 인도인들은 신분에 따라 천차만별의 삶을 살았다. 엄격했던 카스트 제도는 마우리아 왕조 시절에도 인도 사회의 기본 신분 제도로서 큰 영향을 끼쳤다.

외부 세력의 침입

갠지스 강 유역에 정착한 아리아인이 토착민들을 정복하기 시작했다. 당시는 기원전 9세기로, 이때부터 카스트 제도가 시작되었다. 카스트 제도는 사람들을 브라만, 크샤트리아, 바이샤, 수드라의 4단계 신분으로 나누는 독특한 계급 제도이다. 브라만은 제사나 문화 사업을 전담하는 가장 높은 신분이다. 다음은 무사 계급에 속하는 크샤트리아로 이들은 주로 행정과 전쟁을 주관했다. 바이샤는 상인이나 무역상을 가리켰고, 가장 밑바닥 신분인 수드라는 매우 힘든 삶을 살아가야 했다. 수드라는 브라만과 크샤트리아, 바이샤에게 복종하는 것은 물론 농사 등 육체 노동에 종사했다.

카스트 제도에 따른 신분은 세습되며 후대에도 계속 전해졌다. 사람들은 태어날 때부터 정해진 신분에 따라 행동해야 했고 이 신분을 바꾸기란 거의 불가능했다. 카스트 제도는 사람들의 생활 전반에 큰 영향을 끼쳤으며, 마우리아 왕조에 이르러 좀 더 분명한 색깔을 드러냈다.

혼인은 운명이요, 부귀는 하늘이 정하는 것이니

인도의 카스트 제도는 독특한 역사적 배경이 있다. 고대 인도에서는 누구나 카스트 제도를 기반으로 살아갔고, 시간이 흘러 마우리아 왕조에 이르자 카스트 제도는 더욱 체계를 갖추었다. 당시 바라문교의 신도들은 카스트 제도의 엄격한 규율에 따라 생활했다. 이후 마우리아 왕조의 정복 전쟁을 통해 카스트 제도는 더욱 널리 확산되었다.

마우리아 왕조 시대에는 나라의 핵심 인물들을 브라만, 이민족 중

▼ **장난기 가득한 소녀의 모습을 새긴 조각상**

매끈하고 아름다운 곡선의 자태가 마치 춤을 추는 듯하다. 소녀를 춤의 여신처럼 표현했는데, 고대 인도에서 춤은 생활의 일부이자 세속에서 벗어나기 위한 가장 확실한 돌파구였다.

세력가를 크샤트리아, 평민을 바이샤, 그리고 가난한 사람들을 수드라로 구분했다. 수드라는 신분의 굴레에 갇혀 평생 아주 비참하고 고통스러운 생활을 했다. 카스트 제도는 인도에 뿌리 내린 이후 오랜 시간이 지나 마우리아 왕조에 이르자 안정적인 모습을 보였다. 어찌 보면 카스트 제도의 규정은 잔혹하리만큼 엄격했다고 할 수 있다. 당시 유명한 성문법인《마누법전》은 카스트 제도를 자세하게 규정했다. 특히 직업과 혼인에 관한 규율이 눈에 띈다.

브라만은 카스트 제도에서 막강한 권력을 누린 신분이었지만, 사실 그들도 계속된 전쟁으로 생활고를 겪으면서 자신들보다 낮은 계급의 일자리를 침범했다. 브라만 중 일부는 농사를 짓기 시작했고 가축도 사육했다. 영세한 사업이나 그리 대단할 것 없는 목공 일도 도맡아 했다. 그렇지만 낮은 계급은 높은 계급이 하는 일을 넘볼 수 없었다. 브라만 계급이 규정에 포함되지 않은 직업까지 넘나들면서 매우 엄격하던 카스트 제도는 한때 조금씩 붕괴되는 듯했다. 그러나 높은 계급은 자신들에게 유리한 카스트 제도를 유지하려고 수단과 방법을 가리지 않았다. 누구든 편안하게 살아갈 수 있는 신분의 혜택을 쉽게 포기할 리 없다. 그렇듯, 인도의 높은 계급은 자신들의 신

▼ 힌두교는 고대 바라문교가 복잡한 민간 신앙을 받아들여 발전한 종교로, 이 그림은 힌두교의 여신이 혼인하는 장면이다. 신혼 부부가 어깨를 나란히 하고 앉아 있고, 제사장이《베다》를 읽으면서 성유聖油를 불에 떨어뜨리자 불꽃이 더욱 선명하게 타오른다.

분을 유지하기 위해서 신분 제도를 정비하기 시작했다. 높은 계급은 낮은 계급과 같은 일을 할 수 있지만 낮은 계급은 절대로 높은 계급의 일을 할 수 없다는 내용이었다.

당시 카스트 제도는 영향력이 막강해서 나라에서 일어나는 모든 크고 작은 일과 연관되었다. 결혼 문제도 예외가 아니었다. 마우리아 왕조의 법전에는 혼인에 대해 명확하게 언급했다. 과거의 카스트 제도는 이민족과의 혼인을 엄격하게 금지했지만, 제국의 경제가 눈부신 성장을 이루고 여러 민족이 한데 모여 살게 되자 이러한 규율은 점차 자취를 감췄다. 그와 함께 카스트 제도 내의 혼인 제도도 위기를 맞았다. 특권층은 카스트 제도를 공고히 하고 브라만의 특권을 유지하기 위해 이른바 '혼인 승인 및 금지' 제도를 마련했다.

다시 말해 높은 계급의 남성은 낮은 계급의 여성과 혼례를 올릴 수는 있지만 이러한 혼인이 성사되면 남성은 이전처럼 좋은 대우를 받을 수 없었다. 또한 혼례는 화려하지 않았지만 사회에서 어느 정도 용납되었다. 반면에 높은 계급의 여성은 낮은 계급의 남성과 결혼할 수 없었다. 이러한 사례가 발생한다면 엄중한 처벌을 각오해야 했다. 이와 관련해 전해지는 이야기가 있다. 당시 한 이발사의 아들이 높은 계급의 여성을 사랑하게 되자 그 아버지가 따끔하게 경고했다.

"하늘도 어찌할 수 없는 일에 시간 낭비하지 말아라. 너는 이발사의 아들이다. 우리는 비천한 신분이다. 네가 사랑하는 처녀는 신분이 높은 집안의 규수다. 바로 크샤트리아의 딸이란 말이다. 명심해라. 너희는 절대 어울릴 수 없고, 어울려서도 안 된다. 내가 우리 수준에 맞는 배필을 찾아오마."

그러나 이발사의 아들은 그녀와 결혼하겠다는 생각을 끝까지 고수하다가 결국 우울증으로 세상을 떠났다.

엄격한 계급 사회

카스트 제도는 생활 곳곳에서 드러났다. 브라만, 크샤트리아, 바이샤는 모두 각종 종교 행사에 참석할 수 있었다. 이들은 높은 계급의 혜택을 누리며 자신들을 신의 대리인으로 생각하거나 심지어는 자신을 신격화하기도 했다. 반면에 가장 낮은 계급인 수드라는 모든 권리를 박탈당했다. 심지어 마음대로 보지도 듣지도 못하는 비참한 생활을 견뎌야 했다. 이와 관련해 다음의 이야기가 전해지기도 한다. 만약 수드라가 《베다》를 듣거나 보다가 발각되면 주석이나 밀랍을 귀에 집어넣는 고문을 했고, 암송하면 혀를 뽑아버렸으며, 《베다》를 기억하기만 해도 몸을 두 동강 냈다. 종교 행사에 참여할 때의 복장 또한 엄격한 규정을 따라야 했다. 브라만은 면사 세 가닥으로 장식을 만들었고, 크샤트리아는 마사로, 바이샤는 양모로 제작했다. 또 지위에 따라 종교 의식에서 지팡이를 드는 높이도 정해져 있었다. 브라만은 지팡이를 머리 꼭대기까지, 크샤트리아는 이마까지, 그리고 바이샤는 코 주변까지밖에 들 수 없었다. 정화 의식을 치를 때에는 지팡이의 높이를 브라만은 흉부까지, 크샤트리아는 목까지, 바이샤는 입까지 내렸다. 카스트 제도를 살펴보면 이 밖에도 엄청난 규정이 있었다.

엄격한 계급 생활

마우리아 왕조는 백성의 생활을 엄격하게 구분했다. 음식은 과일과 유제품, 가열한 음식, 생식으로 구분해서 생식은 같은 계급 혹은 자신보다 높은 계급이 만든 것만 먹을 수 있고, 가열한 음식은 자신보다 낮은 계급이 올린 음식만 먹어야 했다. 높은 계급은 낮은 계급이 손댄 음식이나 음료를 먹을 수 없었다. 높은 계급은 자신들이 손수 만든 음식만 먹을 수 있고, 낮은 계급도 이 음식을 먹을 수 있었다. 가장 낮은 계급인 수드라가 먹을 수 있는 음식은 가장 더러운 음식으로, 다른 계급은 이 음식을 입에 대지도 않았다. 물에도 계급을 적용해서 계급별로 마실 수 있는 물이 달랐다. 수드라는 자기 소유의 우물에서 길어 올린 물만 마실 수 있었다. 이를 어기면 더 이상 물을 마실 수 없게 그 우물을 더럽히거나 수드라를 잡아서 구타했고, 심한 경우 사형하기도 했다.

이 밖에 신분에 따라서 가업도 각양각색이었고 대대손손 계승했다. 특히 종교와 관계된 직업은 높은 계급의 몫이었다. 제사나 교육과 같은 종교와 관련된 일은 전부 브라만이 도맡았다. 반면에 지저분하고 위험한 일은 모두 수드라의 차지로, 거리 청소나 화장실 청소, 빨래 등은 모두 낮은 계급의 몫이었다. 태어나면서부터 신분이 정해지는 것처럼, 직업 또한 평생 바뀌지 않았다. 예를 들어, 현대에 방글라데시의 브라만교 학생이 졸업 후에 적당한 일자리를 찾지 못하자 이발소를 차린 일이 있었다. 이 소식을 전해 듣고 다른 브라만이 크게 노했다는 이야기도 전해진다. 생활이 얼마나 빡빡하든지 간에 브라만은 낮은 계급이 하는 일은 해서는 안 되었다. 그렇지 않으면 바로 엄중한 처벌을 받거나 손가락질 받았다.

어느 조용하고 평화로운 마을에 웅장한 벽돌집이 있고 그 옆으로 작은 집들이 빽빽하게 들어서 있었는데, 고대 인도인들은 이처럼 집을 지을 때에도 카스트 제도를 따라야만 했다. 인도 남부의 어느 지역에서는 신분에 따라 살 수 있는 집과 건축 자재까지도 엄격하게 구분했다. 인도 서쪽 지역 부근에서는 낮은 계급이 2층 이상의 집에서 살 수 없게 했다.

지옥 같은 현실

인류 역사상 여성이 주도권을 행사한 모계 사회가 등장한 적이 있다. 그러나 시간이 흐르면서 여성에 대한 속박은 점점 심해졌고 팔려가는 일도 예사였다. 역사를 되짚어보면, 여성은 수많은 어려움을 겪었다. 특히 고대의 인도 여성은 당시 사회에 뿌리 깊은 남존여비 관념과 신분을 철저히 구분하는 카스트 제도로 차별을 받으며 힘든 생활을 했다. 인도 여성들은 단지 여성이라는 이유로 자유를 빼앗기고, 매우 불합리한 대우를 받았다. 베다 후기 시대에 이르러 인도 여성의 상황은 더욱 나빠졌다. 남성이 경제적 주도권을 장악하면서 여성은 점점 지위가 낮아지고 발언권이 약해진 것이다. 마우리아 왕조 시대에 남녀의 신분 차이는 더욱 명확해졌다. 더욱이 당시의 카스트 제도는 여성에게 매우 불합리했다. 예를 들어 브라만 여성이 수드라 남성과 결혼하길 원한다면, 결혼은 할 수 있으나 브라만에서 수드라로 계급이 낮아졌다. 그리고 낮은 계급 여성이 그보다 높은 계급 남성과 결혼한다면 대개 정부인이 아닌 첩이 되었다.

고대 인도 여성은 가정에서 거의 주도권이 없었다고 해도 과언이 아니다. 부인이든 딸이든 여성은 모두 집안의 남성에게 복종해야 했고, 그들에게 의지해서 살아가야 했다. 기혼 여성은 남편의 시중을 들기 위해 결혼했을 정도였다. 그녀들은 남편에게 충성을 다해야 했다. 당시 인도에는 이른바 '부녀자가 지켜야 할 도리'가 널리 보급되었다. 이는 집안에서 남편에게 모든 결정권이 있다는 것을 확고히 하기 위해 마련된 지침이다. 이에 따르면, 아내는 남편에게 이혼을 요구할 권리마저 없었다. 오랜 시간을 거치며 관용과 복종, 미덕, 절개, 순정은 여성의 미덕으로 여겨졌다. 과거에는 남편이 죽으면 홀로 남은 미망인을 순장시켰다. 그리고 이 이야기를 들은 사람들은 순장된 부인의 지조와 절개에 매우 감동했다고 한다. 순장은 높은 계급에서 유행처럼 이루어졌다. 그러던 중 마우리아 왕조가 불교를 전파하면서 여성의 지위가 회복되려는 조짐이 보였고, 한때는 여성을 차별하거나 무시하는 태도를 비난하는 분위기가 조성되기도 했다. 그러나 바라문교가 자리 잡은 인도 사회에서 여성들은 과거와 마찬가지로 여전히 천대받았다.

인도 사회에 뿌리내린 카스트 제도는 이후 오랜 시간 동안 인도 사회에 크나큰 영향을 끼쳤다. 마우리아 왕조 시대가 막을 내린 이후에도 카스트 제도는 계속해서 이어지며 고대 인도의 대표적인 제도로서 굳건한 지위를 다졌다. 카스트 제도는 인도 사회가 발전하는 데 걸림돌이 되기도 했지만, 오늘날까지도 인도 사회에 많은 영향을 끼치고 있다.

◀ 바라문교 신도들이 채식하기 전에 묵언 기도를 하는 모습

상전벽해 마가다국

시간이 흘러 한때 천하를 호령하던 마우리아 왕조도 차츰 역사의 저편으로 사라졌다. 그런 한편 마가다국은 눈부신 변화를 일구어 냈다. 그 후 인도에는 바라문교를 창시한 슝가 왕조가 들어섰다. 슝가 왕조는 비록 오랫동안 명맥을 유지하지는 못했지만, 광활한 영토를 통치하며 정복에 대한 야망을 드러냈다. 전 우주를 통치하고자 한 그들의 야심은 놀라울 정도로 원대했다.

꿈이 현실로

슝가 왕조를 연 인물은 브라만 푸샤미트라였다. 푸샤미트라는 독실한 바라문교 가정에서 태어나 어린 시절부터 《베다》를 읽으며 자랐다. 성인이 된 후 아이들을 가르치는 일을 했는데, 교사라는 직업은 큰 꿈이 있는 그에게는 지나치게 평범했다. 그는 결국 교편을 내려 놓고 전쟁에 참여하기로 했다. 푸샤미트라는 전술을 짜는 데는 물론 군대를 진두 지휘할 때에도 뛰어난 모습을 보였다. 이후 그는 마우리아 왕조의 마지막 황제인 브리하드라타의 깊은 신임을 얻어 대장군이 되었다. 푸샤미트라는 늘 황제의 곁을 지켰다. 그러나 얼마 후 황제가 크샤트리아 신분이라는 사실을 알게 되자 속으로 그가 천하를 통치하기에는 적합하지 않다고 생각했다. 그리고 브라만이 황제가 된다면 브라만 신이 함께하여 천하의 온 백성을 두루 보살펴 줄 것이라고 확신했다. 그리고 그렇게만 된다면 가장 강력하고 부유한 나라를 세울 수 있다고 자신했다.

그러던 어느 날 절호의 기회가 찾아왔다. 기원전 187년, 열병식을 치르던 날 푸샤미트라는 황제 브리하드라타를 암살했다. 그리고 이어서 슝가 왕조를 세웠다. 그동안 푸샤미트라가 간절히 바란 새로운 왕국이 탄생한 순간이었다.

슝가 왕조는 파탈리푸트라를 수도로 정하고 마우리아 왕조의 체제를 계승했다. 당시 푸샤미트라의 슝가 왕조는 남부의 나르마다 강에서 북부의 펀자브 지역에 이르는 인도 북부의 대부분 영토를 점령했다.

▼ 사진은 인도의 조각 예술 역사상 조형미의 극치를 보여주는 작품으로 평가받는 산치 대탑 토라나의 살라반 지카 여신상이다. 발가락으로 땅을 밟고 나무에 꽃을 피운다는 이 숲의 정령은 로마의 비너스와 비교되는 인도의 대표적인 신이다. 살라반 지카는 산치 대탑을 지나가기 전에 남겨두어야 할 세속적인 것들을 대변하는 수문장 역할을 하기도 한다.

바라문교의 발전

마우리아 왕조는 불교를 유일한 종교로 생각했기 때문에 자연히 바라문교의 불만이 컸다. 그런 중에 왕위에 오른 푸샤미트라는 마우리아 왕조와 달리 불교 신자들을 억압하며 불교 세력을 약화시키려고 했다. 그리고 그동안 소외되었던 바라문교를 아낌없이 지원했다. 당시 다른 나라를 정복한 왕은 자신의 강함을 드러내기 위해 '아슈바메다'라는 의식을 거행했다. 아슈바메다는 바라문교에서 가장 중요한 제례로, 대개 왕이 의식을 진행했다. 당시 사람들은 이 아슈바메다를 지낼 수 있는 왕을 진정한 강자로 평가하기도 했다. 그래서 푸샤미트라는 즉위하고 나서 아슈바메다를 두 번이나 지냈다. 아슈바메다는 다음과 같은 순서로 진행되었다. 먼저 바라문교 신도들이 뛰어난 준마 몇 마리를 신중하게 선택했다. 그런 다음 제례가 시작되기 전까지 아무것도 먹이지 않고, 깨끗하게 목욕을 시켰다. 준비를 마치면 제단에 불을 붙이고, 제례 당일 새벽이 되면 말들을 동쪽을 향해 풀어주었다. 이렇게 해서 제례를 올릴 준비가 끝났다. 그러면 국왕이 최정예 부대를 이끌고서 준마의 뒤를 바짝 추격하고, 백성은 준마가 자신들의 지역을 지나가기를 기다렸다가 제사를 올렸다. 만약 준마가 적국으로 들어가면, 국왕은 지휘관들에게 적군을 죽이라고 명령했다. 아슈바메다에서 전국을 돌아다니는 말은 태양을 상징하며, 이는 결국 왕의 권력을 상징했다. 이후 푸샤미트라는 더욱 막강한 권력을 휘두르며 천하 만물을 다스릴 수 있는 진정한 왕이라는 명성을 얻었다.

한편, 불교 신자들은 억압에도 굴하지 않고 신앙심을 이어갔다. 그들은 다른 이들의 눈을 피해서 산치와 바흐롤 등지에서 붓다에게 기도를 올렸다. 이렇게 불교 세력은 미약하나마 계속해서 그 생명력을 이어갔다. 불교 신자들의 독실한 신앙심은 대대손손 입에서 입으로 전해졌고, 이는 성역을 둘러싼 돌 울타리인 난순 부조에 잘 나타났다.

▼ 아소카 왕이 죽고 반세기도 채 지나지 않았을 즈음, 마우리아 왕조의 통치권은 숭가 왕조로 넘어갔다. 숭가 왕조는 초기에는 갠지스 강 일대만 통치했다. 사진은 왕조의 번영과 풍년을 기리기 위해 세운 찬드라 여신 상이다.

위기의 슝가 왕조

슝가 왕조는 마우리아 왕조가 세워 놓은 토대를 바탕으로 통치했다. 그런 만큼 마우리아 왕조에서 나타난 여러 가지 문제는 슝가 왕조 때에도 계속 이어졌다. 한편, 초기의 슝가 왕조는 갠지스 강 일대와 서북부의 일부 지역을 점령했다. 탄탄한 기반 위에서 시작한 슝가 왕조는 초대 왕 푸샤미트라와 그의 아들인 다음 왕 대에 이미 전성기를 맞이했다. 이때 슝가 왕조는 남쪽의 나르마다 강과 북쪽의 펀자브 일대를 아우르는 광활한 영토를 다스렸다. 그러나 거대 제국을 세웠던 마우리아 왕조를 넘어서지는 못했다. 특히 큰 행사인 아슈바메다를 여러 차례 거행하고 전쟁이 계속되어 슝가 왕조는 하루도 평온할 날이 없었다. 푸샤미트라 부자는 한때 인도 북부에 있는 데칸 고원을 차지했는데, 그리스군과 남쪽 마가다국의 맹렬한 공격으로 큰 타격을 받았다. 이후 백여 년 동안 슝가 왕조는 자국의 영토를 하나 둘 빼앗기고 점점 쇠락의 길을 걷다가 결국 마가다 지역까지 후퇴했다. 한편, 슝가 왕조는 내부 갈등도 심각했다. 그리하여 슝가 왕조는 결국 기원전 73년에 칸바 왕조에 의해 최후를 맞이했다.

암흑의 300년 칸바 왕조에서 신제국이 탄생하기까지

기원전 2세기에 마우리아 왕조가 몰락하면서 인도의 작은 나라들에는 다시 어두운 그림자가 드리웠다. 이후 300년 동안 계속된 암흑 시기에 박트리아, 사카, 아르사크, 대월지와 같은 여러 부족이 등장하며 새로운 역사를 만들어 갔다.

인도의 전국 시대

시간이 흘러 기원전 73년에 실권을 쥐고 있던 바수데바가 슝가 왕조의 마지막 왕 데바부티를 살해하는 반역을 일으켰다. 이렇게 해서 마우리아 왕조를 이어 백여 년 동안 마가다 지역을 다스린 슝가 왕조는 최후를 맞이했다. 바수데바는 자신을 드높이고 새로운 칸바 왕조의 탄생을 선포했다. 한편, 권력의 정점에서 떨어진 슝가 왕조의 왕족은 아무도 주목하지 않는 곳으로 도망쳐서 가까스로 왕권을 유지했다. 그러나 아무런 힘도 능력도 없는 꼭두각시 왕조에 불과했다.

칸바 왕조는 4대에 걸쳐 45년 동안 마가다 지역을 통치했다. 이 칸바 왕조에 관해 역사적으로 전해지는 바는 극히 드물다. 유일하게 알려진 바로는, 칸바 왕조의 통치자들은 마가다 지역을 벗어나지 못했고 기원전 28년에 등장한 데칸 고원의 새로운 실력자 사타바하나에 의해 멸망했다는 것이다.

고대 중국에서는 사타바하나를 안드라 왕으로 기록했다. 아소카 왕에게 복종했던 안드라왕국은 그가 죽은 후에는 마우리아 왕조의 명령에 따르지 않았다. 이후 안드라왕국은 2세기의 샤타카르니 왕 시대에 이르러 데칸 고원 전체를 점령하며 최고의 전성기를 누렸다. 그러나 안드라왕국은 누구도 넘볼 수 없는 철옹성 같은 세력은 아니었다. 얼마 후 빠르게 쇠퇴하여 여러 지방 세력으로 분열했고, 끝내는 마가다 지역에서 자취를 감추었다. 안드라왕국의 몰락과 함께 또다시 여러 작은 나라로 분열한 인도 북부 지역은 격동의 시기인 전국 시대를 맞이했다.

철권 통치

▼ 쿠산 왕조의 여신상

인도는 정복욕을 불러일으킬 만한 매력적인 땅이었다. 그러나 기원전 1세기 이후로 한동안 인도 전체를 다스릴 만한 막강한 세력이 나타나지 않았다. 그래서 인도를 서로 차지하려는 이민족 사이에 끊임없이 정복 전쟁이 벌어지면서 인도는 점차 아름다운 옛 모습을 잃어갔다.

기원전 3세기 중엽에 시리아의 왕 안티오코스 2세가 사트라프로 임명한 디오도투스가 독립을 선언하고 대하를 세웠다. 대하는 유럽인이 박트리아라고 불렀던 곳으로, 힌두쿠시 산맥 북쪽에서부터 아무다리야 강 남쪽 끝까지의 지역을 가리켰다. 그러나 2대 만인 기원전 190년경에 에우티데모스와 그의 아들 데메트리오스가 디오도투스 2세를 암살하고 왕위를 빼앗았다. 이 부자는 그 후 힌두쿠시 산맥을 넘는 '인도 여정'을 떠났다. 이 시기에 박트리아는 아프가니스탄 전역을 점령했는데, 이 지역은 마우리아 왕조의 시조 찬드라굽타가 말년에 전쟁을 치르면서까지 셀레우코스에게서 빼앗아 온 지역이었다.

한편, 기원전 247년에 셀레우코스와 프톨레마이오스는 다시 전쟁을 선포했다. 이를 기회로 아르사크인이 독립해 시조 아르사케스의 이름을 따서 아르사크 왕조를 세웠다. 당시 아르사크 왕조에는 인도에서 승승장구하던 박트리아가 눈엣가시였다. 그래서 기원전 2세기가 되자 아르사크 왕조는 박트리아를 견제하기 위해 인도 정복에 뛰어들었다.

기원전 165년에 흉노족이 황하 서쪽의 평지인 하서주랑과 대월지 주변 지역을 점령했다. 사실 대월지와 흉노족은 세력이 비슷해서 전쟁이 벌어지면 승리와 패배를 주거니 받거니 했다. 그러나 흉노족이 거센 공격을 끊임없이 퍼붓자 대월지는 결국 무릎을 꿇고 말았다. 이후 서쪽으로 후퇴한 대월지는 아무다리야 강 북쪽에 이르러 그곳의 사카족을 몰아냈다. 사카족은 카슈미르 지역에서 카불을 세우고 유목 생활을 하던

부족이었다. 기원전 88년에 세력이 막강했던 사카족은 남동쪽으로
영토를 확장했고, 발루치스탄과 카라치 일대를 지나 인도에 정착했
다. 그 후 사카족은 인도의 서북부 지역에 여러 작은 나라를 세우고
새로운 역사를 써 나갔다. 당시 이 지역을 통치한 사카족을 사카 지
역장이라고 불렀는데, '지역장'은 과거 페르시아의 행정 제도에서
도입한 용어였다. 사카족은 4세기에 굽타 왕조가 등장하기 전까지
명성을 이어갔다.

새로운 문명의 시작 굽타 왕조

쿠샨 왕조가 몰락하긴 했지만, 유구한 역사의 땅 인도까지 완전히 역사의
저편으로 사라진 것은 아니었다. 당시 생명의 상징이던 갠지스 강 유역에
찬드라굽타 가문이 터를 잡고 있었다. 찬드라굽타 가문은 쿠샨 왕조의 멸
망이라는 절호의 기회를 놓치지 않았다. 용감한 개척자들은 인도를 차츰차
츰 정복하기 시작했다. 특히, 갠지스 강 중류 지역에서 개척자들은 정복을
향한 발걸음에 더욱 속도를 냈다. 그 결과 이합집산으로 분열했던 인도제
국을 다시 한 번 통일할 수 있었다. 긴 고대 인도사에서 남다른 비범함을
드러낸 개척자, 그들은 굽타 왕조를 세워 독특한 문명을 선사했다.

용감한 개척자

▼ 고대 인도의 역사서사시 《라마
야나》의 한 배경이다. 세계 최장
편 서사시인 이 작품은 코살라
왕국의 왕자인 라마가 부인을
되찾아오는 무용담을 담았다.

    시간이 흘러 화려한 전성기를 누리던 쿠샨 왕조도 역사의 저편으
로 사라졌다. 이처럼 역사의 흥망성쇠는 계속 되풀이되었다. 최고의
전성기를 보내다가 쇠락의 길을 걷고, 분열과 통일, 다시 분열했다
가 또다시 통일을 이루는 수순이
불문율처럼 계속되었다. 제국이
쇠락하면 여러 소국으로 분열해
정세가 매우 혼란하고 불안했다.
거침없이 질주하던 개척자들은
자신들에게 찾아온 절호의 기회
를 절대 놓치지 않고 광대한 영토
를 차지하기 위해서 희생도 감수
하며 전쟁을 벌였다. 이렇게 용감
한 모습을 보여 준 개척자들은 역
사에 영원할 그 이름을 남겼다.
    굽타 왕조의 선조는 갠지스 강
유역에 정착해서 대대로 힘을 키
우며 약소국에서 막강한 실력자
로 우뚝 섰고, 무서운 기세로 전
쟁을 계속해나갔다. 319년에 마하
라 지아디라자 찬드라굽타는 군
사를 이끌고 인도 정복 전쟁을 진

두 지휘했으며, 이 위대한 '왕 중의 왕'은 그 이듬해인 320년에 굽타 왕조를 세우고 파탈리푸트라를 수도로 삼았다. 그 사이에 찬드라굽타는 정복을 향한 발걸음을 조금도 지체하지 않고 바이샤리, 비하르, 방글라데시 등의 지역을 모두 손에 넣어 굽타 왕조의 거점지로 삼았다.

굽타 왕조의 제2대 왕 사무드라굽타(330~380 재위) 또한 부친 찬드라굽타 1세에 견줄 만큼 뛰어난 왕이었다. 사무드라굽타는 평생을 전쟁터에서 보냈다고 해도 과언이 아니었다. 군사적 재주를 타고나 군대 지휘 능력이 뛰어났던 그는 기회가 있으면 놓치지 않고 정복 활동에 나서서 굽타 왕조는 영토를 더욱 확장했다. 그리고 데칸 고원 북부 주변의 12왕국과 북동쪽의 일부 국가들을 잇달아 점령하면서 굽타 왕조는 또 한 번 영토를 대폭 확장했다. 과연 '모든 왕의 정복자'라는 별명다운 과감하고 용감한 정복이었다.

'초일왕超日王' 혹은 '용감한 태양'이라는 뜻의 비크라마디티아라는 별명이 있는 인도 굽타 왕조의 제3대 왕 찬드라굽타 2세(380~413 혹은 415 재위)도 그 부친 사무드라굽타의 명성에 조금도 뒤지지 않는 걸출한 왕이었다. 찬드라굽타 2세는 어떤 위기가 닥치더라도 물러서는 법이 없었고, 끊임없이 정복 전쟁에 나서 말과 지역과 카티아와르 반도에 이르는 사카족왕국을 정복했다. 또 찬드라굽타 2세는 펀자브 서쪽 지역과 카슈미르, 인도 전체를 점령했으며 우자인으로 천도하여 굽타 왕조의 최고 전성기를 이끌었다.

철통 방어

"적이 나를 이길 수 없게 하는 것이 있으니, 그것은 바로 수비다." 암흑이 드리웠던 인도를 통일한 굽타 왕조는 국경을 안전하게 지키기 위해 철통 같은 수비 태세를 갖추었다. 인도는 점차 안정을 되찾아 갔고 이와 함께 교역도 활발해졌다. 굽타 왕조는 종교의 자유도 보장했다. 이후 굽타 왕조는 계속 승승장구해서 찬드라굽타 2세 때에 최고의 전성기를 누렸다.

굽타 왕조의 역대 왕은 모두 회유책을 펼쳤다. 정복한 국가에 조공과 병역 의무만 요구했을 뿐 대부분은 기존의 관례를 그대로 따르게 했다. 또 정복 국가의 귀족은 물론 상인들도 인도제국의 정치에 참여할 수 있었다. 이렇게 정복한 국가를 억압하거나 규제하는 대신 그들에게 자유를 허락한 대제국 굽타 왕조는 자연스레 정복 국가 백성의 신뢰를 얻을 수 있었다. 그러자 그들은 인도에 성실하게 조공을 바치고 병역의 의무도 다했다. 굽타 왕조는 또 위기로 어려움에 처한 작은 나라들과 화친 동맹을 체결했다. 이러한 화친 동맹은 굽타 왕조를 창건한 찬드라굽타 1세 때부터 시작되었으며, 그는 인도 북동부의 바이샤리 지역에서 세력을 떨치던 리차비 가문의 쿠마라데비를 왕비로 맞아 우호 관계를 다졌다. 선친의 뜻을 이은 찬드라

▶ 아잔타 석굴에서 출토된 벽화로, 어느 모임에서 여유로운 한 때를 보내는 굽타 왕조 왕족의 모습을 표현했다.

굽타 2세도 이 화친 동맹을 유지했다. 찬드라굽타 2세는 딸을 바카타카 왕조의 루드라세나 2세에게 시집보내는 혼인 동맹을 맺어 인도 남부까지 영토를 확장했다. 이렇게 굽타 왕조는 화친 동맹을 적절하게 활용해 민심을 얻고 영토를 확장하면서 전쟁도 막는 일석삼조의 효과를 거두었다. 전쟁의 기운이 잠잠해진 가운데 굽타 왕조는 국내의 발전에 더욱 집중하기 시작했다.

중국 동진 시대에 최초로 인도를 순례한 법현은 불교의 많은 경전을 번역하기도 한 유명한 승려이다. 법현이 전한 바로는 당시 인도는 경제가 유례없이 발전했고 백성도 평화롭고 행복하게 살았다. 특히 비약적인 경제 발전을 이룬 것은 지혜로운 왕들과 효과적인 정책 덕분이라고 했다. 굽타 왕조는 국내외를 두루 잘 다스렸다. 먼저 농업 부분에서는 수로를 건설하고 황무지를 개간하는 데 많은 노력을 기울였다. 또한 새로운 경작 방법을 연구하고 앞선 농업 지식을 보급했으며, 각 지역의 특성에 맞는 작물을 재배하게 했다. 그래서 인도 전역에는 작물과 과실이 넘쳐났고 굽타 왕조는 풍요로운 시기를 보낼 수 있었다. 건물을 짓고 도로를 건설하고 보수하는 등 사회 기반 산업도 유례없는 발전을 이루었다. 화폐 발행도 빼 놓을 수 없는 성과였다. 당시 굽타 왕조는 화폐를 찍어 수출했고 국제 무역으로 외화도 많이 벌어들였다. 이렇게 굽타 왕조는 해를 거듭할수록 발전하며 국력을 키웠다.

이 밖에 수공업과 채굴, 제련, 주조 등 기술도 최고 수준에 다다랐다. 무엇보다 건축 기술 수준이 탁월했다. 당시 인도 델리 남부에 꾸뜹미나르를 세웠는데, 높이가 무려 72.5m나 되는 이 거대한 탑은 지난 오랜 세월을 꿋꿋이 견뎌내어 지금도 옛 모습 그대로 간직하고 있다. 당시에는 백여 명이 함께 배를 타고 여행을 떠난다는 것은 상상 속에서나 가능한 일이라 생각했다. 그러나 그 꿈은 굽타 왕조에 이르러 현실이 되었다. 조선 기술이 발달해서 드디어 백 명이 넘은 사람이 함께 배를 타고 항해할 수 있는 시대가 열린 것이다.

굽타 왕조는 또 종교의 자유를 허락했다. 당시 브라만교와 불교는 완전히 대립하는 종교였기에 이 두 종교의 갈등을 풀기 위해 양 종교의 지도자들은 고민이 이만저만이 아니었다. 역대 굽타 왕조는 대부분이 독실한 브라만교 신도였고, 아슈바메다를 지냈다. 그렇다고 다른 종교를 배척하지는 않았다. 사무드라굽타는 불교 신자에게도

넓은 관용을 베풀었고, 왕궁에 초청해서 그들과 이야기를 나누기도
했다. 그런 후 불교 신자들이 예배하는 데 불편하지 않도록 부다가
야[3]에 사찰을 세우도록 지시했다. 신앙과 종교의 자유를 보장한 굽
타 왕조는 늘 백성의 마음을 헤아렸다. 그러면서 국내외의 상황을
두루 살피고 더욱 강성한 제국으로 거듭나기 위해 차근차근 준비해
나갔다.

멈추지 않는 내리막길

5세기 말이 되자 한때 천하를 호령하던 굽타 왕조의 인도제국에도
불안한 기운이 엄습했다. 위기를 맞은 제국은 결국 역사의 무대에서
사라지고 말았다.

굽타 왕조의 포용 정책은 백성의 자유를 보장하고 정국을 안정시
키는 데 큰 도움이 되었지만, 나름의 한계를 드러낼 수밖에 없었다.
정복 국가마다 기질도 다르고, 압박을 받지 않는 그들이 점차 힘을
키워갔기 때문이다. 겉으로 보기에 굽타 왕조의 인도 대제국은 통일
된 국가 같았으나, 자세히 살펴보면 곳곳에서 저마다 다른 목소리를
내는 등 이견이 분분했다. 쿠마라굽타(415~455경 재위)가 즉위할 때였
다. 아무리 출발이 좋다고 한들, 계속해서 노력하지 않는다면 천 년
만 년 잘 살 수는 없는 노릇이다. 선대의 화려한 업적만 믿은 쿠마라
굽타 때부터 굽타 왕조는 점차 쇠락의 늪에 빠져들었다. 설상가상으
로 외부에서도 위기가 닥쳤다. 에프탈족이 제국의 남쪽을 치고 올라
왔고, 서쪽에서도 이민족의 도발이 끊이지 않았다. 정말이지 하루도
평온한 날이 없었다. 그러나 스칸다굽타(455~486경 재위)는 이민족의
침략에도 전혀 아랑곳하지 않고 오직 디나라고 하는 화폐 개혁에
만 집착해서 몇 차례에 걸쳐 개혁을 단행했다. '소탐대실'이라는 말
은 이럴 때 쓰는 것이 아닐까? 고집스럽고도 무모하게 화폐 개혁을
고집한 스칸다굽타는 제국의 몰락을 앞당겼다.

잔인한 무력으로 이룩한 정복은 영원할 수 없었다. 정복 이후 정
세가 잠잠해지려고 하면 그동안 드러나지 않았던 내부 분열과 갈등
이 불거졌다. 이로 말미암아 여러 차례 전쟁을 치르면서 제국의 국
고는 어느새 바닥을 드러냈고 군대는 연이은 참패로 사기가 땅에 떨

---

3) 인도 북동부 지역에 있는 곳으로 '탄생지 룸비니, 최초의 설법지 녹야원, 열반지 쿠시나가라'와 함
  께 불교의 4대 성지

어졌다. 더욱이 이민족과의 전쟁도 끊이지 않았다. 설상가상으로 악재가 닥쳐 한 시대를 평정한 굽타 왕조는 역사의 저편으로 사라졌다.

문명의 서광이 비추다

비록 굽타 왕조는 국내외의 여러 가지 문제를 해결하지 못하고 쇠퇴했지만, 한때 막강한 세력을 자랑한 제국은 호락호락 물러나지는 않았다. 그들은 찬란한 문명의 빛을 밝힌 굽타 시대를 완성했다. 역사에 한 획을 그은 굽타 왕조의 독특한 예술은 후손 대대로 전해지며 그 빛을 발했다.

굽타 왕조 초기에 정국은 매우 안정적이었고, 경제도 하루가 다르게 발전했다. 국내외로 안정된 상황에서 굽타 왕조는 문학, 미술, 건축 등 참신한 굽타 예술을 선보이며 문명의 르네상스 시대를 활짝 열었다.

이 시기에 인도의 대표적인 서사시 두 편이 탄생했다. 먼저 신화와 전설적 내용을 담은 작품 《마하바라타》은 바라타족의 전쟁을 서

▼ **아잔타 석굴**
굽타 왕조 시대에 지어진 최초의 석굴이자 인도 회화 역사상 최고의 걸작이다. 천장에는 꽃과 과일, 질주하는 흰색 새끼 코끼리를 그려 넣었다.

술한 장편의 시로 모두 18편 10만 수 시구와 부록 1편 10만 6,000수로 구성되었다. 또 다른 작품은 《라마야나》로, 코살라왕국의 왕자 라마가 부인을 되찾아 오는 모험담을 담은 시로 모두 7편 2만 4,000수이다. 굽타 시대를 대표하는 두 편의 역사 서사시는 고대 인도의 종교와 제례 규정을 담은 《베다》에 다음가는 걸작으로 평가된다. 특히나 이 두 작품은 심오한 산스크리트어로 써서 작품의 수준을 끌어올렸다. 굽타 왕조 시대에는 저명한 시인이 대거 등장했다. 예를 들어 시인 칼리다사는 우자인의 왕 비크라마디티아, 즉 찬드라굽타 2세의 궁정 시인으로, 당시 위대한 시인 9인의 한 명으로 꼽혔다. 칼리다사는 굽타 왕조의 최고 전성기를 그대로 담아 낸 세기의 걸작을 남겼다. 당시에는 조각 예술도 상당한 수준에 올랐다. 단아한 굽타 양식에 생명력을 불어넣은 듯한 아잔타 석굴을 비롯해 다양한 불상 조각과 그 위에 그린 벽화에 이르기까지 아름다운 선과 체계적인 설계, 선명한 색감 등은 모두 걸작 중의 걸작이었다. 물론 이러한 수준에 이른 것은 당시 예술가들이 천부적인 재능을 지녔고 예술에 관한 조예가 깊었기에 가능한 일이었다.

생활 속에 드러난 예술미

고대 인도의 일상생활과 풍습

매력적인 땅 인도, 그러한 땅에서 살아간 민족은 역시 남달랐다. 그들은 욕망을 즐기되 절제할 줄 알았고, 규율을 잘 지키면서 살았다. 욕망을 좇는 향락주의와 절제하는 금욕주의는 정반대의 가치를 추구한다. 하지만 이 둘은 또한 동전의 앞뒷면처럼 항상 붙어 다니며 인도 사회, 특히 찬란한 인도 예술을 꽃 피우는 데 큰 공을 세웠다.
향락주의와 금욕주의의 사이에서 인도인들은 아름다움에 강한 집념을 보였다. 이는 인도인들의 일상생활을 들여다보면 쉽게 확인할 수 있다.

아름다움을 추구하다

인도인들은 아주 오래전부터 팔찌를 착용했다. 전해지는 바로는 신석기 시대에 인도에서는 여성들이 출신과 신분에 상관없이 모두 팔찌를 착용했다. 단지 신분에 따라 팔찌의 재질이 다를 뿐이었다. 인도인들은 아름다움의 가치를 알았고 이 가치를 드러내기 위해 치장하고 가꾸는 데 많은 노력을 기울였다.

옷을 고를 때에도 아름다움을 중시했다. 인더스 강 유역에 터를 잡고 살아가던 인도인들은 온 몸을 감싸는 면 소재 옷을 즐겨 입었다. 주로 화려한 색깔의 옷을 입고, 꽃 장식을 달아서 밋밋함을 보완했다. 어깨에는 면 소재 스카프를 둘렀고, 머리에도 핀을 꽂거나 두건을 두르는 등 아름다워 보이는 데 신경 썼다. 부유한 집안의 여성들은 보석 목걸이를 하기도 했다. 한편, 갠지스 강 유역에서 살아가던 귀족 여성들은 발목에 방울 장

◀ 술에 취해서 흥에 겨운 모습을 나타낸 굽타 왕조 시대의 석조 작품

식이 달린 발찌를 차고 다니는 등 특히 발 맵시를 중요하게 생각했다. 아름다움을 따지는 데는 남성들도 예외가 아니었다. 남성들도 미적 감각이 매우 까다로워서 수염을 화려한 색으로 염색하는가 하면, 목욕하고 나서 항상 향수를 뿌렸고, 귀걸이를 하기도 했다. 승려들도 아름다움을 추구하는 데에는 예외가 아니어서 머리 장식을 꽂고, 도안이 있거나 붉은색으로 물들인 두루마기를 걸쳤다.

그러나 때로는 미적 요구가 지나쳐서 사회적인 문제를 일으키기도 했다. 예를 들어, 태어난 지 한 달도 채 되지 않은 신생아를 보며 나중에 멋진 청년이 될 수 있을지를 놓고 한바탕 토론을 벌이기도 했다. 토론에서 이 아이는 자라서 추남이 될 것이라고 결정되면 아이는 생명의 위협을 받을 수도 있었다. 이렇듯 아름다움에 대한 남다른 안목은 독특한 굽타 예술을 탄생시킨 원동력이 되기도 했지만, 지나친 면도 있어서 사치와 부패를 조장하기도 했다.

놀이 문화와 식습관

인도에서 출토된 인장과 문헌을 보면, 인도인들은 아주 오래전부터 놀이 문화를 즐겼다. 초기의 인도에서도 고대 로마에서처럼 맹수

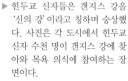

▶ 힌두교 신자들은 갠지스 강을 '신의 강' 이라고 칭하며 숭상했다. 사진은 각 도시에서 힌두교 신자 수천 명이 갠지스 강에 찾아와 목욕 의식에 참여하는 장면이다.

와 인간의 격투를 즐겼다. 이를 통해 당시 사람들도 오늘날처럼 먹고 먹히는 약육강식에 열광했다는 사실을 확인할 수 있다. 이 잔혹한 게임은 불교와 자이나교가 인도 사회에 뿌리를 내린 후에는 자취를 감추었다.

인도인들은 또 바둑을 즐겼다. 바둑은 고도의 두뇌 게임이라 바둑을 일반화하는 것은 여간 어려운 일이 아니었다. 인도의 인더스 강, 갠지스 강 상류 지역에서 바둑에 관련된 에피소드가 전해진다. 어느 날 제사장이 왕에게 64격자의 바둑판 위에 쌀을 한 줌 올려놓으라고 했다. 단, 쌀은 매번 다른 격자에 올려야 하고 양도 2배수로 늘려야 했다. 왕은 처음에 제사장의 의도를 알 수 없었다. 그러나 이 행동을 반복하면서 바둑의 규칙을 이해할 수 있었고 제사장의 의중도 파악했다.

'아! 만약 이렇게 나라를 다스린다면 나라의 곳간이 금세 텅텅 비겠구나. 신께 지혜를 구해야겠다!'

사실, 제사장은 왕의 관심을 종교로 돌려 종교가 점점 발전하도록 이 규칙을 생각해내어 왕에게 제안한 것이었다.

한편, 인더스 강과 갠지스 강 유역에서도 특별한 두뇌 게임이 유행했다. 어린아이가 부모를 구출하기 위해 온갖 궁리를 해내는 게임이었다.

고대 인도인들은 도박을 좋아했다. 도박의 재미에 심취한 왕은 자신의 이름을 걸고 도박을 즐기기도 했다. 전해지는 바로는 유랑하던 왕이 도박을 잘해서 왕위를 되찾았으며, 그는 도박은 사행 게임이 아니라 지혜를 활용한 두뇌 게임이라고 했다.

인도인들은 일하는 중간의 자투리 시간에 건강을 위해 나무 막대기로 안마를 했다. 평소에는 춤을 추거나 음악을 들으며 휴식했다. 당시 춤과 음악은 인도 사회에서 빼놓을 수 없을 정도로 중요한 요소였다. 훗날 인도인들이 신의 모습을 표현할 때 한 마리 새처럼 춤을 추는 장면으로 묘사한 것을 통해 당시 인도인들이 춤과 음악 등 예술에 조예가 남달랐다는 것을 알 수 있다. 더욱이 그들은 음악가와 무용수를 신격화하기도 했다. 힌두교의 최고신으로 나타라자라고도 불리는 시바는 인도인들이 가장 경외하는 대상이자 인도 춤을 탄생시킨 춤의 시조이기도 하다. 시바는 춤과 음악을 즐기며 세상을 다스렸다. 당시 인도인들은 자신들의 신앙과 춤, 그리고 음악을 결합해서 인도만의 독특한 예술미를 선보였다.

고대 인도에는 불교가 보급되기 이전부터 채식 문화가 형성되어 있었다. 채식은 단순히 종교의 영향 때문만은 아니었다. 인류 문명사 초기에, 특히 사회적으로 생산력이 일정 수준에 다다르지 못했던 때, 가축의 노동력은 매우 중요한 생산성이 있는 동력이었다. 그래서 당시 사람들은 특히 소를 숭상했다. 고대의 인장 장식 대부분이 소 모양이었다는 점을 보더라도 당시 사람들이 얼마나 소를 귀하게 여겼는지 확인할 수 있다. 소는 원시 농경 사회에서도 가장 큰 도움이 되는 동물이었고 본래 온순하고 선한 성품을 타고나서 사람들에게 하늘에서 내려 준 행운의 동물로 여겨졌다. 이러한 이유로 소를 먹는 육식주의를 비난하던 풍조가 훗날에는 국가 차원의 전통 풍습으로까지 발전했다.

▲ 춤의 신 시바의 조각상은 인도 예술 작품에서 손꼽히는 불후의 걸작이다. 한 발은 땅을 딛고 다른 한 발은 높이 치켜들었으며 몸은 아름다운 곡선을 그린다. 팔은 각각 굽히기도 하고 뻗기도 하며 아름다움을 극대화했다. 생동감 넘치는 동작과는 대조적으로 표정은 근엄하고 엄숙한데, 이를 통해 제국의 종말이 다가오고 있음을 암시했다.

뒤이어 생겨난 자이나교와 불교 또한 한 시대를 풍미한 인도의 국교였고, 이와 함께 채식을 옹호하는 풍토가 더욱 굳게 자리 잡았다. 자이나교와 불교 모두 다섯 가지를 금했다. 다시 말해, 두 종교는 모두 제1조로 살생을 금해 육식은 당연히 피해야 했다. 중국에 전파된 불교는 유명한 '땅에 있는 모든 것을 귀하게 여길 것이니 무릇 땅거미와 개미의 생명도 소중하게 생각해야 하고, 날아다니는 것도 모두 귀하게 여길 것이니 무릇 작은 나방 한 마리라도 생명이 있으므로 함부로 살생하지 말지니라' 라는 내용을 설파했다. 이러한 조항은 모두 생명을 귀하게 여기고 보호하라는 의미가 담겨 있다. 채식주의가 성행하기 시작할 즈음, 독실한 불교 신자들은 심지어 우유도 마시지 않았다. 불교에서는 '먹는' 문제는 중생의 생사에 가장 직접적으로 관계된 것이라고 보았고, 이를 적절하게 조절하지 못하면 불교의 '도道'를 실천할 수 없다고 생각했다. 당시 석가모니는 설산 히말라야에서 6년 동안 고행하면서 때로는 채식 한 끼로 하루를 버티며 수행했다. 수행을 이어가면서 피골이 상접할 지경의 상태가 되었으나, 해탈의 경지에 다다르지는 못했다. 그래서 그는 결국 고행을 중단하고 목동이 기른 양의 젖으로 만든 치즈를 먹었다. 그랬더니 피부에 윤기가 돌았고, 보리수 아래에서 빠르게 참선의 경지에 다다랐다. 이후 불교는 더 이상 우유를 금하지 않았고, 채식을 강조하면서도 균형 잡힌 영양을 유지하는 것도 중요하게 생각했다. 이 밖에 불교는 매운 음식을 먹지 말 것, 음주를 금할 것 등의 금기 사항을 두었다.

▲ 5세기의 작품으로 선녀가 꽃잎을 뿌리는 모습을 독특하게 표현했다.

고대 인도의 결혼 풍습

고대 인도의 결혼 풍습을 살펴보면 대체로 옛날의 중국과 비슷했다. 과거에 중국에서는 부친이 자녀의 혼인을 결정했는데 고대 인도에서도 이와 비슷한 풍습이 있었다. 이 밖에 인도 사회에는 아주 독특한 결혼 풍습이 있었다. 바로 딸이 성장해서 혼인할 나이가 되면 부친이 시장에 나가서 웃옷을 벗어 건장함을 과시하고 자신이 이렇게 건강하니 딸은 두말할 나위가 없다고 호언장담하는 것이었다. 그래서 그 딸을 마음에 들어 하는 젊은 남자가 나타나면, 딸의 동의를 얻은 후 바로 혼례를 올려 두 사람은 정식 부부가 되었다. 베다 시대에는 부친의 권한이 더욱 커져서 자녀를 내다 팔기도 했다. 한편, 부계 사회에서는 남존여비 사상이 굳게 자리잡고 있었다. 아들은 장차 한 집안을 이끌어 갈 가장이 될 존재이기에 부친을 도와 여러 가지 중요한 일을 처리했다. 심지어 부인도 참석할 수 없었던 가장의 장례에 아들은 참석할 수 있었다.

고대 인도에는 조혼 풍습도 있었다. 당시 사람들은 소녀의 순결을 높게 샀는데, 조혼이야말로 소녀의 순결을 보장할 수 있는 혼인이기 때문이었다. 이처럼 고대 인도의 부녀자들은 혼인과 관련해 모든 권리를 박탈당했고 동등한 지위를 보장받을 수도 없었다. 인도인들은 남자가 성인이 되면 마땅히 결혼해서 한 가족의 가장이 되어야 한다고 생각했다. 이것이 남자의 책임이자 의무라고 생각했고, 후손을 두지 않으면 엄중한 처벌이 내려졌다. 이러한 제도는 당시 생활환경의 영향이 컸다. 후손이 많아야 인해 전술을 이용해서 재해를 막고 자연과의 싸움에서 승리할 수 있다고 생각했기 때문이다.

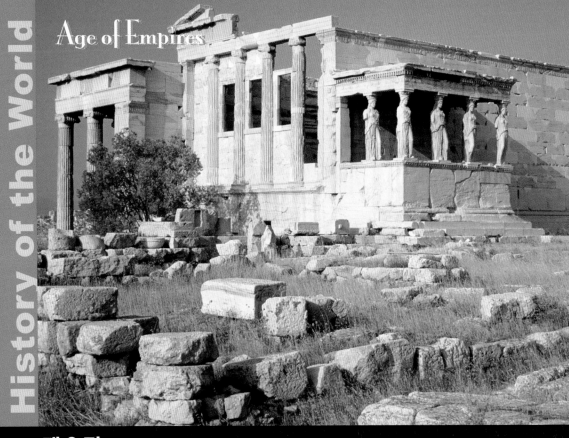

Age of Empires

History of the World

제 3 장

고대 그리스

아테네의 르네상스 시기 페리클레스

마르크스는 '그리스가 페리클레스 시대에 최고의 전성기를 맞이했다' 라고
말했다. 페리클레스는 기원전 443년에 당시 최고의 관직이었던 장군직 스
트라테고스에 선출되어 기원전 429년까지 연임했다. 그와 같은 현명한 정
치인을 필두로 그리스의 정치, 경제, 문화, 예술은 역사상 유례없이 최고로
발전했다. 이 시기가 바로 오늘날까지도 인구에 회자되는 '페리클레스의
시대' 이자 '태평성대의 시기' 이다.

관용과 포용의 대정치가, 페리클레스

페리클레스(기원전 495~기원전 429)는 아테네 함대의 지휘관인 부
친 크산티포스와 클레이스테네스의 질녀 아가리스테 사이에서 태어
난 명문가의 자제다. 건장한 체격의 이 사내는 얼굴이 조금 길쭉하
고 머리는 봉긋 솟아올랐다. 그래서 적군들은 "저 거구의 외계인을
때려 눕혀도 문제겠다. 자리를 엄청나게 차지할 텐데 미리 준비라도
해 놓아야 하는 거 아냐?"라며 너스레를 떨기도 했다. 그러나 페리
클레스를 추종하는 사람들은 그를 비범한 인물이며 최고의 현인이
라고 생각했다. 오늘날 페리클레스의 초상화를 보면 페리클레스는
투구를 쓰고 있다. 이와 관련해 전해지는 이야기가 있다. 바로,
당시 그의 초상화를 그리는 작업에 참여한 화가들이 저마
다 자신은 감히 페리클레스의 두상을 그릴 수 없다며 한
사코 손사래를 쳐서 결국 일부러 투구를 그려넣은
것이라고 한다.

▼ 페리클레스 두상

페리클레스는 총명한 데다 명문가에서 자라면서
철학과 정치는 물론 음악과 체육 등 다방면으로 체계
적인 교육을 받았다. 그는 인품이 훌륭했고, 항상
침착하고 이성적이었다. 전해지는 바로는 페리클레
스는 절대 화를 내지 않는 사람이었다고 한다. 하루
는 그를 증오한 누군가가 시내 한복판에서 페리클레
스에게 욕설을 퍼부었다. 페리클레스는 소식을 듣고
도 그 사람이 직성이 풀릴 때까지 실컷 욕을 하도록 내
버려두었다. 그러자 그 사람은 하루 온종일 그동안 마음

에 담아두었던 것들을 속 시원하게 퍼부었다. 이에 페리클레스는 어떻게 했을까? 날이 어둑해지자 페리클레스는 시종을 시켜 자신을 욕한 그 사람을 안전하게 집으로 모셔오게 했다. 보통사람이라면 이를 부득부득 갈며 복수를 다짐했을 텐데, 페리클레스는 역시 남달랐다. 포용과 배려가 몸에 밴 사람이었다.

고대 그리스, 특히 아테네에서는 정계에 진출하려면 무엇보다 달변을 타고나야 했다. 페리클레스는 그런 면에서 언어의 마술사라고 불릴 정도로 연설을 잘했다. 그는 일반적이면서도 화려한 수사를 적절히 사용하며 청중을 압도하는 힘 있는 연설을 했다. 투키디데스[4]는 페리클레스를 정적으로 생각했다. 어느 날, 스파르타 왕이 투키디데스에게 물었다.

"자네와 페리클레스가 힘겨루기를 하면 누가 승리하겠는가?"

그러자 투키디데스는 당연하다는 듯이 이렇게 답했다.

"힘으로는 제가 그를 단번에 눕힐 수 있습니다. 그렇지만 말로는 그를 이기지 못할 듯합니다. 페리클레스는 말재주가 보통이 아닙니다. 그의 연설을 듣고 있으면 저도 모르게 설득을 당하지요. 말이 지닌 힘은 비록 눈에 보이지 않지만, 그 어떤 무력보다도 강합니다. 인정하기는 싫지만 진정한 승자는 페리클레스라고 할 수 있습니다."

페리클레스, 정계에 들어서다

페르시아 전쟁이 벌어질 때 청소년기를 보낸 페리클레스는 전쟁 상황을 객관적이고 냉정하게 분석했다. 그리고 아이스킬로스의 〈페르시아인〉이 상연된 기원전 472년에 그 비용을 부담하는 코레고스, 즉 합창대 봉사자를 맡았다.

페리클레스는 귀족파와 민주파가 치열하게 힘겨루기를 하던 시기에 정계에 입문했다. 귀족파의 대표적인 인물로는 아리스티데스, 키몬, 투키디데스가 있고, 민주파에는 테미스토클레스와 에피알테스가 있었다. 귀족파와 민주파가 팽팽하게 권력 싸움을 계속하는 동안 귀족파의 아리스티데스가 축출되었고 민주파의 테미스토클레스는 축출된 후 사형을 선고받았다. 페리클레스가 정계에 입문했을 때는 이미 아리스티데스가 죽은 후였고 테미스토클레스도 페르시아의 아

---

4) 역사학자 투키디데스와 동명의 정치인

막강한 권력을 행사하던 때에도 이 훌륭한 '지상의 제우스'는 맹세코 단 한 번도 사리사욕을 챙기거나 독재를 한 적이 없다. 페리클레스는 어느 날 우연히 밀레투스 출신의 아스파시아를 알게 되었다. 그는 이미 결혼했지만, 재능과 외모를 겸비한 아스파시아에게 첫눈에 반했다. 그녀와 이야기를 나눌수록 지혜로운 그녀에게 점점 매료되었다. 아스파시아는 당시 유명한 철학자, 예술가들과 친분이 있었는데 철학자 소크라테스도 아스파시아의 지혜와 현명함을 호평했다고 전해진다. 그런데 그녀는 아테네 출신이 아닌 밀레투스 사람이었고, 매춘업을 하고 있었다. 그래서 페리클레스를 정적으로 생각하던 사람들은 페리클레스의 평생의 연인인 아스파시아를 방탕한 여자로 몰아세웠고, 심지어는 신을 모독했다는 이유로 신성모독죄를 덮어씌우기도 했다. 아스파시아는 결국 법정에 서게 되었고, 페리클레스는 그녀의 무죄를 주장하러 출두했다. 진심을 담아 이야기한 페리클레스의 눈물 어린 호소는 재판관의 마음을 움직였다. 그리하여 페리클레스는 평생의 연인 아스파시아를 무사히 구해낼 수 있었다.

르타크세르크세스 1세에게 가서 의탁하고 있었다. 이렇게 귀족파와 민주파는 대표적인 인물을 잃었지만, 여전히 팽팽하게 신경전을 벌이고 있었다.

페리클레스는 귀족 출신이고 클레이스테네스의 먼 친척이기도 했다. 그러나 귀족파와 민주파가 대립하는 가운데 민주파의 선봉장이 되어 아테네의 정치 개혁을 이끌었다. 기원전 466년에 페리클레스는 에피알테스가 이끄는 민주파의 당원이 되었다. 에피알테스는 가난한 집안 출신으로 자수성가한 인물이었다. 그래서 그의 눈에는 부유한 가정에서 자란 자제들이 쉽게 성공하고 위세를 부리는 것을 눈엣가시로 여겼다. 에피알테스는 일반 시민도 정치에 참여할 수 있도록 문턱을 낮추며 정치 제도를 개선했다. 이후 에피알테스와 입장을 같이 한 페리클레스는 아테네의 정치 개혁에 앞장섰다.

기원전 461년이 되자 페리클레스는 에피알테스와 함께 숙적 키몬을 추방하고 아테네의 실권을 잡았다. 그러나 지나친 개혁은 귀족파의 강력한 반대에 부딪혔고, 민주파의 대표였던 에피알테스가 귀족파에 의해 살해당하는 사건이 일어났다. 그러자 민주파는 페리클레스를 선봉장으로 삼아 다시 일어설 준비를 했다.

페리클레스는 강직하고 청렴한 정치인이었다. 항상 아테네와 아테네 시민을 최우선으로 생각해 시민들의 두터운 신임을 얻었다. 기원전 444년에 페리클레스는 스파르타의 투키디데스를 추방하면서 귀족파의 거물급 인사를 또 한 명 축출했다. 이듬해인 기원전 443년에 정계에서 입지를 확고히 다진 페리클레스는 기원전 429년까지 매년 스토라테고스에 선출되는 등 아테네를 대표하는 정치인이 되었다.

페리클레스는 매사에 신중했다. 전해지는 바로, 그는 시장에 가거나 공무를 보러 가는 것 외에 다른 곳에는 전혀 가지 않았다. 심지어는 사적인 초대도 거절했다고 한다. 아테네 시민들은 이 현명한 정치인을 '지상의 제우스'라고 불렀다.

민주 정치의 선봉에 서다

그리스어에서 비롯된 '민주주의'는 '국민에 의한 지배'를 뜻한다. 페리클레스의 민주 정치는 다른 도시국가, 즉 폴리스에 모범이 되었다. 과거에는 특정 신분이나 소수의 사람만이 권력을 잡고 혜택을 누렸지만, 페리클레스가 통치한 이후 아테네에서는 모든 시민이 평등한 권리를 보장받았다. 성인 남자는 누구나 공직에 진출할 수 있고, 제3계급도 최고 관직인 아르콘이 될 수 있었다. 물론 가난하다는 이유로 정계의 문턱을 넘지 못하는 사람도 없었다. 당시 아테네에서는 출신을 따지지 않고 오로지 능력에 따라 공직자를 선발했다.

　페리클레스는 귀족 회의에서 종교와 관련된 안건만 처리하도록 하는 등 귀족파의 권한을 제한했다. 아테네에서는 민회가 최고의 권력 기관이었다. 모든 성인 남성은 민회에 참여해서 국가의 중대사를 논의할 수 있었다. 민회에서는 주로 전쟁, 식량, 국가 부채, 공무원의 심의와 파면에 관한 안건을 다루었다. 민회에 안건을 발의하려면 미리 제단에 올리브나무 가지를 올려놓고 청원을 신청하면 되었다. 민회 참석 인원이 워낙 많다 보니, 행정상의 편의를 위해 오백 명을 정원으로 하는 '오백인 회의'가 출범했다. 민회를 주최하는 오백인 회의는 민회에서 다룰 안건을 준비하고, 일반 업무도 처리했다. 그렇지만 결정권은 민회에 있었다. 오백인 회의 참가자는 각 선거구에서 추첨으로 선정했고, 임기는 1년이며 재임할 수 없었다. 또 오늘날의 감찰 기관 또는 대법원에 해당되는 기관으로 민중재판소가 있었으며 재판소의 배심원도 추첨으로 선발했다. 이들의 임기도 1년

▼ 고대 그리스의 민주제도를 표현한 그림으로 무사들이 아테네 여신의 보우 아래 돌을 이용하여 투표하고 있다.

으로, 재임은 불가능했다. 페리클레스는 안정적인 민주 정치를 펼치기 위해 모든 과정을 시민에게 공개하고, 모든 공직자를 추첨으로 선발했다. 그렇지만 최고 관직인 아르콘을 선발할 때에는 신중을 기했다. 공직 후보자들은 재산이나 계급 등 출신이나 자격에 제한을 받지 않았다. 선거구에서 후보자를 선정하면, 오로지 추첨으로 당선자를 정했다. 페리클레스는 모든 시민들이 공평하게 정치에 참여할 수 있도록 민중재판소에 참여하는 일반 시민에게 생활 보조금을 지급했다. 오백인 회의에 참여하는 관리들에게도 식량을 지급했고, 민회에 참석한 시민에게도 보조금 대용으로 연극 표를 지급했다.

아테네의 민주정은 고대 역사상 유례없는 발전을 이루었다. 그러나 허점도 있었다. 예를 들면 노예와 다른 지역 사람, 그리고 부녀자는 민회에 참여할 수 없었다. 기원전 5세기에는 그리스를 제일의 해양 강국으로 이끈 테미스토클레스를 처벌하기도 했으며, 소크라테스도 민회의 희생양이 되었다.

문명의 전성기

▼ 고대 그리스의 '원반을 던지는 사람' 조각상은 오른손을 위로 하고 원반을 던지려는 찰나를 허리에서 다리로 이어지는 곡선미와 함께 한껏 부각했다. 이 조각상은 올림픽의 정신을 구현한 상징물로 지금까지도 여러 조각가에 의해 새롭게 표현되고 있다.

페리클레스 시대에 아테네는 최고의 전성기를 누렸다. 여기에는 노예의 역할이 상당히 컸다. 최고의 명문 귀족 출신이지만 민주파의 지도자가 된 페리클레스는 누구나 평등한 권리를 누릴 수 있는 민주주의를 실현하기 위해 많은 노력을 기울였다. 아테네 시민은 모두 40만 명이었는데, 이 중 노예가 절반가량으로 수적으로 가장 우위를 차지했다. 당시에는 노예의 몸값이 낮아서 일손이 필요한 곳에는 어디든 노예가 있었다. 그들은 주로 문서를 관리하거나 형을 집행하는 백정을 담당했다. 공방에서도 노예가 필요해 규모가 큰 공방은 20~100여 명, 작은 공방은 5~10명 정도 노예를 두었다. 광산에서도 노예를 두었으며, 무려 1만여 명을 부린 곳도 있었다.

아테네 시민은 재배한 작물을 시장에 내다팔았다. 시간이 흐르면서 사람들은 점차 경제성을 염두에 두고 포도와 올리브 등 수익을 낼 수 있는 작물을 재배했다. 작물을 수확하면 술을 빚거나 올리브유를 생산해서 수출도 했다. 다만 이러한 수확량으로는 아테네에서 3분의 1 정도만 자급자족할 수 있었고, 나머지는 수입해야 했다. 페르시아 전쟁 이후 육로 교통이 더욱 편리해져서 에게 해에서 흑해로 이어지는 육로를 통해 상품 무역이 활발해졌다. 이와 더불어 아테네의 해상 무역도 상당히 발전했다. 아테네의 살로니카 만에 설치된 피레우스 항구는 국제적으로 이름이 나 트라키아, 지중해 동·서부, 소아시아 서부 연안 지역, 북아프리카 지역을 연결하는 상업항으로 발전했다. 이 밖에 아테네는 제련, 조선, 군수, 건축 수준도 높기로 유명했다. 페리클레스는 또한 아테네와 다른 도시국가의 화폐와 도량형을 통일하고, 해적을 소탕하는 데 총력을 기울였다.

문명의 메카 그리스

페리클레스는 아테네 민주정의 전성기를 이끈 위대한 정치가이자 고대 그리스 문화를 최고 수준으로 발전시킨 인물이다. 그는 아테네를 그리스의 모든 도시국가가 모범으로 삼도록 발전시키겠다는 큰 포부를 품었다. 천부적인 웅변술과 강인함을 갖춘 페리클레스, 그리고 그와 의기투합한 현명한 동지들은 다른 도시국가의 인재들을 아테네로 불러들이기에 충분했다. 그뿐만 아니라 아테네는 인재들이 마음껏 자신의 재능을 발휘하도록 자유를 보장했다. 그래서 저명한 철학자, 문인, 역사학자, 예술가들이 아테네로 와 오늘날까지 인구에 회자되는 수많은 걸작을 남겼다.

페리클레스의 은사이기도 했던 아낙사고라스는 처음으로 아테네에 철학을 보급했다. 그는 생성과 소멸이라는 것을 부정하고, 만물은 처음부터 있었으며 그 가운데에서 혼합과 분리가 일어났다는 유물론을 주장했다. 철학의 아버지 소크라테스, 플라톤, 아리스토텔레스도 고대 그리스가 배출한 인물들이다. '의사의 아버지' 히포크라테스는 인체의 건강과 질환을 네 가지 '체액'에 근거해 설명했다. 그는 건강은 신체가 조화를 이룬 상태이고 질병은 그런 조화가 깨진 상태이므로, 환자에게 부드러운 치료법을 통해서 몸의 자연스러운 회복을 돕는 것이 중요하다고 강조했다.

문학도 최고의 전성기를 구가했다. 그중에서도 비극과 희극 작품

▲ 투구와 갑옷을 입은 아테네의 수호신

이 상당한 수준을 자랑했다. 고대 그리스의 3대 비극 시인으로 꼽히는 소포클레스는 등장인물의 성격을 생생하게 부각시키고 복선을 교묘하게 배치해 극의 긴박감을 최고로 끌어올린 완벽한 비극 작품을 탄생시켰다. 특히 〈오이디푸스 왕〉은 등장인물의 성격을 잘 부각시키는 문체가 돋보이는 작품으로, 현재까지도 걸작으로 평가된다. 소포클레스가 전형적인 그리스 비극을 완성시켰다면, 또 한 명의 비극 시인인 에우리피데스는 여러 면에서 전통을 벗어난 작가였다. 그는 등장인물의 개성을 살리면서도 풍자와 해학이 들어간 작품을 발표해 그리스 비극에 큰 변화를 이끌었다. 대표작으로 〈알케스티스〉(기원전 438), 〈메데이아〉(기원전 431), 〈아울리스의 이피게네이아〉(기원전 405) 등을 남겼다. 한편, 고대 그리스의 최고 희극 시인 아리스토파네스는 〈개구리〉와 〈복신〉을 발표하며 그리스 문학의 전성기를 이끌었다. 물론 그리스 문화를 논할 때 '서양사의 아버지'이자 실증

▼ 아테네의 아크로폴리스에 있는 에렉테이온 신전으로, 도리스식과 이오니아식을 결합해 우아함의 극치를 보여준다. 신전은 동쪽에 아테네의 수호신인 아테나, 서쪽에 에렉테우스, 포세이돈 등 여러 신을 모시고 남쪽에 기둥 6개와 북쪽에 큰 입구를 설치했다. 특히 유명한 항아리를 이고 있는 여사제 6명의 조각상이 눈길을 끈다.[5]

5) 제우스가 페르시아 전쟁에서 누가 승리하겠느냐고 묻자 여사제들은 하나같이 페르시아의 승리를 점쳤다. 100만 페르시아군과 10만 아테네군이 맞붙은 싸움인 만큼 페르시아의 승리를 예상하는 것이 당연했다. 그러나 승리는 아테네에 돌아갔고, 제우스는 예언이 틀린 여사제들에게 무거운 것을 머리에 이는 벌을 주었다고 전해진다.

적 역사를 개척한 투키디데스를 빼놓을 수 없다. 그는 20년 동안 망명 생활을 하면서 아테네와 스파르타에서 자료를 수집해 펠로폰네소스 전쟁의 역사를 다룬 《펠로폰네소스 전쟁사》(8권)를 저술했다.

페리클레스는 아테네를 더욱 부강한 나라로 만들고 싶었고 아테네 시민들이 모두 애국심과 책임감을 갖고 행동하길 바랐다. 그래서 수소문 끝에 저명한 조각가이자 건축가인 페이디아스를 찾아 그에게 파르테논의 페디멘트[6], 메토프[7], 프리즈[8] 등 불후의 조각을 제작하게 했다.

아테네의 조형 예술도 전성기를 맞이했다. 균형미가 돋보이는 인물 조각상은 당시의 조각 예술이 상당한 수준에 올랐다는 것을 보여 준다. 우아하면서도 엄숙하게 표현해낸 풍격은 예술 평론가들의 호평처럼 그야말로 '단순함 속에 고상함이 묻어나며 무게감까지 담아낸 걸작 중의 걸작'이었다.

페리클레스의 죽음

페리클레스의 집권 말기에 아테네와 스파르타의 갈등은 더욱 심해졌다. 기원전 446년에 아테네가 스파르타를 선봉으로 하는 펠로폰네소스 동맹과 30년 동안 평화 조약을 맺으면서 한동안 평화가 유지되는 듯했다. 그러나 아테네가 영향력을 강화하자 스파르타를 비롯한 여러 도시국가는 이를 눈엣가시로 여겼고, 아테네와 스파르타는 결국 기원전 431년에 펠로폰네소스 전쟁을 벌였다. 전쟁 초기에 페리클레스는 수비 전술을 펼치며 최강을 자랑하는 스파르타 육군과 전면전을 치르는 것을 피하고, 펠로폰네소스 동맹의 해군을 습격했다.

그런데 예상치 못한 재난이 닥쳤다. 전쟁을 시작한 지 얼마 되지 않아 아테네에 전염병인 페스트가 유행하며 많은 사람의 목숨을 빼앗아간 것이다. 아테네 시민은 역병이 돌고 전쟁이 순조롭게 풀리지 않는 것이 모두 페리클레스 때문이라고 생각했다. 그래서 페리클레스를 파면하고 벌금형을 선고했다. 그 후 결국에는 그가 없으면 아무것도 해낼 수 없다고 판단하여 다시 페리클레스를 장군으로 임명했지만, 역병은 여전히 기승을 부렸다. 페리클레스도 페스트로 목숨을 잃고 말았다.

---

6) 고대 그리스 건축에서 건물 위의 삼각형 부분
7) 사각형의 부조로 장식한 벽면
8) 건축물 외면이나 내면 벽의 띠 모양 장식

숙명의 결전 펠로폰네소스 전쟁

고대 그리스는 아테네를 맹주로 하는 델로스 동맹과 스파르타를 맹주로 하는 펠로폰네소스 동맹으로 세력이 나뉘었다. 그러던 중 기원전 431년에 이르러 이 두 동맹은 충돌하여 전쟁을 벌였다. 기원전 403년까지 30여 년 동안 계속된 이 전쟁은 현대판 세계 대전으로 불릴 만한 유명한 펠로폰네소스 전쟁이다. 고대 그리스의 대부분 도시국가가 이 전쟁에 참여했고 서로 한 치의 양보도 없이 치열하게 전투를 벌였다. 결국 스파르타가 승리하면서 아테네가 이끌던 민주 정치의 시대는 막을 내렸고, 찬란한 문명의 시대도 함께 종지부를 찍었다.

판도라 상자의 주인공

고대 그리스는 아테네와 스파르타의 양대 산맥을 중심으로 세력이 나뉘었다. 페르시아 전쟁이 벌어지는 동안 아테네는 외부의 침입을 막아내고 좀 더 자유로운 도시국가를 만들기 위해 델로스 동맹을 맺었다. 그런데 시간이 흐르면서 아테네는 점차 패권을 손에 넣으려는 야심을 드러냈다. 그런 한편 스파르타도 기원전 460년에 무력을 앞세워서 여러 도시국가와 군사 조약을 체결하며 펠로폰네소스 동맹을 맺었다.

▼ 펠로폰네소스 지역에서 출토된 청동 무기로 고대 그리스 병사들이 전쟁에서 주로 사용한 무기이다.

델로스 동맹은 아테네를 중심으로 주로 소아시아 연안에 자리한 그리스 도시국가와 에게 해의 섬에 세워진 도시국가로 구성되었다. 막강한 해군과 풍부한 자원이 이들의 강점이었다. 아테네는 델로스 동맹의 장점을 잘 활용하여 해상에서 패권을 장악했다. 한편, 스파르타는 내륙 도시국가들과 맺은 펠로폰네소스 동맹의 막강한 육군을 이끌고 지상전을 펼쳤다.

군사력에서는 델로스 동맹과 펠로폰네소스 동맹 모두 각자의 강점이 있었으나 경제력에서는 델로스 동맹이 월등했다. 델로스 동맹은 막강한 해군을 보유하여 뱃길을 통해 활발하게 상품 교역을 할 수 있었다. 두 동맹 사이에서는 광물 자원과 노예를 둘러싸고 치열한 전투가 벌어지기도 했다.

아테네와 스파르타는 정치 제도가 완전히 달랐다. 아테네가 이끄는 델로스 동맹의 도시국가들은 모든 사람에게 평등한 권리를 부여하는 민주 정치를 실시했지만, 독재 정치를 하는 스파르타가 이끄는 펠로폰네소스 동맹의 도시국가들은 군국주의를 따랐다. 이렇게 서로 이데올로기가 완전히 달랐기 때문에 두 동맹은 물과 기름처럼 절대 화합할 수 없었다.

　기원전 460년에 그리스 남부의 메가라가 펠로폰네소스 동맹에서 탈퇴하고 아테네의 편에 서면서 두 동맹 사이에 팽팽한 긴장감이 감돌기 시작했다. 기원전 446년에 페리클레스가 아테네의 시장에서 메가라를 밀어내 메가라는 펠로폰네소스 동맹으로 복귀할 수밖에 없었는데 이것이 바로 펠로폰네소스 전쟁의 서막을 알리는 사건이었다.

10년 동안의 전쟁

　기원전 446년에 아테네는 스파르타와 평화 조약을 체결했다. 그러나 평화 조약도 철천지원수이던 두 도시국가 사이의 케케묵은 응어리를 완전히 없애지는 못했다. 아테네와 스파르타는 해상에서의 패권을 둘러싸고 신경전을 벌이기 시작했고, 결국 이 일이 도화선이 되어 기원전 431년에 세기의 전쟁으로 불리는 펠로폰네소스 전쟁이 시작되었다.

▼ **펠로폰네소스 전쟁을 그린 도자기**
펠로폰네소스 전쟁은 20년 이상 계속되었다. 고대 그리스인은 참혹하기 이를 데 없는 전쟁을 예술 작품으로 표현했다.

페리클레스는 막강한 함대를 이끌고 펠로폰네소스 반도 지역을 기습하면서 한편으로 스파르타 내의 노예들을 선동해서 반역을 일으키게 했다. 그와 동시에 아테네 농민들에게 농촌을 떠나 도시 성곽을 에워싸도록 명령했다.

전쟁 초기에 페리클레스가 다각도로 펼친 맹렬한 공격에 스파르타는 맥을 차리지 못했다. 기원전 431년 여름이 되자 스파르타군은 군대를 다시 정비해서 아테네로 진격했고, 아테네의 주변 지역을 하나하나씩 점령했다. 역시 육지에서 치르는 전투에서는 스파르타가 압승을 거두었다. 아테네는 최강을 자랑하는 스파르타 육군과 전면전을 최대한 피했지만, 스파르타군의 게릴라 공격을 받고 삽시간에 아테네 주변 지역을 내주고 말았다. 이후 1년여 만에 스파르타는 아테네 농촌 지역을 전부 손에 넣었다.

전력이 많이 약화된 아테네에 또 한 차례 불행이 닥쳐 왔다. 전쟁을 시작한 지 얼마 되지 않아 아테네에 전염병인 페스트가 유행하면서 많은 사람의 목숨을 빼앗아간 것이다. 아테네 민주정의 선구자인 페리클레스도 페스트로 세상을 떠났다. 이때 클레온이 이끄는 급진적인 민주파가 나서서 스파르타와 평화 조약을 맺을 수 없으며 전쟁을 계속해야 한다고 완강한 입장을 고수했다. 그러나 귀족파 니키아스는 화해 조약을 체결해야 아테네에 이득이 된다고 주장했다.

전쟁이 치열하게 이어질 때에는 클레온 쪽으로 대세가 기울었다. 이로써 패권을 잡은 클레온은 군대를 확충해서 스파르타에 맹렬하게 공격을 퍼부었다. 이렇게 전쟁이 8년 동안 계속되면서 지칠 대로 지쳐버린 아테네 시민은 전쟁이라는 말만 들어도 몸서리를 쳤다. 이렇게 아테네에는 평화를 요구하는 목소리가 높아졌고, 온건 귀족파 니키아스의 노력으로 아테네는 기원전 423년에 스파르타와 휴전 동맹을 맺었다. 이 동맹이 끝날 때 즈음 클레온이 다시 스파르타를 공격했으나, 적의 기습을 받은 그는 결국 싸늘한 주검으로 돌아왔다.

전쟁이 오랫동안 지속되면서 아테네와 스파르타 시민 모두 평화를 갈망하기 시작했다. 이러한 분위기에 따라 기원전 421년 봄에 아테네와 스파르타는 니키아스 평화 조약을 체결했다. 조약은 델로스 동맹과 펠로폰네소스 동맹 모두 고의로 상대방에 도발하지 못하도록 규정했다. 충돌이 발생하면 평화적인 방법으로 협상을 통해 해결하도록 했다. 그리고 양측의 어느 한쪽이 이익을 침해당하거나 침략당하면 다른 한쪽은 성심성의껏 도와주어야 했다. 양측은 서로 점령한 땅을 돌려주고 포로를 교환하며, 이후 50년 동안 평화를 유지하자고 약속했다.

시칠리아 원정

니키아스 평화 조약을 체결한 후 아테네와 스파르타 사이에 직접적인 전쟁은 일어나지 않았다. 하지만 그렇다고 해서 완전한 평화가 찾아온 것도 아니었다. 이 기간은 양측 모두 앞으로 세력을 더욱 확대하기 위해 잠시 쉬어가는 냉전 기간일 뿐이었다.

기원전 415년에 아테네가 시칠리아 원정을 떠날 지 논의할 때 시칠리아 반도에서 델로스 동맹국과 시라쿠사 사이에 충돌이 일어났다. 그러자 당시 페리클레스의 양자 알키비아데스가 달변으로 아테네 시민을 설득해 시칠리아 원정을 떠났다. 아테네군은 똘똘 뭉쳤고, 아테네는 마침내 모두가 염원하던 평화를 찾는 듯했다.

알키비아데스와 니키아스가 막 원정에 나섰을 때, 델로스 동맹국은 시라쿠사의 공격을 받아 초토화되었다. 기원전 414년 봄 아테네군은 시라쿠사를 이중삼중으로 완전히 봉쇄했다. 그리고 시라쿠사의 지하수관을 공격해 마침내 항복을 받아냈다. 이때, 수세에 몰린 시라쿠사에 스파르타군이 도움의 손길을 내밀었다.

▲ **투키디데스의 두상**
오늘날 펠로폰네소스 전쟁에 대해 알려진 이야기는 대부분 투키디데스의 《펠로폰네소스 전쟁사》를 근거로 전해진다.

스파르타가 시라쿠사의 편에 서서 협공을 펼치자 니키아스는 사기가 크게 떨어졌다. 그래서 그는 아테네에 전갈을 보내 시라쿠사에서 철수할지, 아니면 지원군을 기다려야 할지 분부해달라고 요청했다. 그러면서 자신이 병마에 시달리고 있으니 아테네로 복귀시켜달라는 내용도 함께 적었다. 하지만 아테네 정부는 그의 복귀 요청을 받아들이지 않고, 오히려 장군 두 명과 지원군을 보냈다.

기원전 413년에 아테네는 다시 시라쿠사를 공격했다. 그런데 니키아스와 새로 부임한 두 장군은 항상 의견이 엇갈렸다. 지도부의 상황이 이러하면 뛰어난 전술은 기대하기 어렵다. 이때, 끝까지 버티던 시라쿠사가 세력이 약해진 아테네를 기습했다. 승리의 여신은 시라쿠사의 편에 섰고, 기습으로 큰 타격을 받은 아테네는 철수를 결정할 수밖에 없었다. 사실 아테네군에도 절호의 기회가 찾아오긴 했다. 철수를 결심한 날 밤, 월식이 일어났다. 그런데 우유부단한 니키아스는 보름달이 환히 떠오를 때까지 기다리라고 명령했고, 이로써 절호의 기습 기회를 놓친 아테네군은 완패하고 말았다. 니키아스는 전장에서 죽고, 살아남은 병사들은 포로가 되어 노역에 동원되었다. 가까스로 탈출에 성공한 몇몇을 제외하고 아테네 병사 대부분은 포로 생활을 하며 고통에 시달리다가 죽어갔다. 이렇게 큰 타격을 입은 아테네는 해상에서도 점차 권력이 약해졌다.

아테네의 몰락

아테네 시민은 시칠리아에서 아테네군이 참패했다는 청천벽력 같은 소식을 들었다. 한때 막강한 군사력을 자랑하던 해군도 이제 종이호랑이로 전락해 재기하기 어려운 상황이었다. 그런 가운데 아테네는 기강을 바로잡으며 정국을 안정시키고, 동맹국의 반란에 대해서도 긴장을 늦추지 않았다. 한편, 스파르타는 아테네를 철저히 무

▼ 출격할 준비를 마친 고대 그리스 병사들

너뜨리기 위해 결전을 선포했다. 그해 겨울, 스파르타를 비롯한 여러 도시국가가 아테네를 쓰러뜨리자는 결의를 다졌다. 당시 아테네는 민주 정치를 했지만 허술한 점도 있었다. 아테네가 사면초가의 위기를 맞이하자 그동안 드러나지 않던 여러 가지 문제가 수면 위로 떠올랐다.

아테네는 한때 헬레스폰투스에서 함선 76척을 이끌고 펠로폰네소스 동맹의 해군 함선 86척을 성공적으로 격파하며 다시 힘을 회복하는 듯했다. 그러나 기원전 408년 이후 아테네 선원들이 잇달아 스파르타에 항복하면서 아테네는 또 한 번 위기를 맞았다.

기원전 406년 봄, 스파르타는 아테네의 데켈레아를 점령하고 요새를 쌓아 아테네를 압박했다. 겉으로 보기에는 별로 대수롭지 않은 듯한 공격이었지만 이때를 시작으로 델로스 동맹의 도시국가들이 점차 아테네와 소원해지기 시작했다. 그 이듬해인 기원전 405년, 동맹의 해군은 아이고스포타미 해전에서 스파르타 해군에 참패했다. 그 후 스파르타가 더욱 압박해왔고, 엎친 데 덮친 격으로 식량 보급까지 끊겨서 아테네는 위기에 빠졌다.

스파르타는 아테네에 델로스 동맹을 해산하고, 함선은 경비정 12척만 남기며, 스파르타 지도자와 펠로폰네소스 동맹 도시국가들에 복종할 것을 요구했다. 기원전 404년 4월에 아테네와 스파르타가 평화 조약을 맺으면서 지난 30여 년 동안 계속된 펠로폰네소스 전쟁이 드디어 막을 내렸다.

강자의 횡포 스파르타의 패권

펠로폰네소스 전쟁 결과, 스파르타는 아테네를 맹주로 하는 델로스 동맹을 완전히 무너뜨렸다. 그리스 도시국가들의 세력 다툼에서 스파르타가 진정한 승자가 되는 순간이었다. 여세를 몰아 스파르타가 패권을 손에 넣으려는 야심을 드러내기 시작하자 주변의 도시국가들은 불만을 품었다. 한편, 페르시아는 아테네를 혼란에 빠뜨릴 기회를 호시탐탐 엿보고 있었다. 이렇게 아테네는 또다시 절체절명의 위기를 맞이하게 되었다.

30인 참주정

기원전 404년에 펠로폰네소스 전쟁에서 큰 승리를 거둔 스파르타는 승자의 기쁨을 만끽했다. 한편, 전쟁을 뒷수습하라는 명령을 받은 일등대신 리산드로스는 과두 정부를 세우라며 아테네를 압박했다. 이렇게 해서 아테네에 과두 정부, 다시 말해 우리에게도 익숙한 '30인 참주정'이 탄생했다. '30인 참주정'은 소크라테스의 제자이며 플라톤의 삼촌이기도 한 크리티아스가 이끌었다.

▼ 헤라클레스의 12가지 업적 중 에리만토스 산의 멧돼지를 산 채로 잡는 모습을 정교하게 표현한 도기이다.

'30인 참주'는 스파르타 군대의 경호를 받았고, 대외 교류에 능했다. 참주정이 극단적인 정치를 펼치며 온 나라를 공포에 빠뜨렸기에 시민은 두려움 속에서 하루하루를 보냈다. 특히 한 시민이 민주파와 관련 있다는 정보가 들어오면 곧바로 그 사람에게 사형을 선고했다. 전해지는 바로는 당시 크리티아스가 이끈 참주정은 민주파 시민 1,500여 명을 죽이고 민주파 인사 대부분을 추방했다. 십 년 전에 벌어졌던 펠로폰네소스 전쟁에서보다 훨씬 많은 사람이 죽는 등 참주정은 잔혹함의 극치를 보였다. 또, 참주는 시민이 반역을 일으키지 못하도록 아테네 시민이 3,000명을 넘지 못하도록 제한하는 규정을 마련했다. 아테네 시민은 결국 비참한 생활을 견디지 못하고 고향을 등지고 주변 도시국가로 도망쳤다.

기원전 403년에 아테네를 떠나온 시민들이 고향을 되찾고자 병사를 모집했다. 그런 한편 크리티아스가 이끄는 과두 정부는 스파르타 정부의 지원에 힘입어 아테네 시민군과 전쟁을 선포했다. 그런데 '30인 참주'의 병사들은 이 과두 정부에 불만이 이만 저만이 아니었다. 그래서인지 병사들은 싸우려는 의지도 없고 몸 사리기에 급급했다. 그러나 아테네 시민군은 반드시 스파르타를 물리치고 말겠다는 굳은 신념을 갖고 전쟁에 임했다. 결국, 아테네 시민군은 '30인 참주' 군대와 맞붙어 페레우스를 되찾았다.

민주파가 과두파를 무너뜨리는 과정에서 과두파의 수장 격인 크리티아스도 전사했다. 아테네 전역에는 승전가가 울려 퍼졌고, 아테네군은 " '30인 참주'를 타도하자! 사형에 처하자!"라고 부르짖었다. 아테네 전역에서 이와 같은 움직임이 일어나자 참주들은 서둘러 아테네를 떠났다.

이후 스파르타 왕 파우사니아스의 중재로 민주파와 과두파는 조금씩 마음의 문을 열고 화해했다. 다툼에서 밀린 일부 참주는 에레우시스로 이주했고, 참주정은 아테네에서 완전히 자취를 감췄다.

안팎으로 닥친 위기

막강한 군사력을 바탕으로 승승장구하던 스파르타는 영토를 확장해 고대 그리스의 대부분 지역을 지배했다. 또 주변 도시국가의 내정에도 적극적으로 개입하고, 그들의 과두 정부에 군대를 파병하는 등 지원을 아끼지 않았다. 그러나 한편으로는 주변 도시국가들에서 재물을 가혹하게 빼앗고, 정복 국가에 무리한 조공을 요구했다.

스파르타의 탐욕과 폭정은 고삐 풀린 망아지처럼 좀처럼 제동이 걸리지 않았다. 그러면서 주변 도시국가들의 불만은 점점 커졌고, 하루빨리 스파르타의 통치에서 벗어날 궁리를 했다. 이것이 바로 전쟁의 도화선이 될 줄은 그 누구도 예상하지 못했으리라. 위기는 여기에서 그치지 않았다. 펠로폰네소스 전쟁을 치를 때, 스파르타는 페르시아에 전쟁이 끝나면 소아시아 연안의 영토를 나눠주겠다고 약속했다. 그러나 전쟁이 끝나고 한참이 지나도록 약속을 지키지 않았다. 이에 페르시아는 매우 분노했다. 그런데 그 후에도 스파르타는 여전히 약속을 지키기는커녕 페르시아의 왕권 다툼에도 개입했다.

페르시아 왕국의 다리우스 2세가 죽은 기원전 404년에 그의 두 아들이 왕권을 놓고 아슬아슬한 신경전을 이어갔다. 결국에는 한바탕 전쟁을 치르고 장자인 아르타크세르크세스 2세가 왕위에 올랐다. 이때 동생 키루스는 형에게 맞서기 위해 스파르타에 도움을 요청했다. 그러자 스파르타의 아게실라오스 왕은 군대를 지원해서 두둑한 사례금을 챙겼다. 그 후에 스파르타가 평온한 나날을 보낼 수 있었을까? 물론 아니다. 키루스가 세상을 떠난 후, 아르타크세르크세스 2세가 동생의 반란을 도운 스파르타를 가만히 두고 볼 리 없었다. 그는 곧장 스파르타에 전쟁을 선포했다.

코린토스 전쟁

기원전 399년에 소아시아 지역을 차지하기 위해 페르시아와 스파르타가 전쟁을 벌였다. 스파르타가 강하게 공격해오자 페르시아는 잇달아 전투에서 패하며 위기 상황에 몰렸다. 당시 페르시아인들은 달걀로 바위를 치는 격이라며 승산 없는 전쟁이라고 생각했다. 스파르타는 페르시아에 분열 조짐이 보이자 이를 기회 삼아 페르시아를 꺾고 패권을 장악하려고 했다. 그리고 다른 세력들을 이간질하고 스파르타의 독재와 횡포에 불만을 보인 코린토스와 테베 지역을 차지하려고 했다. 그런 한편 아테네와 코린토스, 테베는 페르시아의 지지를 받으며 동맹을 맺고 기원전 395년에 스파르타에 반기를 들어 전쟁을 선포했다. 전쟁이 코린토스 지역에서 벌어졌기 때문에 이를 '코린토스 전쟁'이라고 한다.

코린토스 전쟁은 8년 동안 계속되었다. 아테네는 페르시아의 지원을 받아 성벽을 재건하고 해군도 지난날의 막강한 군사력을 회복했으며, 코린토스와 테베도 페르시아의 후원으로 빠르게 세력을 키웠다. 이후 기원전 394년에 보이오티아의 할리알토스에서 동맹군이 스파르타를 꺾으며 스파르타의 패권 시대는 막을 내렸다.

페르시아는 그리스 도시국가, 특히 아테네가 빠르게 힘을 키워가는 것이 몹시 불안했다. 그래서 다시 스파르타의 손을 들어주기로 했다. 페르시아의 변심으로 한순간에 든든한 지원 세력을 잃은 동맹군은 휴전할 수밖에 없었다.

기원전 387년, 수세에 몰린 스파르타는 장군 안탈키다스를 페르시아에 파견해서 아르타크세르크세스 2세를 설득해 조약을 체결했다. 이를 '안탈키다스 화약'이라고 하며, 스파르타가 소아시아 연안의 도시국가들과 키프로스 지역을 페르시아에 넘기고 스파르타를 맹주로 하는 펠로폰네소스 동맹을 제외한 다른 모든 동맹을 해산시켜야 한다는 내용이었다.

　이에 따라 스파르타는 소아시아 부근의 도시국가들을 페르시아에 넘기는 조건으로 제한적이긴 하나 다시 패권을 유지할 수 있었다. 이 화약은 지난날 고대 그리스에 참패한 페르시아가 이제는 그리스의 운명을 결정할 수 있는 영향력을 되찾았다는 의미를 담았다. 페르시아 전쟁에서 승리하며 한때 최고의 전성기를 누린 그리스는 이제 스파르타에 의해 큰 타격을 입고 다시 위기에 빠졌다.

'빛나는' 테베 스파르타를 향한 매서운 공격

아테네는 스파르타에 대항하며 국력이 나날이 약해졌다. 두 나라가 세력 다툼을 벌이는 동안, 테베는 서서히 세력을 회복해 다시 막강한 도시국가로 거듭났다. 이후 테베는 반스파르타 동맹의 맹주로서 스파르타를 공격해 큰 승리를 거두고 패권을 손에 넣었다.

막강 세력 테베

페르시아와 안탈키다스 화약을 맺은 스파르타는 주변 도시국가들의 반역을 엄격하게 처벌했다. 그리고 과두파를 내세워 주변 도시국가들의 내정에 지나치게 간섭했다. 이렇게 고대 그리스가 다시 혼란에 빠졌을 때 주변 도시국가들은 스파르타의 폭정과 지나친 개입에 불만이 커져갔다. 그래서 모두 스파르타를 끌어내릴 방법을 찾는 데 혈안이 되었다. 그중에서 눈에 띄게 세력을 키운 도시국가가 바로 테베였다.

테베는 광활한 영토를 가졌지만 아테네와 스파르타의 양대 동맹 체제가 확고하던 시기에는 그저 교역이 활발한 한 지역에 불과했다. 그때까지 고대 그리스에서 입지를 다지지 못했던 테베는 코린토스 전쟁을 치르면서 페르시아의 전폭적인 자금 지원과 원조를 받아 군사력을 보강하고 막강한 실력을 갖춘 도시국가로 성장했다. 기원전 382년에 스파르타는 테베를 점령하면서 과두파를 세웠다. 이때 테베의 민주파 인사들은 스파르타 과두파의 잔혹한 탄압을 견디지 못하고 하나 둘 고향을 떠났고, 일부는 아테네로 망명했다. 당시 테베의 민주파 지도자였던 펠로피다스는 생사의 갈림길에서 테베에 남았는데 여기에서 에파미논다스를 알게 되었다. 이 두 사람은 두터운 우정을 쌓으며 하루빨리 테베에서 과두파와 스파르타군을 쫓아낼 기회를 엿보았다.

기원전 379년 겨울에는 매서운 추위가 유난히 기승을 부렸다. 이때 펠로피다스는 아테네의 지원을 받아 조직한 민주파 군대인 신성대를 이끌고 과두파를 공격했다. 친구 에파미논다스도 공격을 시작했다. 두 친구는 의기투합해서 과두파의 우두머리를 죽이고 스파르타 군대를 몰아내어 다시 민주파 정권을 회복했다. 이후 테베는 든든한 지도자 펠로피다스와 에파미논다스를 앞세워 하루가 다르게 국력을 키워갔다. 그리고 이와 더불어 자국을 중심으로 한 보이오티아 동맹을 결성했다.

이듬해인 기원전 378년에 아테네가 스파르타로부터 그리스를 해방하려는 목표로 제2차 해상 동맹을 결성했다. 이 해상 동맹에 70여 개 도시국가가 뭉쳤는데, 1차 동맹보다는 규모가 작은 편이었다. 이때 아테네는 동맹국들의 신뢰를 얻기 위해 자국은 동맹의 맹주가 아닌 일개 동맹국으로 참여할 것이며, 절대 패권을 잡으려 하지 않을 것이라고 맹세했다. 물론 동맹국의 자치와 내정에도 간섭하지 않을 것이라고 공약했다. 이로써 해상 동맹은 더 많은 동맹국을 모집했고, 이에 따라 동맹 세력도 키울 수 있었다.

엄습해오는 전쟁의 기운

보이오티아 동맹과 제2차 해상 동맹은 스파르타의 패권을 위협할 만한 막강한 세력이었다. 스파르타는 어느새 힘을 키워 자국에 위협이 된 보이오티아 동맹을 무너뜨릴 계획을 세웠다. 당시 스파르타의 군사력은 누구도 당해낼 수 없을 정도로 막강했으나, 보이오티아 동맹도 얕잡아 볼 수준은 아니었다. 모두 스파르타의 승리를 예상했는데 첫 전투에서 보여준 양측의 실력은 막상막하였다. 보이오티아 동맹은 예상 밖으로 스파르타와 비기자 자신감이 충만했다. 기원전 375년에 펠로피다스는 사기가 충만한 보이오티아 동맹군을 이끌고 스파르타군을 공격해 큰 승리를 거두었다.

▼ 18세기 프랑스 화가 프랑수아 부셰의 〈일몰〉

태양신 헬리오스와 클리메네의 아들 파에톤이 태양 마차를 통제하지 못하고 말의 고삐를 놓치자, 마차가 제멋대로 마구 달리기 시작했고 마차가 지나가는 곳은 모조리 타버리거나 말라버렸다. 결국, 파에톤은 제우스로부터 벼락을 맞고 강에 떨어졌다. 그림은 푸른색 비단옷을 두른 듯한 바다의 여신과 천사들이 파에톤을 맞이하고 있는 장면이다. 온화한 표정의 여신과는 달리 아기 천사들은 곧 위험한 일이 닥칠 것을 직감한 듯 눈을 크게 뜨고 두려워하고 있다.

기원전 371년에 스파르타는 고대 그리스의 도시국가들에 회의 개최를 요청했다. 이 회의에서 스파르타는 안탈키다스 화약을 지켜줄 것을 요구했다. 화약이 펠로폰네소스 동맹만을 인정하므로 보이오티아 동맹은 당장 해산해야 했다. 그러나 펠로피다스는 스파르타가 마음대로 맺은 동맹을 인정할 수 없다며 스파르타의 요구를 따르지 않았고, 오히려 폭정을 일삼는 펠로폰네소스 동맹을 해산해야 한다고 주장했다. 당시 테베의 대표로 회의에 참석한 에파미논다스 역시 펠로피다스의 주장에 동의하며 스파르타 측과 설전을 벌였다. 스파르타는 에파미논다스의 무례함을 참을 수 없다고 판단하여 테베를 공격하기로 했다. 테베가 의견을 확고하게 고수하자 주변의 도시국가들은 테베가 스스로 제 무덤을 파는 것이라며 우려했다. 그러나 에파미논다스는 전쟁까지 갈 것을 예상하고 스파르타와의 결전을 위해 철저히 준비했다.

　얼마 지나지 않아 에파미논다스는 스파르타와의 전쟁을 피할 수 없을 것이라고 느꼈다. 그래서 바로 성능 좋은 무기를 비축하고 전술을 보강하며 병사도 빠르게 확충해 최정예 부대인 신성대를 결성했다. 신성대는 테베 시민 300여 명으로 구성되었고, 모두 애국심과 동료애가 매우 강했다.

　그리스 신화를 모티브로 한 작품으로, 태양신 아폴로가 중심이고 바다와 강의 여신 테티스가 아폴로를 올려다보고 있다. 둘은 안타깝게 서로에게 무언가를 말하려는 듯하다. 짙푸른 어둠 속에서 아기 천사들이 아폴로와 테티스를 덮으려는 듯 다가오고 있다.

루크투라 전투

　기원전 371년 7월에 테베의 서남쪽 지역 루크투라 부근에서 테베와 스파르타의 루크투라 전투가 벌어졌다. 테베는 총지휘관 에파미논다스와 신성대를 이끄는 펠로피다스를 앞세워 스파르타를 공격했다.

　당시 스파르타 군대는 전통적인 방진 대형으로 섰고, 병력이 1만 1,000명이었다. 반면에 테베의 두 장군이 이끄는 병사는 그 절반 수준인 6,000명에 불과했다. 테베의 병사들은 수적으로는 도저히 스파르타를 이길 수 없다고 생각했다. 그러자 펠로피다스와 에파미논다스는 병사들의 사기를 높이고 그들에게 용기와 희망을 주기 위해 노력했다. 그 덕분에 자신감을 회복한 테베의 군대는 명장들과 함께 스파르타에 결전을 선포했다.

　기원전 371년 7월 8일, 드디어 역사적인 전쟁이 시작되었다. 에파미논다스는 테베군의 왼쪽 부대가 빠르게 이동해 스파르타를 기습한다는 전략을 세웠다. 에파미논다스의 전략은 적중했고, 스파르타군은 큰 타격을 입었다. 테베군은 후방에 지원 부대를 50열로 배치했다. 이에 맞선 스파르타군은 고작 12열이라 상대가 안 되었다. 설상가상으로 스파르타는 위기의 순간에 총지휘관을 잃었다. 테베군은 이 틈을 타 이른바 사선 대형이라는 새로운 대열로 바꾸고 왼쪽 부대를 빠르게 움직여서 스파르타군의 오른쪽 부대를 무너뜨렸다. 테베의 명장이 펼친 뛰어난 전술 앞에 스파르타군은 사기가 뚝 떨어졌다. 루크투라 전투에서 스파르타군은 1,000여 명이 죽고, 일부는 포로가 되었으며, 개중에 몇몇은 주변으로 도망쳤다. 반면에 테베는 병사 300명만을 잃고 큰 승리를 거두었다.

▼ 전쟁을 예술로 승화시킨 작품이다. 병사들의 배열이 오선지 위의 음표처럼 대칭을 이루는 등 완벽한 조화가 돋보인다.

111

루크투라 전투에서 테베는 스파르타의 아킬레스건을 정확히 찔렀다. 사기가 꺾이고 지휘관을 잃자 스파르타는 쉽게 무너졌다. 이듬해인 기원전 370년에 에파미논다스가 이끄는 테베군은 펠로폰네소스까지 원정을 떠났다. 테베가 강력한 군사력으로 자신들의 목을 조여 오자 펠로폰네소스 동맹국들은 앞다투어 동맹에서 탈퇴했다. 이때 지난 메시니아 전쟁에서 패해 주변 지역으로 망명했던 메시니아인들이 그리스 남부 펠로폰네소스 반도의 그들의 터전으로 돌아와 독립을 선언했다. 이렇게 해서 펠로폰네소스 동맹은 완전히 해산되었고, 스파르타도 세력이 매우 약화되어 더 이상 지난날의 명성을 이어갈 수 없었다.

테베, 패권을 드러내다

스파르타를 물리친 테베는 하루가 다르게 입지를 강화하고 고대 그리스에서 가장 막강한 세력을 갖추었다. 그러자 그들도 자연스레 패권자가 되려는 야심을 드러냈다. 당시 고대 그리스 도시국가들은 아테네와 스파르타가 잇달아 패권을 잡고 다른 도시국가들을 간섭한 것을 겪은 터라 전제 정치라면 신물을 내는 상태였다. 보이오티아 동맹국들은 테베가 패권을 장악하려는 데 불만을 드러냈고, 차례로 동맹에서 탈퇴했다. 그중 메시니아만이 줄곧 테베의 편을 들어주었다.

이렇게 스파르타가 무너진 후 아테네와 테베는 더욱 대립했다. 보이오티아 동맹과 제2차 해상 동맹이 결성될 무렵, 테베와 아테네는 서로에 대한 반감이 더욱 커져 상대방을 공격할 기회를 노렸다. 사실 이 두 동맹은 반드시 물리쳐야 하는 스파르타라는 공동의 적이 있고, 이를 위해서는 서로의 힘이 필요했다. 그러나 지금은 공동의 적 스파르타도 무너진 상황이 아닌가! 아테네가 이끄는 해상 동맹과 테베를 맹주로 한 보이오티아 동맹은 자연히 서로에 대한 적개심을 불태웠다. 테베는 그리스 지역에서 누구도 넘보지 못할 패권을 잡고 싶었지만, 그 길에 아테네가 큰 걸림돌이 되어 어려움을 느끼고 있었다. 아테네도 빠르게 세력을 키워가는 테베가 두려웠다. 그런 테베를 견제하기 위해 아테네는 결국 스파르타의 편에 서기로 했다.

기원전 362년에 테베는 스파르타의 재기를 막기 위해 전쟁을 선포하고 만티네이아 전투를 벌였다. 테베는 이 전투에서 스파르타를 격파하고 주변 도시국가들의 불만도 진압하려고 계획했다. 만티네이아 전투에는 그리스의 대부분 도시국가가 가담했는데, 아테네 등 주요 도시국가는 모두 스파르타를 지지했다. 테베가 아무리 막강하다고 해도 강한 여러 도시국가의 협공을 상대하기에는 역부족이었다. 만티네이아 전투는 결국 테베의 힘겨운 승리로 끝났지만, 테베도 큰 타격을 받았다. 특히 명장 에파미논다스를 잃고 지난 10년 동안의 패권 시대에 종지부를 찍었다.

에파미논다스는 정말 뛰어난 명장이었다. 그는 고대 그리스에 변화의 바람을 몰고 왔고, 테베를 고대 그리스의 패권 국가로 우뚝 세웠다.

차기 실력자

스파르타와 테베가 무너지자 아테네는 다시 해상의 패권을 노리며 동맹국을 압박했다. 그러나 당시 아테네는 페리클레스 시절의 막강한 아테네가 아니었다. 동맹국들은 아테네가 동맹을 맺을 당시의 공약을 어긴 것에 분노하여 아테네와의 전쟁을 선포했다. 이 전쟁에서 아테네가 참패하면서 제2차 해상 동맹도 무너졌다.

펠레폰네소스 전쟁이 끝났지만 그리스 도시국가 간의 갈등과 분열은 나날이 심해졌고 전쟁도 끊이지 않았다. 오랜 전쟁을 거치면서 그리스 주요 도시국가들은 세력이 크게 약화되었다. 아테네, 스파르타, 테베 모두 예전 같지 않았고, 물론 패권을 잡으려는 엄두도 내지 못했다. 이때, 그리스의 북쪽에서 마케도니아가 조용히 세력을 키우고 있었다.

고대 그리스의 연극 희극과 비극

인생은 비극과 희극이 교차하는 연극과도 같다. 그래서였을까? 고대 그리스는 비극 공연을 마치고 곧바로 희극을 상연하는 식으로 비극과 희극을 함께 무대에 올렸다. 비극에서는 고통과 시련을 처절하게 표현했고, 희극에서는 기쁨과 환희를 한껏 고조시켰다. 고대 그리스의 연극은 일상생활의 희로애락을 그대로 투영했다.

제사에서 시작된 연극

고대 그리스 희극의 역사는 술의 신 디오니소스에게 올리던 제사에서 기원했다. 매년 봄, 가을 두 번에 걸쳐 사람들은 거리로 나가 춤추고 노래하며 신에게 예를 갖추었다. 대지의 풍요를 주재하는 신 디오니소스는 한 해의 풍년, 특히 포도 수확이 풍성하도록 복을 불어넣었다. 이 의식에서는 선창하는 사람을 중심으로 뒤따르는 사람들이 노래를 이어 부르고, 그와 함께 춤사위를 벌였다. 이는 고대 그리스의 연극, 즉 희극과 비극의 기원이었다.

비극은 상당히 오래 전에 등장했다. 기원전 5세기 무렵에 아테네인들은 술의 신 디오니소스에게 제사를 올릴 때에 맞추어 비극을 상연했다. 비극의 창시자는 테스피스라는 합창단과 배우 한 명이 문답하듯 말을 주고받는 식으로 극을 연출했다. 비극은 주로 인생의 무상함을 주제로 숙연하면서도 절제되게 표현했다. 비극이 끝나면 곧바로 희극을 상연해서 장내의 무거운 분위기를 바꿨다. 희극은 익살과 풍자가 돋보였으며, 특히 어리석은 시정잡배나 유명 정치인과 사회 저명인사들을 시원하게 풍자하는 장면으로 관중석을 한바탕 웃음바다로 만들었다. 희극 무대의 막이 내려가면 오늘날의 팬터마임인 무언극이 펼쳐졌는데 주로 노골적인 장면을 연기했다.

초기의 희극은 합창단과 배우 한 명으로 구성되었다. 남성 합창단원이 노래와 춤을 선보이며 배우에게 질문을 던지면 배우가 대답하는 문답식의 공연이 펼쳐졌다. 시간이 흘러 극에 참여하는 배우의 수가 많아지자 남성 합창단원의 역할이 줄어들고 대신에 여성 합창단원이 중요한 역할을 맡았다.

연극은 배우 한 명이 여러 배역을 소화하는 모노드라마 형식이었다. 비극의 아버지로 불리는 아이스킬로스는 일부 배역을 부각시키기 위해 새로운 배역을 만들어 넣기도 했다. 이들은 기존 배역에 힘을 실어주며 극을 더욱 풍성하게 했다. 이후 '비극의 완성자'로 불리는 소포클레스가 등장하면서 등장인물은 세 명으로 늘었다. 다만, 남성만 배우를 맡을 수 있었고 여성은 무대에 오를 수 없었다.

극장 전경

고대 그리스의 희극은 주로 광장에서 상연되었는데 점점 관객이 늘자 전용 극장이 등장했다. 극장은 관중을 1만 명 정도 수용할 수 있을 정도로 큰 규모를 갖추었다. 또 원형 돔 형태의 극장은 무대인 프로스케니언과 객석인 테아트론을 마주볼 수 있는 노천극장 형태로 설계했으며, 경사면에 부채꼴 모양으로 계단을 배치했다. 탁 트인 넓은 무대 외에 별도로 배우들이 옷을 갈아입는 공간도 있었다. 무대 벽은 배경을 연출하는 중요한 무대 장치였다. 무대에서 직접 살인을 저지르거나 전쟁하는 장면을 연출할 수는 없기 때문에 벽면에 시뻘건 혈흔이 뚝뚝 떨어지는 시체와 쌩쌩 내달리는 전차를 그려

◀ 술의 신 디오스소스에게 제사를 올리는 날 고대 그리스인의 열광적인 모습을 그린 그림이다.

넣는 등 긴박한 전쟁 상황을 생동감 넘치게 묘사했다. 합창단은 무대와 객석 사이의 원형 공간에서 오케스트라의 연주에 맞춰 노래를 불렀다. 그리고 디오니소스에게 제사를 올릴 제단도 별도로 마련했다.

객석의 의자는 대부분 등받이가 없었으며, 일부 있는 등받이 좌석은 유명 인사들을 위한 자리였다. 고대 그리스의 극장은 대체로 남녀 관객의 좌석을 엄격히 구분했다. 명문가의 부녀자들은 엄격한 집안의 통제로 연극을 보러 나올 수 없었기 때문에 여성 관객은 주로 기녀들이었다.

희극은 일 년에 두세 번 정도 상연되었으며 3월에 술의 신 디오니소스에게 제사를 올릴 때 상연하는 공연이 으뜸이었다. 공연을 상연하려면 경합을 거쳐야 했다. 이 경합은 극작가가 작품을 내면 심사위원 다섯 명이 상연 여부를 결정하는 형식이었고, 각 지역 부호들의 후원으로 주로 도시국가에서 이루어졌다. 특히 정계 진출을 꿈꾸는 부호들이 세력을 과시하기 위해 후원을 했다.

고대 그리스인은 연극 표를 사서 간식을 들고 극장에 입장했다. 페리클레스 시기부터는 연극 표를 지원하는 보조 정책을 실시해서 개인당 적어도 일 년에 한 번은 연극을 관람할 수 있었다. 극장의 음향 상태도 매우 훌륭했다. 다만, 극장이 너무 큰 탓에 무대에서 멀리 떨어진 곳에 앉으면 배우들을 또렷하게 볼 수 없다는 단점이 있었다. 그래서 일부 관객은 좀더 가까운 곳에서 배우들을 보려고 이동하기도 해

▼ 고대 그리스 비극은 극장의 외관에서 영감을 얻어 탄생했다고 해도 과언이 아니다. 기둥 밑동의 조각상은 공포와 절규, 무시무시한 전율을 표현했다.

공연이 상연되는 무대에 관객의 그림자가 그대로 비치기도 했다. 배우들은 가면을 바꿔 쓰면서 여러 배역을 소화했다. 이때 좌우 모양이 다른 가면을 쓰면 두 배역을 한꺼번에 표현할 수 있었다. 이 가면은 입 부분이 깔때기 모양으로 만들어져서 먼 곳까지 배우의 목소리를 전달했다. 또 배우는 몸짓 하나하나를 멀리 있는 관객에게도 잘 전달하기 위해 과장되게 표현했고, 소품으로 평소에는 쓰지 않을 것 같은 매우 길쭉한 모자를 쓰거나 굽이 높은 반장화를 사용했다.

영혼의 신음, 비극

고대 그리스의 비극은 세계 비극 역사에 한 획을 긋는 주옥같은 작품들이다. 주인공과 이야기는 주로 신화와 전설을 모티브로 삼았다. 예를 들면, 주인공은 대체로 의지가 강하지만 전쟁을 치르면서 절체절명의 위기에 빠지기도 하고 패배의 쓴잔을 마시기도 했다. 연출자는 이러한 비극을 통해서 인생의 무상함과 운명을 거스를 수 없다는 메시지를 전달했다.

고대 그리스 시대의 위대한 비극 시인으로 아이스킬로스, 소포클레스, 에우리피데스를 꼽는다. 이들 또한 그리스 신화에서 극의 소재를 찾았으며, 종교적인 색채를 입혀 영웅을 찬양하는 내용의 극을 완성했다.

아이스킬로스는 기원전 525년에 귀족 가문에서 태어났다. 그는 평생 총 90여 편에 이르는 비극을 쓴 것으로 전해지지만 현존하는 것은 7편뿐이다. 특히 페르시아의 패배를 주제로 한 〈페르시아인〉은 참혹한 전쟁에서 투철한 애국심으로 자신을 희생한 열사들을 칭송하는 내용으로, 현존하는 작품 가운데 가장 오래된 작품이다. 〈포박된 프로메테우스〉는 프로메테우스가 원래는 신들의 소유였던 불을 훔쳐다 주어 인류에게 은혜를 베풀었다는 내용으로, 자유와 운명에 맞서는 정신을 찬양한 작품이다. 이 밖에도 아이스킬로스는 '비극의 3부작'으로 알려진 〈아가멤논〉, 〈공양하는 여자들〉, 〈자비의 여신들〉처럼 주옥같은 작품을 남겼다.

고대 로마의 문인이자 철학가인 키케로는 소포클레스를 '비극계의 호메로스'라고 칭송했다. 소포클레스는 기원전 496년에 아테네 교외 콜로노스의 부유한 가정에서 태어났으며, 칠십 평생에 작품을 123편이나 썼지만 아이스킬로스와 마찬가지로 현재 7편만이 전해진다. 그중 으뜸은 〈오이디푸스왕〉이다. 〈오이디푸스왕〉은 자신에게 내려진 저주스러운 예언에서 벗어나려고 발버둥치다가 자신이 친아버지인 선왕을 살해하고 어머니를 아내로 맞았다는 사실을 알게 된 후 절망에 빠진 나머지 스스로 자신의 눈알을 뽑아낸다는 이야기이다. 소포클레스는 주인공을 통해 운명을 개척하는 과정에서 자신의 진정한 존재 가치를 깨닫게 된다는 메시지를 전달했다.

또 한 명의 뛰어난 비극 시인은 '무대 위의 철학자'라고 불린 에우리피데스이다. 그는 기원전 480년 즈음 아테네의 부유한 가정에서 태어났다고 전해지는데, 정확하지는 않다. 철학에 심취해 늘 사색에 잠겼고 주변 사물의 미묘한 변화까지 잘 파악할 만큼 예민했던 그는 인간의 내면에 대해 성찰하고 탐구했다. 이를 토대로 전통에서 벗어난 시도를 하고 또 철학적인 관점에서 극을 이끌어가 작품에서 헬레니즘을 구현했으며, 〈메데이아〉와 〈타우리케의 이피게네이아〉 등 사회 문제를 날카롭게 분석한 여러 걸작을 남겼다. 그는 그리스 비극을 상당한 수준에 올려놓았다는 공로를 인정받았으며, 그리스 역사학자 헤로토도스의 호평을 받았다. 그리스인들은 지금도 그의 명언을 되새기며 그를 기린다.

일상생활 속 해학, 희극

고대 그리스의 비극이 신화를 모티브로 했다면, 희극은 주로 일상생활을 소재로 삼아 작품에 재치와 날카로운 풍자를 담아냈다. 작품 중간에 일침을 놓는 욕설과 저속한 표현도 양념처럼 사용되었다. 기원전 5세기에 이르러 아테네에 3대 희극 작가인 아리스토파네스, 메난드로스, 안티파네스가 등장했다. 안타깝게도 현재는 아리스토파네스의 작품만 전해진다.

고대 그리스 최고의 희극 시인인 아리스토파네스는 페리클레스의 통치가 무르익었던 기원전 445년 즈음에 태어난 것으로 알려졌다. 평생에 작품을 44편 남겼으나 현재 11편만이 전해지고, 그중 〈아카르나인〉, 〈기사〉, 〈구름〉, 〈벌〉, 〈여자의 제사〉 등이 뛰어난 작품으로 평가받는다. 작품은 주로 정치를 비판하는 내용으로, 촌철살인의 입담으로 세태를 꼬집기도 하고 당시의 정치인과 철학가들을 풍자하기도 한다. 〈아카르나인〉은 현존하는 그의 작품 중 가장 오래된 것으로 아테네와 스파르타 간에 벌어진 펠로폰네소스 전쟁이 배경이다. 평화를 옹호하는 주인공은 전쟁에 환멸을 느끼지만 자신의 미약한 힘으로는 현실을 바꿀 수가 없었다. 그래서 전쟁에 참여하지 않기 위해 스파르타와 단독으로 평화 조약을 맺는다. 이 장면에서는 무리를 이룬 배우들이 합창단의 연주에 맞추어 주인공을 추격하고 그를 매국노라고 비판한다. 주인공은 참패한 것에 분노한 아카르나이 촌 노인들을 설득해서 스파르타와 협상을 추진하는 평화 노선을 택하도록 권유한다. 여기서 주인공은 아테네를 저버리지도 않았고, 스파르타의 편에 선 것도 아니었다. 그의 바람은 오직 하나, 평화였다.

고대 그리스의 지성 철학자

반짝이는 햇살 아래 푸른 물결이 넘실대는 지중해 동부 지역은 지금도 무한한 생명력을 발산하며 아름다운 자태를 뽐낸다. 이곳이 바로 서양 문명의 발원지이다. 기원전 6세기부터 기원전 5세기까지 지중해 지역 사람들은 우주와 인생을 논했다. 고대 그리스의 지성들은 존재의 의미와 우주의 섭리를 발견했고 이를 후대에 전해주었다.

위대한 철학자 헤겔은 이렇게 말했다.

"그리스라는 말은 교양 있는 유럽인들에게 편안함을 준다. 유럽인의 문화는 고대 그리스에서 그 기원을 찾을 수 있다."

이렇게 유럽 문화는 고대 그리스 문화, 무엇보다 고대 그리스 철학에서 많은 영향을 받았다. 헤겔을 비롯한 유럽의 철학자들이 고대 그리스의 철학을 계승하고 발전시켜 유럽 철학을 완성했다.

'원자론의 아버지' 데모크리토스

데모크리토스는 고대 그리스의 유물론을 최고 수준에 올려놓은 지성으로 마르크스와 엥겔스는 그를 '고대 그리스의 손꼽히는 자연철학자이자 걸어 다니는 소피아'라고 칭송했다. 데모크리토스는 여러 무한한 세계가 동시에 존재하고 이 세계들은 영원히 생성과 소멸을 되풀이한다는 '고대 원자론'을 확립하고, 여기에서 나아가 '충만'과 '진공'을 구분했다. 그리고 충만은 수많은 원자로 이루어지며, 진공 속의 원자 운동은 원자의 무게에 의해 생긴 것으로 가벼운 원자는 바깥으로 향해 공기와 불, 하늘이 되고 무거운 원자는 안쪽으로 모여 대지를 이룬다고 설명했다.

또 그의 이론에 따르면 모든 사물은 일시적인 원자들의 혼합으로 이루어진 반면에 인류는 영혼이 있다. 영혼은 원자들이 만들어낸 것으로, 지구에서 가장 섬세하고 둥근 미립자가 원자를 구성한다. 인간의 몸은 수많은 원자가 결합해 형성된 것이며, 이 원자들이 움직이면서 신진대사가 이루어지고 대뇌가 사고 능력을, 심장은 분노를 표출하는 감각을 주관하는 등 각기 다른 역할을 한다. 기존에는 거시적인 관점에서 철학을 논했다면, 원자론이 발표된 이후로는 조금씩 미시적인 관점에서 접근하기 시작했다. 원자론은 운명론적인 성격을 띠지만, 당대 철학의 사유 수준을 높였고 후대에 물리학이 발전하는 데 든든한 기반이 되었다.

인류는 어떻게 탄생했을까? 이에 대해 데모크리토스는 물체의 표면에는 미세한 것이 있는데, 예를 들면 공기가 매개체가 되어서 우리의 감각 기관을 자극하고 이로부터 청각, 촉각 등의 감각이 생겨난다고 했다. 그의 이론은 '신이 모든 것을 주재한다' 라는 당시의 보편적인 생각에 위배되었으나 후대 유물론의 초석을 마련해주었다.

프로타고라스, "인간은 만물의 척도이다"

기원전 5세기 후반에 아테네에는 다양한 지식을 전달해 시민을 계몽하는 일을 직업으로 삼은 교육자 소피스트들이 대거 등장했다. 그들은 특히 변론술을 열심히 가르쳤다. 당시 변론술은 단순히 문장을 꾸미는 기술이 아니라 시민으로서 행복한 생활을 하기 위해 꼭 필요한 실용적인 기술이었다. 이 밖에도 소피스트들은 천문, 지리, 산술, 수사와 연설에 능했고, 아테네의 민주정에도 적극적으로 참여해서 날카로운 관점을 제시했다. 그들은 대중이 모인 곳에 어김없이 나타나서 촌철살인의 연설을 쏟아냈다. 최초의 소피스트인 프로타고라스는 인간이 사물을 가늠하는 척도이며 신의 존재에 대해서는 불가

▼ 고대 그리스인들은 소피스트의 강연을 듣는 고상한 취미를 즐겼다.

▲ 기원전 399년에 아테네 법정은
소크라테스에게 '신성모독죄'
를 선고했다. 형을 선고받으면
24시간 안에 독약을 먹고 죽어
야 했다. 그림은 소크라테스가
독약을 마신 후 마지막으로 제
자와 동료에게 자신의 생각을
전하는 장면이다.

지론이라는 태도를 취했다. 이것은 인간의 존재를 높이 평가한 것으
로 인본주의 사상과 연관되었다. 그는 더 나아가 "인간은 만물의 척
도이며, 존재하는 것에 대하여는 존재하는 것의, 존재하지 않는 것
에 대하여는 존재하지 않는 것의"라는 말을 남겼다. 이 명언은 후대
에도 전해져 사고의 관점이 자연 중심에서 인간 중심으로 바뀌는 데
매우 큰 영향을 미쳤다.

"지식은 감각이다."라는 프로타고라스의 주장은 인간의 인식이
감각에서 출발하며 이로부터 만물을 판단할 수 있다는 이론이다. 그
는 자신의 이론을 좀 더 쉽게 전달하기 위해 예를 들어서 설명했다.
"사물은 그 자체로 대립되는 부분을 갖는다."에 대해서는 꿀은 달면
서도 씁쓸한 맛이 있다는 비유를 들었다. 달고 쓴 것 모두 인간이 자
신의 감각으로 판단한 것으로, 정상적인 사람이 꿀을 먹으면 달다고
하지만 환자는 쓴 맛을 느낄 수 있다고 했다. 이렇게 한 가지 사물이
라도 대립하는 면이 있기 때문에 개개인의 감각에 따라 다르게 느낄
수 있다는 설명이었다.

아테네의 민주정이 자리를 잡아가면서 철학가들은 공개된 장소에
서 좀더 자유롭게 강연할 수 있었다. 그러나 프로타고라스와 같은

소피스트들은 여전히 보수적인 종교계의 눈치를 살펴야 했다. 종교계는 무신론적 사상을 담은 그의 저서를 몽땅 불태웠고, 사상이 불순하다는 이유로 그를 추방했다. 프로타고라스는 훗날 시칠리아 바다에서 익사했다고 전해진다.

진선미를 추구했던 지성, 소크라테스

델포이 신탁소 비문에 쓰인 "너 자신을 알라."라는 말은 소크라테스가 변론의 근거로 제시했던 구절이다. 모두 알다시피 소크라테스는 위대한 지성이자 서양 철학사에 한 획을 그은 최고의 지성이었다. 그러나 맨발로 거리를 활보하는 등 기이한 행동을 하기도 했다. 소크라테스는 사람들과 철학적인 이야기를 나누는 것을 즐겼는데, 주로 상대에게 먼저 질문을 하고, 여기에서 한발 더 나아가 좀더 어려운 질문을 하는 형식이었다. 그는 이러한 방식을 통해서 상대가 자신의 편협한 생각을 인식하고 이로써 일반적인 진리에 도달할 수 있다고 생각했다. 소크라테스는 항상 자신을 먼저 알고, 상대에 주목하고, 또 사람을 연구하는 문제를 고민했다. 그의 철학 사명이 바로 자신을 알고 선을 구하는 것이기 때문이었다. 그는 '선'만이 영혼을 깨끗하게 정화할 수 있다고 보았으며, 모든 사물의 뿌리는 외부가 아닌 사람의 영혼에 있다고 했다. 그리고 영혼에 대해 깊이 생각하면서 삶의 온당한 방법을 인지하는 것을 지식의 목적으로 삼았다.

▼ 아카데메이아를 그린 벽화
사람들의 몸짓을 제각기 생동감 넘치게 표현했고, 북적이는 당시의 분위기도 잘 전달했다. 토론하며 걸어가는 플라톤과 아리스토텔레스의 모습이 특히 인상적이다.

소크라테스는 평생 미덕에 주목했다. 그는 미덕은 지식의 일종이며, 이 둘은 불가분의 관계라고 말했다. 다시 말해, 인간의 미덕은 지식에서 출발했으며 지식을 깨우치지 못하는 사람은 영원히 미덕이 무엇인지 알 수 없다고 했다. 지식과 미덕은 교육을 통해서만 체득할 수 있는 것으로, 교육에 몸담은 사람들인 소피스트들은 사명감을 가지고 미덕과 지식을 널리 전파해야 하며 이것이 진정한 소피스트를 가늠하는 척도라고 주장했다. 소크라테스는 "나는 정신적 사고를 돕는 사람이다."라는 말을 몸소 실천했으며 철학적 사유 방법을 통해 대중의 선함과 용기를 키우기 위한 계몽에도 앞장 섰다.

소크라테스는 아테네의 대표적인 지성으로 정치인을 포함해 상당히 많은 제자를 배출했다. 그러나 비극적인 운명을 타고난 듯 소크라테스는 독약을 선고받고 처형당했다.

기원전 399년에 아테네 정부는 신을 부정하고 젊은이들을 타락시켰다는 이유로 소크라테스를 고소했다. 법원이 그에게 사상을 포기하지 않으면 독약을 택해야 한다고 압박하자, 신념이 확고한 소크라테스는 결국 죽음을 선택했다.

플라톤, 이데아설을 제창한 철학의 왕

아테네 명문가에서 태어난 플라톤은 소크라테스의 제자였다. 그러나 소크라테스가 사형당하는 것을 보고 정계 진출에 대한 미련을 버렸고, 아테네를 떠나 이집트와 시칠리아 섬을 떠돌아다녔다. 기원전 387년에 불혹이 된 플라톤은 고향으로 돌아와서 아테네 근교에 학원 아카데메이아를 세우고 각지에서 청년들을 모아 연구와 교육에 전념했다. 아카데메이아는 플라톤이 죽은 후에도 900여 년 동안 유지되었다.

플라톤은 유명한 이데아론을 남겼다. 시간과 더불어 변하는 일 없이 동일한 것으로서 머무는 영원 불변한 것이 바로 이데아이다. 그는 《파이돈》에서 '미'에 대해 이렇게 설명했다. 아름다움은 미 자체에 있으며, 사물마다 이데아가 다르고, 선의 이데아가 모든 만물의 목적이다. 이데아는 영원하고, 초세계적이며, 진실한 존재이고, 궁극의 진실을 추구하는 철학의 가장 큰 목적이다.

《국가》는 플라톤의 대표작이자 서양 최초의 정치서였다. 《국가》는 이상적인 국가의 모습을 제시하면서 신분을 3단계로 구별했다. 제1 신분인 국가 지도자는 철학가가 맡고, 덕망 있는 무사는 제2신분, 그리고 농민과 수공업자, 상인 등은 절제와 미덕이 필요한 제3신분으로 구분했다. 유토피아적인 플라톤의 국가론은 현실성이 떨어지긴 했으나 후대 철학자들에게 큰 영향을 끼쳤다.

신께서 보우하사 신에 대한 숭배와 기도

고대 그리스인들은 신에게 최고의 예를 갖추고 기도를 올렸다. 서양에서 중요한 행사는 대체로 이렇게 신을 기리는 의식에서 비롯되었다. 예를 들면 올림픽 경기는 신에게 즐거움을 주고자 시작되었는데 시간이 흐르면서 인간들이 서로 승패를 가리는 경기로 변했고, 연극도 술의 신에게 올리던 제사에서 기원했다.

최고의 존재, 신

고대 그리스인들은 최고의 예를 갖추어 종교 의식을 올렸다. 도시 국가에서는 대부분 신당을 두었고 특정한 날에 신에게 제사를 올렸다. 도시국가마다 제례 의식이 조금씩 다르긴 했지만 의식의 순서나 가축을 제물로 올리는 등의 형식은 대체로 비슷했다. 주로 소, 양, 돼지의 피를 제물로 바쳤고, 고기는 잘 조리해서 제사에 참여한 사람들이 나누어 먹었다.

가정에서도 집안에 조그마한 제단을 마련해두고 매일 날이 밝으면 기도를 올렸다. 신은 매우 다양했으며 각자 주관하는 분야가 있었다. 예를 들어 고대 그리스인들은 집안의 어른이 먼 길을 떠나야 하면 여행의 신 헤르메스에게, 출정하기 전에는 전쟁의 신 아레스나 지혜와 전투의 여신 아테나에게 기도했다. 또 도시국가들은 저마다 수호신을 두었고, 사람들도 각자 수호신을 정해서 기도를 올렸다. 제사장은 신도들에게 어떻게 신에게 예를 갖추어야 하는지를 가르쳤다. 고대 그리스인들은 그러한 제례 의식을 철저하게 지켰다. 그렇지 않으면 신의 보호를 받지 못할 것이며 신을 노하게 할 수도 있다고 생각했기 때문이다. 신에 따라서 기도하는 방식도 달랐다. 예를 들어 바다의 신 포세이돈에게는 손가락으로 바다를 가리키며 기도했고, 죽음의 신 하데스에게는 손바닥을 지면으로 향하게 하고 기도했다.

또 '속죄양'이라 불린 의식도 있다. 이는 범죄자나 타지 사람에게 좋은 음식과 값비싼 옷가지를 제공해서 1년 동안 호화로운 생활을 하게 한

▼ 태양신 아폴론의 동상

125

다음, 기한이 되면 그 사람을 죽여서 신에게 그의 피로써 모든 죄를 사하게 해달라고 기원하는 의식이었다.

길흉을 예지하는 신

고대 그리스인들은 선택받은 특별한 사람이 신의 계시를 받을 수 있다고 생각했다. 그런 사람은 제사장이 되어 사람들에게 신의 예시를 전달했다. 또 신에게 기도하고 신의 계시를 듣는 곳을 신탁소라고 했다. 사람들은 신탁소에서 공과 사를 막론하고 모든 어려움과 의문점을 신에게 물었다. 누가 소를 훔쳐갔는지 묻기도 했고, 아이가 친자식이 틀림없는지도 물었다.

제사장은 각자의 방법으로 신의 예시를 전달했다. 예를 들어 그리스 서북부 지역의 제사장은 도토리나무의 나뭇잎이 바람에 흔들리는 소리와 새울음 소리 등 자연의 소리를 듣고 신의 점괘를 해석하여 전달했다. 가장 대표적인 신탁소는 태양신 아폴론을 기리는 델포이 신전이었다. 사람들은 아티카 북서쪽의 파르나소스 산에 있는 델포이 신탁소를 세상의 중심이자 신과 가장 가깝게 만날 수 있는 장소라고 생각했다.

신의 계시를 듣기 위해 고대 그리스인들은 먼 거리도 마다하지 않고 산을 넘고 물을 건너 델포이 신탁소를 찾았다. 일부 도시국가에서는 해마다 이곳에 사자를 보내서 신의 예시를 받들었다. 보통사람이 아폴론을 만나려면 '피티아'를 거쳐야 했다. 피티아는 델포이 신전의 여사제로, 처음에 소녀가 맡았지만 점차 중년 부인이 맡게 되었다.

사람들은 신을 만나기 전에 먼저 태양신에게 헌물을 올렸고, 신과 대면하는 것을 허락받았다. 제단에 산양을 올려놓아서 양이 경련을 일으키면 아폴론의 동의를 얻은 것으로 여겼다. 그러면 그 사람은 제사장을 따라서 신이 있는 동굴로 들어갈 수 있었다.

동굴은 신전의 가장 깊은 곳에 자리했으며, 동굴의 움푹 파인 곳에서 은은한 향의 뜨거운 증기가 뿜어나왔다. 제사장은 이 움푹 파인 곳 위에 의자를 놓고 앉은 다음에 가만히 증기를 맡았다. 그러면 바로 정신을 잃었는데 이것은 태양신 아폴론의 영험함을 나타내는 신호로 여겨졌다. 정신을 잃은 제사장은 신을 자신의 몸에 받아들여 사람들의 질문에 하나하나 답해주었다. 그렇지만 제사장은 의미가 분명하지 않은 말을 했는데, 이것은 아마도 제사장이 일부러 쉽게 알아듣지 못하게 하기 위해서였을 것이라고 추정된다.

신탁소는 신의 뜻을 물으러 온 사람들에게 신탁의 비용을 받는 것 외에 도시국가에서도 일정한 비용을 거두었다. 고대 그리스는 신탁소가 신의 보호를 받는 곳이라고 생각해서 펠로폰네소스 전쟁이 일어나기 전까지는 누구도 이곳을 침범하지 않았다. 그래서 도시국가들은 안전한 신탁소에 국고를 맡기고 이에 대한 비용을 냈다.

이렇게 고대 그리스인들은 신에게 제사를 올리고 신을 숭배하는 것을 최우선으로 생각했다. 국가대사도 제사 형식으로 치렀으며, 정치인들도 먼저 신의 계시를 듣고 정책을 펼쳤다.

◀ 기원전 5세기에 고대 그리스의 한 여인이 제단에 술을 올리는 장면이다.

제 4 장

마케도니아제국

마케도니아 시대, 서광이 비치다 초기 마케도니아

그리스 도시국가들 사이에 내전이 끊이지 않을 무렵, 그 북쪽에서 마케도니아가 힘을 기르고 있었다. 그 후 마케도니아는 잇달아 훌륭한 통치자를 배출하면서 강국으로 성장했다. 한편 그리스 도시국가들은 여전히 목에 힘을 주고 패권을 쥐고는 있었으나, 내부 사정을 들여다보면 오합지졸이 따로 없었다. 그러는 사이에 북방의 강국으로 변신한 마케도니아가 그리스의 정국에 개입하면서 점차 입지를 굳혔다.

비범한 마케도니아인

마케도니아는 고대 그리스의 북동쪽 접경 지역 할리아크몬 강과 악시오스 강이 흐르는 곳에 자리했으며 동쪽으로 트라키아, 서쪽으로 일리리아와 국경을 접했다. 나라를 둘로 구분해서 산간 지역을 중심으로 하는 상부 마케도니아, 에게 해에 인접한 하부 마케도니아로 나뉘었다. 하부 마케도니아는 그리스 도시국가들과 왕래가 잦아서 마케도니아의 정치, 경제, 문화 중심지였다.

▼ 마케도니아제국의 금잔

기원전 3,000년부터 도나우 강 하류와 발칸 반도 일대에 거주하던 고대 그리스인들이 그리스 반도 북부로 이주해 왔고, 점차 남쪽으로 터전을 옮겨 갔다. 그중 도리스인이 그리스 북부에 남아 일리리아인, 트라키아인과 결혼하고 동화되면서 마케도니아 민족을 형성했다. 마케도니아는 언어와 풍속이 그리스와 완전히 달랐다. 고대 그리스인들은 자신들의 문화를 최고로 여겨서 마케도니아 문화는 문화가 아니며 마케도니아인은 야만족이라고 비하했다. 그러나 기원전 4세기 말에 고대 그리스에서 전혀 예상치 못한 일이 일어났다. 마케도니아가 고대 그리스를 정복한 것이다!

기원전 6세기 후반에 마케도니아는 상, 하부 마케도니아를 통일시키고 군주제를 실시했다. 이렇게 해서 거대한 마케도니아제국이 탄생했지만, 이들은 언어와 신앙이 완전히 달라 서로를 이방인 취급했다.

기사회생한 마케도니아

기원전 6세기부터 기원전 5세기까지 마케도니아는 혼란과 분쟁으로 얼룩졌다. 일리리아와 트라키아 사이에 자리한 마케도니아는 걸핏하면 외부의 침략을 받았고, 트라키아를 정복한 페르시아의 다리우스 1세가 기원전 6세기에 고대 그리스와 마케도니아를 지배하려는 마음을 품었다. 이에 마케도니아의 아민타스 1세는 피의 전쟁을 막기 위해 페르시아에 순종할 것이며 조공을 바치겠다고 선언했다. 이렇게 해서 마케도니아는 페르시아의 속국으로 전락했다.

시간이 흘러 기원전 480년에 다리우스 1세의 아들 크세르크세스가 그리스를 침략하자 마케도니아도 페르시아를 도와서 그리스를 공격했다. 그러나 페르시아는 그리스의 최정예 부대와 맞붙어 패배의 쓴잔을 마셨다. 이후 그리스 도시국가들은 페르시아를 도운 마케도니아를 철천지원수로 생각했고, 마케도니아인을 모두 그리스 밖으로 추방했다.

마케도니아와 고대 그리스는 정치적 문제로 팽팽하게 신경전을 벌이기도 했지만, 그런 와중에도 무역은 활발하게 진행되었다. 알렉산드로스 1세는 그리스 도시국가들의 적대감을 누그러뜨리고자 자신이 도리스인의 한 지파인 아르고스의 후예라고 말하고, 당시 마케도니아가 페르시아에 진정으로 복종한 것이 아니라고 재차 강조했다.

마케도니아의 초기 발전

아테네는 페르시아 전쟁 이후 더욱 강해진 국력을 바탕으로 최고의 전성기를 누렸다. 반면에 스파르타는 열세를 면치 못했고, 마케도니아는 교통의 요지인 항구가 없어서 발전 기회를 번번이 놓쳤다. 그래서 마케도니아의 역대 왕들은 아테네, 스파르타와 관계를 잘 유지해서 실속을 차렸다.

알렉산드로스 1세가 죽은 뒤 그의 아들 페르디카스가 왕위를 계승했다. 아테네가 최고의 전성기를 누리던 시기에 마케도니아는 아테네와 동맹을 맺기는 했으나 여전히 지난날 갈등의 골에서 벗어나지 못했다. 페르디카스는 아테네와 돈독한 관계를 맺어 마케도니아의 이익을 챙기고 싶어하면서도 그들에게 완전히 굴복하는 것은 원하지 않았다. 그래서 펠레폰네소스 전쟁이 벌어졌을 때 마케도니아는 스파르타의 편에 서서 아테네의 전략적 요충지를 공격했다. 그 후 시간이 흘러 마케도니아와 아테네는 관계를 회복하고 평화 조약을 맺었지만, 마케도니아는 또다시 아테네에 등을 돌렸다. 이렇게 마케도니아와 아테네 사이에는 아슬아슬한 줄타기가 계속되었다.

기원전 413년에 아르켈라오스가 마케도니아 왕으로 추대되었다. 그는 연해 지역의 펠라를 도읍으로 정하고, 그리스 도시국가와의 교류를 확대했다. 특히 고대 그리스의 철학자와 시인, 예술가들을 펠라의 궁으로 초청해서 극진히 대접했다. 고대 그리스의 3대 비극 시인인 에우리피데스도 국빈 대접을 받았다고 전해진다. 아르켈라오스는 행정과 군사, 무역, 문화 등 다양한 분야에서 눈부신 성과를 거두며 마케도니아의 발전을 이끌었다. 오늘날의 올림픽 경기도 아르켈라오스의 작품이다.

기원전 399년에 아르켈라오스 1세가 암살당한 후 마케도니아는 오랜 시간 혼란에 빠졌다. 이후에도 왕들이 계속해서 등장했지만, 모두 얼마 못 가서 다음 왕에게 왕위를 내주었다. 기원전 393년에 왕위에 오른 아민타스 3세도 20여 년 동안 왕위를 지켰지만 끝내 죽음을 맞이했다. 그는 세 아들을 두었는데 알렉산드로스 2세와 페르디카스 3세, 그리고 필리포스 2세였다. 아민타스 3세에 뒤를 이어 왕위에 오른 알렉산드로스 2세가 섭정으로 있던 프톨레미에 의해 암살당하자 페르디카스 3세가 프톨레미를 죽이고 왕위에 올랐다. 그러나 페르디카스 3세도 기원전 359년에 벌어진 일리리아의 바르디리스 전투에서 전사했다. 그리하여 아민타스 3세의 삼남 필리포스 2세가 그 뒤를 이어 마케도니아의 왕이 되었다. 필리포스 2세는 3년 동안 볼모가 되어 테베에서 지냈기에 당시 아무도 그가 마케도니아의 새로운 왕으로 추대될 것이라고는 예상하지 못했다.

위대한 전략가 필리포스 2세

필리포스 2세는 전략의 대가였다. 영국의 역사학자 웰즈는 그를 이렇게 평가했다.
"그렇다. 필리포스 2세는 위대한 정치인이자 외교의 달인이었다. 국내 질서를 안정시키는 동시에 대외 정책에 주력해서 부국강병을 이루었다."
필리포스 2세는 강한 군대를 이끌고 마음먹은 곳은 전부 점령했다. 그리고 차곡차곡 부를 쌓아서 페르시아 못지않은 탄탄한 경제력도 갖추었다. 이렇게 마케도니아는 국내외적으로 모두 최고의 전성기를 누렸다.

고대 그리스 문명의 계승자

고대 그리스인들은 마케도니아를 '야만인의 나라'라고 불렀다. 그 기원은 고대 그리스인들이 필리포스 2세의 정복을 향한 끝없는 야망을 확인한 후부터였다. 필리포스 2세는 어린 시절에 테베의 인질로 잡혀갔는데, 그곳에서 고대 그리스 문명을 접하고 그리스의 전략가이자 외교대사인 에파미논다스의 가르침을 받았다. 이렇게 훌륭한 교육을 받으며 성장한 필리포스 2세는 군사와 외교 면에서 남다른 면모를 보였다. 테베군 지휘관 팜메네스의 집에 머무를 때에는 그의 한 마디 한 마디를 꼼꼼히 기록해두었다가 이를 바탕으로 마케도니아식 팔랑크스를 탄생시켰다. 또 테베에서 생활한 경험을 바탕으로 고대 그리스 도시국가들의 사정을 훤히 파악해 그들과의 전쟁에서 유리한 고지를 선점할 수 있었다. 전통 그리스식 교육을 받은 필리포스는 웅변을 잘했고 문화적 소양도 뛰어났다. 또 그리스인들과 함께 올림픽 경기를 즐겼고 전차 게임에 출전해서 우승을 차지하기도 했다. 이때를 기념하기 위해 가지고 있던 동전을 꺼내서 우승한 날짜를 새겼다는 기록이 전해진다. 비극의 대가 에우리피데스와 예술가 크세르크세스를 펠라의 궁으로 초청해서 성대한 연회를 베풀었다.

▼ 마케도니아의 금단도

마케도니아제국의 부상

기원전 364년에 마케도니아로 돌아온 필리포스 2세는 형 페르디카스 3세가 전쟁에서 전사하자 새로운 왕으로 추대되었다. 당시 마케도니아는 지난 십여 년에 걸친 왕실의 권력 투쟁으로 초토화된 상태였다. 게다가 주변의 도시국가들이 이미 종이 호랑이 신세로 전락한 마케도니아를 침략할 기회만을 호시탐탐 노렸다. 실제로 파이오니아와 트라키아가 마케도니아 동부 지역을 정복하고 아테네도 메토니 해안을 점령했으나, 마케도니아는 경제력으로나 국력으로나 주변의 적들을 상대할 여력이 없었다.

그런 마케도니아에 구원 투수가 나타났다. 필리포스 2세의 외교력이 빛을 발한 것이다. 그는 먼저 파이오니아와 트라키아에게 거금을 건네고, 이후로 해마다 섭섭하지 않을 만큼 조공을 바치겠다고 회유책을 써서 적들을 진정시켰다. 그런 동시에 조용히 군대를 재정비하며 적이 잠잠해질 때를 기다렸다가 아테네의 무장 보병 3,000명을 격파했다.

필리포스 2세는 왕위에 오른 초기에 주변국들과 혼인 동맹을 맺어서 갈등을 누그러뜨렸고, 강한 세력을 바탕으로 영토를 확장했다. 필리포스 2세는 데르다스와 마카타스의 누이인 필리아와 일리리아 출신의 아우다타와 결혼했다. 또 테살리아까지 영토를 확장하기 위해 테살리아의 니케시폴리스라는 여인과 라리사 출신의 필리나와도 결혼했다. 그중 가장 중요한 결혼은 물론 몰로시아왕국의 올림피아스를 아내로 맞은 것이었다. 이 올림피아스가 바로 훗날 대제국을 이룬 알렉산드로스 대왕을 낳았다.

▼ **마케도니아 필리포스 2세의 두상**
필리포스 2세는 어린 시절에 테베에 인질로 잡혀갔다. 그러나 당시의 경험이 아들 알렉산드로스에게 그대로 전해져 대제국 마케도니아를 세울 수 있게 한 토대가 되었다.

필리포스 2세는 국력을 키워 새로운 마케도니아를 세우는 데 온 힘을 기울였다. 그러려면 그동안 막강한 권한을 누려 온 부족 귀족들의 세력을 약화시킬 필요가 있었다. 필리포스 2세에게는 사람을 매료시키는 힘이 있었다. 그는 이민족 병사를 모집하기 위해 땅과 전리품을 주겠다는 솔깃한 조건을 제시했고, 귀족들의 세력을 약화시키기 위해 이른바 '시종' 제도를 도입했다. 시종 제도란 귀족 자제들이 왕실에서 교육받는 제도로, 훈련을 마치면 왕의 곁을 지켜야했다. 필리포스 2세는 이렇게 되면 귀족들이 감히 친자식이 모시는 왕을 위협할 수 없다고 생각했던 것이다. 그리고 화폐 개혁을 단행해서 무역도 발전시켰다. 마케도니아는 점차 영토를 확장하면서 노

다지 금광을 점령했고, 세금도 많이 거두어 나라 살림은 점점 풍족해졌다.

무엇보다 마케도니아식 팔랑크스를 도입하여 군사력도 막강해졌다. 마케도니아식 팔랑크스는 테베 팔랑크스의 업그레이드 버전으로, 긴 창으로 무장한 중장기병과 가볍게 무장한 경장보병을 적절히 배치해서 기동력을 강화했고 그리스 명장 에파미논다스의 사선 진전법을 정비해서 빈틈을 없앴다. 또한 필리포스 2세는 해군 양성에도 만전을 기했다.

필리포스 2세가 왕위에 오른 지 20여 년이 지났을 때 조그만 '야만인의 나라' 마케도니아는 어느새 부국강병을 이룬 강한 실력자로 거듭났다. 그러자 필리포스 2세는 더욱 큰 꿈을 품고 계속해서 영토를 확장하는 데 주력했고, 혼인 동맹을 계속 유지하며, 그리스의 저명 인사들을 모셔오기 위해 거금을 제시하기도 했다. 또 다른 나라의 반정부 시위자들을 물밑 지원해서 손 한 번 까딱하지 않고 경쟁 국가들을 쇠락의 길로 몰고 갔다. 필리포스 2세는 페르시아에서 망명한 안티파트로스를 극진히 대접하고 생활하는 데 불편함이 없도록 자금도 충분히 지원했다. 그가 페르시아로 돌아갔을 때에도 그를 잘 보살펴준 데 대한 보상을 원하지 않았는데, 이에 감동한 페르시아는 마케도니아의 든든한 동맹국을 자처했다. 페르시아는 적어도 필리포스 2세가 왕위에 있을 때까지는 마케도니아와 좋은 관계를 유지했다.

기원전 338년에 마케도니아 대군과 그리스군 연합군이 카이로네이아에서 전쟁을 벌였다. 이 전쟁이 필리포스 2세의 대승으로 막을 내리면서 고대 그리스 도시국가들의 정치적 독립은 완전히 물거품이 되었다. 이듬해인 기원전 337년에 코린토스에서 스파르타를 제외한 고대 그리스 도시국가들의 연맹 총회가 열렸다. 필리포스 2세는 이 총회에 참석해서 헬라스 동맹이라고도 불리는 코린토스 동맹을 선포했다. 이 동맹을 통해 먼저 고대 그리스의 여러 도시국가를 통합하고, 맹주국인 마케도니아에 대한 각 도시국가의 의무를 규정했다. 코린토스 동맹은 마케도니아가 고대 그리스를 점령했다는 상징적인 의미였다.

필리포스 2세의 무덤

1977년에 마케도니아의 베르기나에서 중대한 발굴이 있었다. 마케도니아 왕 필리포스 2세의 무덤이 모습을 드러낸 것이다. 무덤 안에는 눈부시게 화려한 금은보화와 장례 집기들이 있었고, 대리암으로 만든 유골 단지 라르낙스 안에는 화려한 도안이 그려진 왕관과 장식품이 들어 있었다. 당시 고고학자들은 왕릉의 주인을 밝히려고 두개골에 실제 근육을 이식하는 원형 복원 작업을 했다. 그 과정에서 두개골 오른쪽의 얼굴 부위가 심하게 변형되었다는 것을 발견하고, 생전에 얼굴 부위에 큰 손상이 있었다고 추정했다. 전해지는 바로는 필리포스 2세는 1차 전투에서 오른쪽 안구를 잃었고 두개골에 심한 타격을 입었다. 그러한 그의 모습은 조각이나 그림에도 표현되었다. 고고학자들은 여러 사료를 종합해서 이 두개골이 필리포스 2세의 것이라고 결론을 내렸다.

위대한 아버지와 비범한 아들

필리포스 2세는 역대 최고의 군주로 평가된다. 그의 원대한 이상과 비범한 능력은 아들 알렉산드로스 3세에게 그대로 전수되었다. 필리포스 2세는 아들의 재능이 남들보다 월등하다고 생각해 테베에서 박학다식한 여선생을 초빙해 아들의 교육을 맡기고 최고의 교육 여건을 마련해주었다. 알렉산드로스의 교육과 관련하여 전해지는 일화가 있다. 알렉산드로스는 부친과 주변사람들이 말리는데도 미처 날뛰는 망아지와 겨뤄서 순식간에 망아지를 제압했다. 그러자 필리포스 2세는 잘 자라 준 아들이 정말 대견해서 감격에 겨워 눈물을 흘렸고, 아들에게 축하 키스를 하며 이렇게 말했다.

"아들아, 더 큰 꿈을 품어라. 여기 마케도니아는 너의 꿈을 이루기에는 너무나 작구나!"

이 일 이후 필리포스 2세는 일반 교사들은 자신의 아들을 잘 가르칠 수 없을 것이라고 생각했다. 그렇게 고심하던 끝에 그는 유명한 철학자 아리스토텔레스를 아들의 스승으로 초빙했다. 열세 살 때부터 3년 동안 아리스토텔레스에게서 가르침을 받은 알렉산드로스는 열여섯 살 때 이미 일부 국정 문제를 처리했고 직접 명령을 내리기도 했다. 그의 원대한 꿈인 아시아, 아프리카, 유럽 대륙을 잇는 거대한 통일 제국을 세우기 위한 기반을 다지게 해준 것이다.

죽음을 둘러싼 의혹

코린토스 동맹이 맺어진 이후 기원전 336년에 페르시아는 내란이 일어나고 속국인 이집트와 바빌로니아에서 잇달아 시위가 벌어지면서 조금씩 쇠락해 갔다. 필리포스 2세가 그러한 페르시아에 전쟁을 선포했으나, 그해 가을에 그가 암살당하면서 이 계획은 물거품이 되었다. 당시 필리포스 2세의 죽음은 아직도 풀리지 않는 수수께끼로 남아 있다.

기원전 336년 여름의 마케도니아 펠라 궁, 필리포스 2세의 딸인 클레오파트라와 그가 왕으로 세운 알렉산드로스 1세의 결혼식으로 궁전 안은 분주한 모습이었다. 온 궁전이 화려하게 물들었고 화기애애한 분위기 속에서 혼례를 준비했다. 필리포스 2세도 명절에나 입는 순백색 천을 걸치고 딸의 결혼을 축하하기 위해 이동하려던 참이었다. 고대 그리스의 저명인사들도 속속 성에 도착했다. 필리포스 2세가 하객들의 축하를 받으며 식장에 입장했을 때, 호위대에서 갑자기 누군가가 뛰어 나왔다. 그는 필리포스 2세를 가로막고 재빠르게 긴 검을 꺼내서 왕의 가슴을 깊숙이 찔렀다. 순식간에 벌어진 일이라 아무도 자객을 막지 못했다. 필리포스 2세는 그 자리에서 고꾸라졌고 식장은 그의 피로 물들었다. 자객은 파우사니아스라는 귀족 출신 청년이었다. 임무를 완수한 후에 그는 말을 타고 달아났지만, 도주하다가 창에 맞아 죽었다고 전해진다. 파우사니아스는 필리포스 2세의 숙부인 아틀라스에게 깊은 원한이 있었는데, 이 청년은 결국 철천지원수를 대신해서 필리포스 2세에게 그 원한을 풀어버렸다. 혹시 누군가의 사주를 받고 암살한 것은 아니었을까? 여기에는 학자들의 의견이 분분했다. 마케도니아제국에서 필리포스 2세의 중앙집권 통치에 불만을 품고 암살을 사주했다는 설이 있는가 하면, 고대 로마의 그리스계 역사학자 플루타르코스는 아들 알렉산드로스 대왕이 아버지의 살해 음모를 꾸몄다고 말했다. 암살 직전에 필리포스 2세의 결혼 문제로 부자 간에 사이가 좋지 않았는데, 필리포스 2세는 결혼을 못하게 되자 모든 화근을 아들에게 돌렸다. 그래서 알렉산드로스 대왕이 페르시아에 아버지의 암살을 사주했다는 주장이다.

◀ 델포이의 아폴로 신전
그리스 중서부의 파르나소스 산 중턱에 걸쳐 있는 이 신전의 주변에는 올리브 나무가 울창하게 군락을 이루고 있다. 고대인들은 이곳을 옴팔로스라고 부르며 세계의 중심으로 생각했다.

최고의 지성 아리스토텔레스

플라톤의 수제자, 알렉산드로스 대왕의 스승, 위대한 철학자, 혜안을 갖춘 지성…, 그 어떤 말로도 아리스토텔레스를 완벽하게 표현할 수 없을 것이다. 모든 학문을 두루 섭렵했던 아리스토텔레스는 실로 놀라울 만큼 많은 업적을 남겼다.

플라톤의 수제자

아리스토텔레스(기원전 384~기원전 322)는 고대 그리스 북부의 작은 마을 스타게이로스에서 태어났고, 아버지는 마케도니아의 왕실 어의였다. 기원전 367년에 열일곱 살의 아리스토텔레스는 플라톤의 아카데메이아에 들어가 공부를 시작했다. 이후 스승 플라톤이 죽기 전까지 20여 년 동안 아카데메이아에 머무르면서 그는 매일 밤낮을 가리지 않고 심오한 사상을 공부했다.

플라톤은 수많은 제자를 두었는데 그중에서 아리스토텔레스가 단연 돋보였다고 전해진다. 아리스토텔레스는 스승 플라톤을 진심으로 존경했지만, 학문에서는 스승과 생각이 달랐다. 그는 이렇게 말한 적도 있었다.

▼ 필리포스 2세는 아리스토텔레스에게 아들의 스승이 되어 달라고 청했다. 기원전 343년부터 3년 동안 아리스토텔레스는 당시 열세 살 소년 알렉산드로스의 교육을 맡았다.

"나는 스승을 존경한다. 그러나 진리를 더 사랑한다!"

아리스토텔레스가 아카데메이아에서 공부하는 동안 사제 간에는 학문을 둘러싸고 팽팽한 설전이 벌어졌고, 시간이 흐를수록 두 사람 간에 갈등의 골이 더욱 깊어졌다. 아리스토텔레스는 "지혜는 플라톤에 의해 묻힐 수 없다."라는 의미심장한 말을 남겼다.

기원전 347년에 플라톤이 죽자 아리스토텔레스는 아카데메이아를 떠났다. 그리고 곳곳을 떠돌며 사람들을 계몽하는 연설을 했는데, 촌철살인의 연설을 들은 사람들은 한결같이 그를 언어의 달인이라고 칭송했다.

위대한 스승의 생애

기원전 343년에 아리스토텔레스는 필리포스 2세의 청을 받아들여 그의 아들 알렉산드로스의 교육을 맡았다. 필리포스 2세는 아리스토텔레스를 극진하게 대접했다. 처음에 아리스토텔레스에게 정중한 서한을 보냈는데, 아리스토텔레스에 대한 경의와 존경, 그리고 아들의 교육을 맡아준다면 신께 감사를 드리겠다는 내용이 적혀 있었다.

아리스토텔레스는 13세 소년 알렉산드로스와 어떻게 공부했을까? 이에 대해 학자들은 다양한 의견을 제시했다. 아리스토텔레스를 스승으로 모셨기 때문에 알렉산드로스가 불후의 업적을 남길 수 있었다는 설이 있는 반면, 알렉산드로스가 고집이 너무 센 나머지 스승의 가르침을 받아들이지 않았다는 설도 있다. 그러나 결과를 떠나 알렉산드로스는 아리스토텔레스를 존경했고, 두 사람은 사제지간을 뛰어 넘어 돈독한 우정을 쌓았다.

기원전 336년에 알렉산드로스가 마케도니아의 왕위에 오르자 아리스토텔레스는 이듬해인 기원전 335년에 아테네로 돌아가서 동부의 리케이온에 자신의 학교를 세웠다. 아리스토텔레스의 학교는 알렉산드로스 3세, 즉 알렉산드로스 대왕의 전폭적인 후원을 받아 당시 최고 수준의 도서관과 동물원, 식물원을 두었다. 또 알렉산드로스 대왕은 동식물의 표본을 채집할 전문 인력을 보내서 스승이 생물 표본 연구실을 세울 수 있도록 도왔다.

기원전 323년에 알렉산드로스가 죽은 뒤 아테네에서는 반마케도니아 시위가 봇불을 이루었다. 이때, 사람들은 아리스토텔레스가 마케도니아 왕과 돈독한 관계라는 것을 이유로 그에게 '신성모독죄'를 씌웠다. 아리스토텔레스는 결국 이 일로 처형당했고, 그의 학교는 다른 사람에게 넘어갔다.

시대의 지성, 사상의 대가

아리스토텔레스는 걸어 다니는 백과사전 같은 사람이었다. 그는 생전에 저서 400여 권을 남겼으며, 시간이 흘러 많이 유실되기도 했지만 현존하는 작품만으로도 그가 얼마나 대단한 사람인가를 확인할 수 있다. 대표작으로 《형이상학》, 《윤리학》, 《정치학》, 《시학》, 《물리학》, 《기상학》 등이 남아 있다.

아리스토텔레스는 특히 철학의 대가로, 그의 철학 이론은 후대에 《형이상학》으로 발전했다. 그는 스승 플라톤의 비물체적인 이데아의 견해를 비판하고 본질을 중시하는 실체를 중시했으며, 본질은 실체와 분리될 수 없고 진정한 깨달음은 경험을 통해 얻을 수 있다고 주장했다.

아리스토텔레스는 처음으로 형식논리학, 즉 삼단 논법[9] 이론을 정립하는 데 크게 이바지했다. 이 밖에도 철학과 과학 분야에서 수많은 명언을 남기고 여러 방법론, 원리, 학문의 범주와 형식 등을 정립했다. 오늘날의 철학과 과학에서도 그의 이론을 기본 개념으로 사용한다.

천문학에서는 지구가 우주의 중심이고, 고정되어 있어서 움직이지 않으며, 지구의 둘레를 태양, 달, 행성들이 각기 고유의 궤도를 타고 공전한다는 천동설을 주장했다.

교육에서는 사람은 자라면서 때에 맞게 배워야 한다는 자유교육론을 내세웠다. 다시 말해, 아리스토텔레스는 교육의 단계를 세 단계로 구분해서 연령에 맞게 체육, 도덕, 예술 등 어느 한쪽으로 편중되지 않고 다양하게 배워야 한다고 말했다.

그의 사상은 서양에서 천 년이 넘는 긴 세월 동안 주요 사상으로 인정받으며 중세에는 기독교 사상의 기원이 되는 등 서양 문화에 큰 영향을 미쳤다.

▼ 아리스토텔레스는 철학, 정치, 경제, 윤리, 생물, 화학, 논리, 심리, 역사, 법률, 미학 등 다방면에 박학다식한 인물이었다.

---

9) 2개의 전제와 1개의 결론으로 구성되며 전제와 결론의 형식에 따라 4가지 형식으로 나눌 수 있다.

백전백승 불패 신화 알렉산드로스 대왕

어린 시절부터 남달랐던 알렉산드로스 대왕은 여러 방면에서 위대한 업적을 남겼다. 특히 전쟁에 능했던 그는 짧은 평생의 대부분을 정복 전쟁에 할애하여 마침내 아시아, 아프리카, 유럽을 잇는 광활한 통일 제국을 세웠다.

알렉산드로스 대왕의 즉위

기원전 356년에 필리포스 2세와 올림피아스 사이에서 알렉산드로스, 즉 훗날의 알렉산드로스 대왕(알렉산드로스 3세)이 태어났다. 그의 유년 시절에 관해 유명한 일화가 전해진다. 아무도 제압하지 못하던 거친 망아지를 알렉산드로스가 단번에 진정시켜서 필리포스 2세가 감격했다고 한다. 열세 살부터는 아리스토텔레스를 스승으로 모시고 많은 가르침을 받았다. 박학다식한 스승과 신비롭고 격정적인 성향인 어머니에게서 많은 영향을 받은 알렉산드로스 대왕은 고대 그리스 문화에 조예가 깊었다. 특히 호메로스의 《일리아스》를 잠들기 전까지 손에서 내려놓지 않았다고 전해진다.

알렉산드로스는 열여섯 살 때부터 아버지를 따라 정복 전쟁에 참여했다. 전쟁이 길어질수록 알렉산드로스의 강인한 의지와 현명한 지략이 돋보였다. 한번은 아버지가 승리했다는 소식을 듣고 알렉산드로스는 아버지의 공을 치켜세우면서도 자신에게 전쟁터에 나갈 기회를 주지 않았다며 서운함을 나타내기도 했다. 그러던 어느 날, 그에게도 절호의 기회가 찾아왔다. 기원전 338년에 벌어진 카이로네이아 전투에서 알렉산드로스는 마케도니아군의 왼쪽 부대를 이끌고 사선 진전법으로 그리스 연합군 정면으로 진격해서 격파하며 전투를 승리로 이끌었다.

알렉산드로스의 뛰어난 지략은 전장에서 빛을 발했고 이와 함께 그의 명성도 점점 높아졌다. 기원전 336년에 필리포스 2세가 암살되자 당시 스무 살이던 청년 알렉산드로스는 마케도니아의 새로운 주인이 되었다.

그리스여, 단단히 준비하라

알렉산드로스 대왕이 왕위에 올랐을 당시 마케도니아는 매우 혼란한 시기였다. 필리포스 2세가 암살되었다는 소식이 전해지자 왕실 내부의 권력 투쟁은 더욱 치열해졌고, 트라키아와 일리리아 등 북방 지역에서 폭동이 끊이지 않았으며, 그리스 도시국가들도 계속되는 혼란과 불안에 하루도 잠잠할 날이 없었다. 스파르타를 제외한 대부분 도시국가는 알렉산드로스의 통치를 받아들였다. 결국 그리스 정복에 성공한 알렉산드로스는 마케도니아로 개선했고, 자신에게 불복하는 귀족을 감옥에 가두거나 유배 보냈다. 또 반란을 진압하기 위해서 반마케도니아 시위가 거세던 트라키아와 일리리아 및 북방 지역에 군대를 보냈다.

그런데 그리스 도시국가들 사이에 알렉산드로스 대왕이 반란을 진압하는 데 실패했으며 이미 전사했다는 유언비어가 빠르게 퍼졌다. 그러자 도시국가들은 기쁨에 취해서 한바탕 축제를 벌이기도 했다. 이윽고 테베에서 제일 먼저 시위가 일어나더니 곧바로 자국에 주둔하는 마케도니아군을 공격했다. 그리고 주변 도시국가에 도움을 요청해 반마케도니아 동맹을 맺었는데, 스파르타를 제외한 대부분 도시국가가 이 동맹에 참여했다.

동맹국들은 계속해서 불협화음을 냈다. 그러나 이때 신의 군대라고 불리던 알렉산드로스의 군대가 이미 테베에 도착한 상황이었고, 그들에게 후퇴란 없었다. 마케도니아군은 계속해서 맹렬한 기세로 진격해 단숨에 테베를 함락했다. 이후 알렉산드로스가 경각심을 높이기 위해 테베의 신을 모시는 제단과 시인 핀다로스의 고향을 제외한 대부분 건축물을 부숴버려서 테베는 이전의 모습을 알아볼 수 없을 정도가 되었다. 테베인들은 대부분이 마케도니아의 노예로 전락했다. 그러자 주변의 도시국가들은 알렉산드로스의 마케도니아군을 공격할 엄두도 내지 못하고 서둘러 항복했다. 알렉산드로스 대왕은 그런 도시국가에 선처를 베풀었다.

그리스에 완벽한 승리를 거둔 알렉산드로스 대왕은 그들의 원한을 달래준다는 명목으로 동방 원정을 시작했다. '그리스의 철천지 원수를 물리치자!'라는 구호 아래 전쟁을 시작한 마케도니아는 그리스인들의 공감을 사면서 자국의 정복 전쟁에 합당한 대의명분을 마련했다.

소아시아 정복

알렉산드로스는 자기 소유의 토지와 재산을 대부분 지인에게 넘기기까지 하며 결전에 대한 굳은 각오를 보였다. 그리고 그리스인이 마케도니아 본국을 도발하지 못하도록 충신 안티파트로스와 일부 부대를 마케도니아에 남겼다.

기원전 334년에 알렉산드로스는 마케도니아 군대를 이끌고 코린토스 동맹군과 함께 펠라를 출발했다. 트라키아와 헬레스폰투스 해협을 지나 유라시아 대륙, 신화 속의 트로이 유적지에 도착하자 알렉산드로스는 아킬레우스의 무덤 앞에 긴 창을 내리꽂으면서 아테네를 바치겠다고 맹세했다. 이것은 자신이 아킬레우스처럼 위대한 업적을 세우겠다는 각오를 다지는 것이었다.

알렉산드로스 대왕이 헬레스폰투스 해협을 건너자 소아시아에 주둔하던 페르시아 사트라프들은 곧바로 멤논이 이끄는 고대 그리스군

▼ 〈알렉산드로스 대왕의 생애〉
(1660~1668)연작 중 일부 장면
프랑스의 샤를 르브룅(1619~1690)이 그린 웅장한 이 작품은 알렉산드로스 대왕이 이끈 마케도니아 군대가 큰 승리를 거두고 바빌론으로 진격하는 장면이다.

보병과 기병 2만 명을 모집해서 마케도니아와의 결전을 준비했다.

지략가인 멤논은 페르시아군이 마케도니아군을 막아내기는 어려울 것이라고 판단했다. 그래서 전면전을 치르기보다는 적의 진입로를 먼저 끊어놓는 편이 낫다고 생각했다. 그러나 페르시아 사트라프는 그리스 출신인 멤논을 믿지 못했고, 자국 군대가 수적으로 훨씬 우월하니 인해전술로 마케도니아를 물리칠 수 있다고 확신했다. 그렇지만 전쟁의 결과는 멤논이 예상한 대로 페르시아의 참패였다. 포로로 잡힌 페르시아 병사 2,000여 명은 이후 평생 족쇄와 수갑을 차고 살아야 했다.

▲ 알렉산드로스 대왕 청동 조각
알렉산드로스 대왕은 천부적인 정치력과 뛰어난 전술로 유라시아와 아프리카를 잇는 대제국을 세웠다.

페르시아군이 참패하자 주변의 도시국가들은 알렉산드로스 대왕이 이끄는 마케도니아를 두려워하기 시작했고, 앞 다투어 백기를 들었다. 사실 소아시아 지역의 도시국가들도 페르시아를 못마땅해했기에 마케도니아가 페르시아와 격전을 벌인다는 소문이 돌자 오히려 기뻐했다. 그러나 그중 밀레투스와 할리카르나소스는 마케도니아에 완강히 저항했다. 할리카르나소스 지역에 주둔하던 멤논은 원래 막강 함대를 움직여 알렉산드로스와 유럽의 관계를 끊고 반마케도니아 정서를 퍼뜨릴 계획이었다. 그러나 멤논이 전쟁터에서 목숨을 잃으면서 그의 원대한 꿈은 물거품이 되어버렸고, 마케도니아는 밀레투스, 할리카르나소스와 격전을 펼친 끝에 반년도 채 되지 않아서 소아시아 전역을 섭렵했다.

페르시아군의 참패

소아시아를 섭멸한 알렉산드로스는 페르시아 함대의 위력을 실감했다. 페르시아는 해상 통제권을 장악하고 있었기 때문에 헬레스폰투스 해협을 수시로 넘나들며 마케도니아의 식량 조달 경로를 차단할 수 있었다. 그렇게 되면 마케도니아는 아시아에서 고립될 수밖에 없었다. 그래서 알렉산드로스는 지중해 남쪽 해안을 따라 시리아와 팔레스타인 해안선을 점령했고, 페르시아의 식민지인 이집트를 침략해서 지중해 연안의 모든 항구를 장악했다. 이로써 마케도니아는 페르시아의 해군 기지를 통제하게 되어 해상 패권도 움켜쥘 수 있었다.

이렇게 되자 페르시아의 다리우스 3세는 알렉산드로스의 영토 확장을 중단시키기 위해 전쟁을 선포했다. 페르시아군은 시리아의 이수스 부근에서 마케도니아군을 추격했다. 이때 다리우스 3세의 군대가 60만이었다는 설과 10만도 채 되지 않았다는 설이 제기되는 등 페르시아의 병력은 정확히 판단할 수 없지만, 한 가지 분명한 것은

◀ 기원전 333년 가을, 알렉산드로스 대왕이 소아시아의 이수스에서 페르시아군에 대승을 거두었을 때의 장면이다. 그림 상단에 전쟁 당시 양 진영의 상황과 사상자 수가 라틴어와 독일어로 기록되어 있다.

페르시아군이 마케도니아군에 비해 수적으로 훨씬 유리했다는 것이다. 그러나 마케도니아군은 수는 적어도 작은 고추가 맵다는 사실을 확실히 보여주는 정예 부대였다. 사실 당시 알렉산드로스에게 가장 큰 고민은 국내의 불안한 상황을 어떻게 안정시키느냐였다. 어느 날 그가 전보를 한 통 받았는데 스파르타와 페르시아 해군이 손을 잡고 대대적인 시위를 준비한다는 내용이었다. 만약 두 나라가 마케도니아 본국을 공격한다면 참담한 결과가 벌어질 것이었다. 그러나 이미 아시아로 멀리 원정을 떠나 온 알렉산드로스로서는 뾰족한 수가 없었다. 그저 아군이 초유의 힘을 발휘해서 스파르타와 페르시아를 멋지게 물리쳐주길 기도할 뿐이었다.

기원전 333년에 이수스에서 마침내 마케도니아와 페르시아 사이에 전투가 벌어졌는데 알렉산드로스와 마케도니아군이 페르시아의 다리우스 3세가 이끄는 대군을 크게 쳐부수었다. 이에 다리우스 3세는 도망쳐서 망명했고, 전쟁터에 따라 온 왕족들은 모두 포로로 잡혔다. 조타수를 잃은 페르시아군은 방향을 잃은 배처럼 뿔뿔이 흩어졌다. 이때, 알렉산드로스 대왕에게 안티파트로스가 이끈 마케도니아군이 스파르타와 페르시아의 음모를 완전히 물거품으로 만들었다는 낭보가 전해졌다.

다리우스 3세는 메소포타미아의 티그리스 강 유역으로 망명했다. 그리고 알렉산드로스에게 서한을 보내 페르시아 왕족을 돌려보내는 것에 대한 협상을 요청했다. 이에 대해 알렉산드로스가 콧방귀를 뀌며 말했다.

"짐은 아시아의 주인이다. 일개 다리우스 3세 따위는 나와 협상할 능력도, 그럴 의무도 없다."

그러자 다리우스 3세는 협상 조건을 다시 제시했다. 인질과 재물을 맞교환하고, 자신의 딸을 알렉산드로스에게 시집 보낼 것이며, 헬레스폰투스 해협에서 유프라테스에 이르는 아시아 지역을 넘겨주겠다는 것이었다. 그러나 알렉산드로스는 여전히 꿈쩍도 하지 않았다. 그는 이런 자투리 땅이 아닌 아시아 전역을 통치하고 싶었다. 시간이 흘러 다리우스 3세 일가는 결국 마케도니아의 인질이 되었으나 알렉산드로스는 그들을 정중히 대했다.

이집트 파라오가 되다

이수스 전투에서 페르시아를 격파한 알렉산드로스 대왕은 다리우스 3세를 더 이상 추격하지 않았다. 그 대신 원래의 계획대로 남쪽으로 내려가며 시돈과 티레 등 페니키아의 해안 도시를 하나하나 점령했다. 티레에서 알렉산드로스는 강력한 저항에 부딪혀 7개월 만에 겨우 승리를 거두었다. 그리고 테베에서는 생존자를 모조리 노예로 팔아버리는 등 유독 잔혹하게 굴었다. 마케도니아는 이렇게 정복 전쟁을 계속한 결과 페르시아 해군 기지를 비롯해 페니키아의 함대 전체를 점령하며 지중해 동부 지역에서 절대적인 패권을 손에 넣었다. 이제 알렉산드로스에게는 해상 공격도 더 이상 위협이 되지 못했다.

알렉산드로스는 순조롭게 이집트에 도착했고 페르시아에서 임명된 이집트의 사트라프는 즉각 항복했다. 이때 이집트는 알렉산드로스 대왕을 구세주로 생각했고, 알렉산드로스도 자신을 환대해준 이집트인에게 회유책으로 화답했다. 알렉산드로스는 6개월 동안 이집트에 머무르면서 가장 먼저 멤피스 묘지를 찾아 이집트의 선조들에게 예의를 갖추었다. 이집트인들은 자신들의 선조에게 존경을 표한 알렉산드로스 대왕에게 호감을 느끼고 무한한 신뢰를 보여주었다. 이후에 알렉산드로스는 리비아 사막에 있는 시와 오아시스의 아몬 신탁소를 찾았는데, 제사장들은 그를 태양신의 아들이라고 칭송하며 극진히 대접했다. 알렉산드로스 대왕도 이집트의 적극적인 환대에 마음이 움직였던 것 같다. 이집트 파라오의 칭호를 흔쾌히 받아들였고, 그동안 이집트에 새로운 도시를 세우기 위해 좋은 위치의 땅을 선택하고 기반 시설을 지었다. 이곳이 훗날 대도시로 발전한 알렉산드리아이다.

페르시아의 멸망

기원전 331년 봄, 마케도니아군은 이집트를 떠나 유프라테스 강을 건너서 메소포타미아에 도착했다. 같은 해 9월에 아시리아 니네베 부근의 가우가멜라에 도착한 마케도니아군과 코린토스군이 페르시아군과 맞닥뜨렸다. 페르시아의 존립에 결정적이었던 전쟁의 서막이 오른 순간이었다.

다리우스 3세는 서둘러 군대를 정비하고 정예병과 아르메니아, 인도 출신 병사들을 모두 소집했다. 알렉산드로스 대왕도 페르시아와의 대결을 위해 만반의 준비를 했다. 당시 마케도니아군은 페르시아군에 비해 병력이 턱없이 부족했다. 그러나 예상 밖의 결과가 벌어졌다. 알렉산드로스의 기병이 다리우스 3세의 진영을 기습하자 몹시 놀란 다리우스 3세는 또다시 줄행랑쳤다. 알렉산드로스는 뛰어난 전략으로 다시 작은 고추의 매운 맛을 톡톡히 보여주었다. 그러자 이미 사기가 꺾인 페르시아군은 앞 다투어 후퇴했고, 도망치던 페르시아 병사들은 뒤를 쫓은 마케도니아군에 의해 목숨을 잃었다. 마케도니아는 병사 백여 명을 잃은 반면에 페르시아는 10만 명 이상 사상자를 내며 가우가멜라 전투는 마케도니아의 대승으로 끝났다.

알렉산드로스의 동방 원정은 계속되어 페르시아의 중심 도시인 바빌론 부근까지 이르렀다. 기원전 330년에 마케도니아군은 바빌론, 페르시아의 수도인 수사와 페르세폴리스를 모두 점령했고, 황금 5,000t을 비롯해 은과 그 밖에 수많은 보석과 재물을 빼앗았다. 이후, 알렉산드로스의 명령으로 페르세폴리스의 왕궁은 화마에 휩싸여 사라졌다. 알렉산드로스가 이 상징적인 건축물을 태워버린 것은 이제 자신이 페르시아의 완전한 주인이 되었음을 만천하에 선포하려는 것이었다.

그 후 알렉산드로스는 다리우스 3세를 생포하려는 계획을 세웠다. 그런데 출발하기 직전에 다리우스 3세가 파르티아 사막에서 친척인 박트리아의 왕 베수스에게 살해당했다는 소식을 접했다. 그러자 알렉산드로스는 군주를 죽인 베수스를 체포해서 처형했다. 그리고 가장 큰 적이었지만 이미 저세상으로 간 다리우스 3세의 장례를 치러주어 그의 넋을 달랬다.

알렉산드로스 대왕의 귀환

다리우스 3세의 죽음은 페르시아의 몰락을 의미했다. 마케도니아는 마침내 광대한 페르시아제국을 지배하게 되었지만 정복을 향한 알렉산드로스 대왕의 야망은 끝이 없었다. 사실 마케도니아군은 당시 지칠 대로 지쳐 기력이 바닥난 상태였다. 그러나 알렉산드로스 대왕은 다시 원정을 떠났다. 그후 3년 동안 마케도니아군은 코카서스와 중앙아시아 일대에서 현지 부족들과 장기전을 펼쳤다. 그 결과 마케도니아군은 큰 타격을 입었으나 박트리아를 점령했고, 알렉산드로스 대왕은 박트리아 왕의 딸을 아내로 맞았다.

기원전 327년에 알렉산드로스 대왕은 인도로 원정을 떠나 대군을 진두지휘하며 카스피 해 동쪽 연안 부근에 도착했다. 그 후 아프가니스탄을 점령하고 마침내는 인도까지 지배했다.

알렉산드로스 대왕은 이제 인더스 강을 따라서 계속 남쪽으로 내려갈 계획이었다. 그러나 병사들은 그와 생각이 달랐다. 오랜 타지 생활로 향수병을 느끼기 시작했고, 인도의 습하고 무더운 날씨 탓에 쉽게 짜증을 내고 포악해졌다. 이러한 여러 가지 복잡한 이유로 알렉산드로스 대왕은 결국 귀환 명령을 내렸다. 돌아가는 여정도 순탄

치만은 않았다. 현지 토착민들의 시위가 빈번했고, 심지어 알렉산드로스 대왕이 목숨을 잃을 뻔하기도 했다. 그렇지만 알렉산드로스 대왕은 모든 어려움을 이겨내고 페르시아의 수도 수사에 도착했다.

기원전 324년 봄, 마케도니아에서 알렉산드로스 대왕이 다리우스 3세의 딸을 왕비로 맞기 위해 대규모의 결혼식을 마련했다. 이때 마케도니아의 장군들은 페르시아 명문가의 규수와 결혼했고, 병사들도 페르시아 부녀자를 아내로 맞았다고 전해진다.

최고의 제국 마케도니아

기원전 324년에 알렉산드로스는 마케도니아제국을 이룩하자 바빌론을 수도로 정하고, 자신을 알렉산드로스 대왕이라고 칭했다. 제국에서는 마케도니아인이 군사 통치권을 장악하고 주요 국

정을 도맡았으며, 일부 페르시아인에게도 국정에 참여할 기회를 주었다.

알렉산드로스는 페르시아인의 민심을 얻어야 했다. 그래서 그들의 생활 풍습과 관례를 존중하고, 전쟁에 나간 병사 중 늙고 부상당한 이들은 귀국하도록 조치했다. 그런데 그가 전혀 예상하지 못한 문제가 불거졌다. 귀국 명령을 받은 병사들이 이것은 알렉산드로스 대왕이 자신들을 쓸모없는 사람으로 생각하는 것이라며 오히려 술렁인 것이다. 그러자 알렉산드로스는 곧바로 이들을 모두 궁으로 초대해 성대한 연회를 베풀어주었다. 연회에서 알렉산드로스 대왕은 이렇게 말했다.

"마케도니아와 페르시아는 한 배를 탄 형제이다. 한 마음 한 뜻으로 힘을 모으고 머리를 맞대 평화로운 세상을 만들어보자!"

기원전 323년 봄, 알렉산드로스는 바빌론에서 새로운 원정 계획을 세우고 제국을 안정적으로 통치하기 위한 구상을 하면서 바쁜 나날을 보냈다. 그해 6월에 갑작스럽게 말라리아가 유행했는데 알렉산드로스 대왕도 이것에 전염되어 열흘이 넘도록 고열에 시달렸다. 그러다가 6월 12일에 알렉산드로스 대왕은 향년 서른셋의 젊은 나이로 세상을 떠났다. 그리하여 그의 원대한 구상은 결국 이뤄질 수 없었다.

전설적인 스승 마케도니아식 팔랑크스

알렉산드로스는 헤라클레스의 후예요, 유라시아 대륙과 아프리카를 잇는 광활한 영토의 주인이었다. 그에게 실패란 없었으며, 가는 곳마다 전설을 남겼다. 남다른 승리 비법이라도 있었던 것일까? 한 치 앞도 예상할 수 없는 전쟁터에서 어떻게 늘 승전고를 올리며 거대한 통일 제국을 탄생시킬 수 있었을까? 알렉산드로스가 그토록 강했던 것은 막강한 팔랑크스 전법 덕분이다.

제국 통일의 일등공신

기원전 359년에 당시 스물셋의 청년 필리포스 2세가 마케도니아의 왕위에 올라 군사력과 외교력을 동원해서 그리스 전역을 지배했다. 그전에 그는 열네 살 때 그리스의 테베에 인질로 잡혀가 생명을 보장받지 못하는 기구한 운명이었다. 그러나 인간만사는 새옹지마라 하지 않던가! 필리포스는 테베에서 지낸 3년 동안 명장 에파미논다스의 최강 전술을 접했다. 에파미논다스는 획기적인 전법을 구상했고, 당시 고대 그리스는 이 전법을 구사해서 스파르타에 큰 승리를 거두었다. 필리포스 2세는 이 명장에게서 기마, 활쏘기 전법은 물론 여러 가지 전술을 배웠다. 그중에서 가장 주목할 만한 것은 물론 팔랑크스[10] 사선 전법이었다. 당시 군대는 보병이 중심이었다. 그러나 인해 전술만으로는 늘 승리할 수 없었기 때문에 이들을 얼마나 효과적으로 배치하는가가 전쟁에서 승패를 좌우했다. 그리스 팔랑크스는 중장보병과 경장보병, 기병, 경기병, 궁수와 창병의 밀집 대형으로 구성되었다. 총지휘관의 명령이 떨어지면, 팔랑크스는 빠르게 25열 종대를 갖추고, 그중 투구와 흉갑, 각반을 착용한 중장기병 8열 종대가 앞쪽에 섰다. 왼쪽의 방패 부대는 중앙을 겹겹이 막아주었고, 오른쪽의 창병들은 위에서 아래로 창을 내리 찍는 공격을 했다. 경보병과 기병은 좌우 양측으로 사선 대열을 만들었다. 이렇게 하면 더 빠르고 강하게 공격의 기동성을 높일 수 있었다. 팔랑크스는 병사들을 빽빽하게 밀집시켜서 마치 철옹성같이 단단해 보였

---

10) 그리스의 팔랑크스는 '아르고스형', 마케도니아의 팔랑크스는 '스파이라' 라고 한다. 한국에서 널리 알려진 팔랑크스는 후자인 마케도니아의 것이다.

고, 맹수의 공격도 거뜬히 막아낼 듯했다. 고대 그
리스의 병사가 사용한 창은 길이가 3m정도였는
데 훗날 필리포스 2세가 길게 늘여서 최대 6.3m
까지 긴 창을 사용했다. 필리포스 2세는 고대 그리
스의 팔랑크스에 매료되어서 언젠가는 자신의 손으로
마케도니아식 팔랑크스 대형을 꾸며 보겠다고 결심했다.
명장 에파미논다스는 오랜 시간 전쟁터에서 풍부한
실전 경험을 쌓았고, 자타가 인정하는 전략가였다. 그
런 그가 필리포스 2세를 가르치는 데 공을 들이자 테
베인들은 반대하고 나섰다. 그들은 에파미논다스
가 호랑이를 키우는 것이 아니냐며 걱정했다.
그러나 에파미논다스는 이에 아랑곳하지 않고
필리포스 2세에게 델포이 신전에 가서 신을 만날 수 있는 기회까지
주었다. 그가 필리포스 2세를 너무 믿었던 것일까? 필리포스는 이
틈을 타 마케도니아로 도망쳤다. 당시 형 페르디카스 3세가 통치하
던 마케도니아는 혼란에 빠져 있었고, 형마저도 기원전 359년에 일
리리아의 바르디리스와의 전투에서 사망했다. 이는 막 귀국한 필리
포스 2세에게 커다란 충격이었다. 그러나 행운의 여신은 필리포스
의 편이었다. 그는 이후 마케도니아, 트라키아, 소아시아에서 군사
를 모집하고 그리스에서 배워 온 팔랑크스 전법과 자신의 탁월한 전
술 능력을 발휘해서 아름다운 발칸 반도의 상, 하부 마케도니아를
통일했다.

▲ 투구
알렉산드로스 사병은 투구 주
위에 파란색 챙을 두른 투구를
착용했다.

마케도니아식 팔랑크스, 스파이라

마케도니아의 왕위에 오른 필리포스 2세는 명장 에파미논다스의
팔랑크스를 개량했다. 이렇게 해서 탄생한 마케도니아식 팔랑크스
는 횡대와 종대에 각각 16명씩, 즉 256명을 기본 단위로 했다. 그리
스는 2m 길이의 창인 도리를 사용했지만, 마케도니아는 창대 길이
가 4~6m, 창끝 길이만 0.5m나 되는 장창 사리사를 사용했다. 마케
도니아군은 서넛이 같이 붙잡고 쓰는 공동의 무기 사리사를 들고 적
에게 접근해서 거리가 가까워지면 앞의 서너 열이 창을 밑으로 향하
는 대신 뒤쪽 열의 창병이 창을 들고 힘껏 앞으로 내질렀다. 이때 모
두 한꺼번에 창을 내지르는 것은 아니었다. 짝수와 홀수 대열이 한

번씩 번갈아가면서 내지르고 당기고를 반복했다.

　이렇게 그리스 팔랑크스를 응용해 마케도니아식 팔랑크스를 완성
한 필리포스 2세는 천군만마를 얻은 듯 안심할 수 있었다. 필리포스
2세는 팔랑크스 4개 부대에 각기 지휘관과 그 휘하의 병사 3만을 두
었다. 당시 보병이 중심이었다고는 하나, 단순히 보병으로만 팔랑크
스를 구성했다면 밀물처럼 몰려드는 적을 효과적으로 막아낼 수 없
었을 것이다. 마케도니아식 팔랑크스는 여러 분과의 병사들을 집합
해서 대형을 이루었다. 필리포스 2세는 수적으로는 열세를 보였지
만 여러 돌발 상황에서도 민첩하게 대응할 수 있는 정예 부대를 키
워냈다. 각종 무기로 무장한 병사 256명과 기병, 보조병을 두었으
며, 기병 부대가 팔랑크스의 좌우 날개를 맡아 빠르게 적군을 공격
했다. 필리포스 2세는 막강 팔랑크스를 앞세워서 잇따라 승전보를
전했다. 그리고 동시에 마케도니아의 국내 상황을 안정시킨 후 차근
차근 힘을 키웠다. 그런 다음 먼저 일리리아를 공격해서 후방의 접
경 지역을 점령했고, 계속 남쪽으로 내려가서 트라키아와 헬레스폰
투스 해협을 공격했다. 기원전 357년에 필리포스 2세는 올림피아스
를 아내로 맞으며 에피루스와 동맹을 맺었다. 또 팔랑크스를 구사하
여 발칸 반도 북부 지역을 평정했다. 이제 필리포스 2세는 고대 그

리스를 지배하겠다는 목표를 세우고 그들의 내란에 본격적으로 개입했다.

기원전 356년에 필리포스 2세가 이끄는 마케도니아군이 카이로네이아 전투를 치를 때였다. 당시 그의 아들 알렉산드로스가 뜻밖의 선전을 펼치며 눈부신 활약을 했다. 얼마 후 필리포스 2세가 암살되자 당시 갓 스무 살이던 알렉산드로스가 마케도니아의 왕위를 계승했다. 알렉산드로스는 어린 시절부터 선친에게서 군사 전술 및 행정 같은 실무를 많이 익혔으며, 타고난 전략가이자 정복을 향한 야망이 누구보다 대단했다. 이때부터 십여 년 동안 알렉산드로스의 정복 전쟁이 펼쳐졌다.

마케도니아식 전술이 빛을 발하다

최고의 지성 아리스토텔레스의 제자였고 전술과 작전에 천부적인 재능을 타고난 알렉산드로스 대왕은 정복 전쟁에 사활을 걸었다. 고대인들, 특히 마케도니아인은 인도를 점령해야만 제국의 통일을 완성할 수 있다고 생각했다. 하지만 인도는 당시 페르시아의 속국이었으므로 페르시아를 정복해야만 인도를 손에 넣을 수 있었다. 이후 알렉산드로스는 마케도니아군의 전술을 보강하고 군대를 재정비하는 데 모든 노력을 기울였다. 유명한 마케도니아식 전술은 바로 이때 탄생했다. 보병으로 구성된 팔랑크스가 기본 단위이고 별도로 돌격대를 두었는데, 보병 팔랑크스가 적군에게 일정한 속도로 다가가서 에워싸면 중장기병 돌격대가 본격적으로 공격을 시작했다. 기병은 주로 좌우 양 날개에서 적들의 틈새를 기습했다.

알렉산드로스 대왕은 기존의 팔랑크스를 재정비했다. 이것이 바로 현재 우리에게 익숙한 사선형 팔랑크스로, 측면 공격이 핵심이었다. 알렉산드로스 대왕의 마케도니아식 팔랑크스가 전진하며 무서운 기세로 위협하면 적군은 방향 감각을 잃고 쉽게 무너졌다. 마케도니아식 팔랑크스는 매우 조밀하게 구성되었다. 적군이 공격하려고 하면 팔랑크스의 방패 부대가 아군을 보호하고, 방패 틈새로 창병이 장창 사리사를 위아래로 쳐들며 공격해서 적군의 접근을 완벽히 차단했다. 알렉산드로스 대왕은 취약한 보병 팔랑크스를 보완하기 위해 기병 정예 팔랑크스를 구성했다. 특히 기병대 중 귀족 자제들로 근위 기병대인 '헤타이로이'를 편성했다. 알렉산드로스 대왕은 트라키아 등 주변 지역에서도 병사를 모집해 중장기병과 경장기병, 궁수 부대를 구성했다. 기병은 대개 8개 사단으로 구성되었고, 전장에서 촘촘한 대형을 이루어 기동력을 강화했다.

기원전 334년 봄, 완전히 무장하고 자신의 준마 부케팔로스에 올라 탄 알렉산드로스 대왕이 동방 원정의 깃발을 내걸고 팔랑크스와 함께 결연한 의지를 보이며 출발했다. 그들은 소아시아에 다다르자 먼저 제우스와 아테네에게 제사를 지냈다. 그 후 대군이 그라니코스 해안에 도착하니 그곳에는 다리우스군이 이미 와서 주둔하고 있었다. 어느 틈에 고요한 정적이 깨지고 양 진영은 전투를 시작했다. 마케도니아군은 수호신인 마르스를 연신 외치며 무서운 기세로 전진했다. 이때 근위 기병대가 앞쪽을 책임졌고, 보병과 기병으로 구성된 팔랑크스가 양쪽 날개에서 페르시아의 심장부를 공격했다. 이렇게 해서 순식간에 페르시아군을 포위한 마케도니아군은 맹렬한 공격을 퍼부었다. 마케도니아 팔랑크스에 속수무책이던 페르시아군은 결국 수많은 사상자를 내며 후퇴할 수밖에 없었다. 이번 전쟁은 마케도니아군에 최소의 손실로 최대의 승리를 거둔 의미 있는 전쟁이었다. 그러나 이는 시작에 불과했으며, 본격적인 전쟁은 그 후부터였다.

떳떳하지 못한 승리는 진정한 승리가 아니다

가우가멜라는 메소포타미아의 어느 작은 마을로, 현재 이라크 북부의 텔 고멜이라는 지역에 있었다. 알렉산드로스 대왕은 기원전 331년에 이곳을 정복하여 페르시아제국을 지배할 수 있었다.

메소포타미아와 페르시아군은 모두 팔랑크스 대형을 기본으로 했다. 마케도니아군의 대장 파르메니오는 페르시아 군대의 병력을 보고 입이 떡 벌어졌다. 그래서 수적으로 도저히 상대가 안 되겠다고 생각하고, 알렉산드로스 대왕에게 날이 어두워지면 기습하는 편이 낫겠다고 제안했다. 그러자 알렉산드로스의 대답은 이랬다.

"야비한 승리는 원치 않는다. 우리는 전면전이다!"

알렉산드로스 대왕은 군대를 다시 정비했다. 근위기병대를 전체 대형의 오른편 날개에, 파르메니오 장군이 이끄는 보병과 기병 혼성부대를 왼쪽 날개에 배치했으며 그중 최정예 근위부대에게 선제공격을 맡겼다. 또 예비 지원군을 배치해서 제1선이 무너지면 2선이 바로 공격을 이어가라고 지시했다.

　드디어 본격적인 전쟁의 막이 올랐다. 기원전 331년 10월 1일, 가우가멜라에서 양측 팔랑크스가 격돌했다. 페르시아군은 다양한 민족으로 구성된 팔랑크스와 함께 전차병을 앞세워 마케도니아 팔랑크스의 아킬레스건을 찌르려고 했다. 다리우스는 이 전투에서 칼 달린 전차를 출격시켰다. 그러나 마케도니아군의 투창병들이 창을 날려 전차를 모는 페르시아 병사들을 죽이자 적들의 전차는 방향을 잃고 전부 고꾸라졌다. 이때 마케도니아 기병과 일부 팔랑크스가 사선형 공격을 개시해서 페르시아군의 중앙을 공격했다. 마케도니아 팔랑크스는 빈틈이 전혀 없어서 가까이 다가갈수록 적군의 시야를 가리며 적을 무기력하게 만들었다. 마케도니아군이 페르시아군의 중심을 뚫고 정면으로 진격해 나가자 다리우스는 몹시 놀라서 전차를 돌려 달아났다. 총지휘관을 잃고 마케도니아군의 기습 돌파에 갈팡질팡하던 페르시아군은 결국 팔랑크스 대열에서 이탈해 줄행랑쳤다. 이렇게 해서 가우가멜라 전투에서 마케도니아는 수적 열세를 극복하고 큰 승리를 거두었다. 그러나 다리우스는 여전히 건재했고 아직도 넓은 영토를 지배했다. 다시 말해, 페르시아가 시간을 두고 군대를 재정비하면 다시 싸울 수도 있었다. 그래서 알렉산드로스 대왕은 이번 전투로 완벽하게 승리했다고 자부할 수 없었다. 페르시아 원정을 마무리 지으려면, 다리우스를 죽이거나 페르시아의 수도 페

▼ 기원전 334년에 알렉산드로스의 마케도니아군이 가우가멜라에서 페르시아군을 격파하는 장면이다.

르세폴리스를 점령해야 했다. 알렉산드로스는 다리우스를 추격하기로 했다. 그러나 출발하기 직전에 다리우스의 사망 소식이 전해졌다. 그는 박트리아로 떠나던 중에 그곳 총독인 베수스에게 암살된 것이었다. 한편, 마케도니아군은 페르세폴리스로 들어가 재물을 전부 빼앗고 도시를 불태웠다. 동방의 진주 페르시아는 결국 기원전 330년에 초토화되면서 찬란했던 과거의 영광을 뒤로하고 역사의 저편으로 사라졌다. 반면에 승자 알렉산드로스 대왕은 마케도니아의 왕을 뜻하는 바실레우스, 이집트의 파라오에 이어 페르시아의 '왕 중의 왕'을 가리키는 샤헨샤로 등극했다. 수적 열세를 극복하고 전쟁을 승리로 이끈 마케도니아 팔랑크스와 전설을 남긴 알렉산드로스 대왕은 오늘날까지 영원히 기억되고 있다.

지혜의 도시 알렉산드리아

기원전 334년에 알렉산드로스의 아시아 원정이 시작되었다. 성공리에 아시아 원정을 마친 알렉산드로스는 지중해의 동부와 서부를 잇는 중심지를 건설했다. 이 도시가 바로 알렉산드리아이다. 현재 이집트의 나일 강 하구 서쪽 끝자락에 자리한 알렉산드리아는 비록 과거와는 다른 모습이지만, 지금도 그날의 영광을 재현할 순간을 손꼽아 기다리고 있다.

지혜의 도시를 세우다

기원전 332년 11월에도 알렉산드로스의 이집트 원정은 계속되었다. 당시 이집트에는 페르시아의 마제우스군이 주둔하고 있었는데, 페르시아는 1년 전에 다리우스 3세가 이수스 전투에서 패해 줄행랑쳤고 병력도 턱없이 부족한 상황이라 전쟁을 치를 뾰족한 수가 없었다. 그래서 알렉산드로스 대왕의 이집트 원정은 어떤 방해 세력도 없이 순조롭게 진행되었다. 마케도니아군은 빠르게 이집트 나일 강 서쪽에 있는 수도 멤피스로 진격했다. 알렉산드로스는 이곳의 무궁무진한 가치를 발견하고 바로 여기에 지중해의 동부와 서부를 잇는 중요한 도시를 세워야겠다고 마음먹었다. 이렇게 해서 알렉산드리아가 탄생했다. 그러나 알렉산드로스 대왕은 이집트 원정을 마친 후 다시는 이곳에 돌아오지 못했다.

기원전 305년에 알렉산드로스가 가장 아끼던 장군 프톨레마이오스가 이집트 왕위에 오르며 알렉산드리아를 수도로 삼았고 이때부터 알렉산드리아의 새로운 역사가 시작되었다.

프톨레마이오스 1세의 노력으로 알렉산드리아는 동서 문화의 중심지로 우뚝 설 수 있었다. 저명한 철학자와 의사, 건축 장인, 시인과 지리학자, 천문학자, 물리학자 등이 이곳 알렉산드리아에 모여들었다. 아마 당시 이곳에 모였던 사람들의 이름을 몇몇만 언급하더라도 과거 알렉산드리아의 명성을 실감할 수 있을 것이다. 시칠리아 섬 시라쿠사의 아르키메데스와 아테네의 수학자 유클리드, 의학의 신으로 불린 헤라클레스와 큐레네 출신의 그리스 수학자, 천문학자, 지리학자이자 시인인 에라토스테네스, 고대 그리스 최고의 희극 시인 아리스토파네스, 저명한 의학자이자 해부학자인 에라시스트라토스, 고대 그리스의 천문학자 아리스타르코스까지 이름만 들어도 쟁쟁한 저명인사들이 모두 알렉산드리아에 모여들었다.

그러나 현재 알렉산드리아는 2,000년 전의 찬란한 영광을 뒤로한 채 폐허로 변해 역사책에서만 그날의 영광을 확인할 수 있다. 2,000년 전의 알렉산드리아는 당대 최고의 박물관과 도서관을 갖추었고 알렉산드로스 대왕은 이를 기반으로 찬란한 마케도니아 문명을 써나갈 수 있었다.

지혜의 정수

알렉산드리아 박물관은 문학, 수학, 천문학, 의학 네 부분으로 구분되었다.

기원전 3세기 초에 천문학자이자 최초로 지동설을 주장한 아리스타르코스도 알렉산드리아에서 지구의 일주 운동을 연구했다. 기원전 238년에 연구 결과를 발표했는데, 그는 1년이 365일과 4분의 1일로 구성되었으며 4년에 한 번씩 윤달이 돌아온다고 했다.

시라쿠사 출신인 아르키메데스는 물리학을 철학의 한 분야로 집대성한 인물이다. "긴 지렛대와 지렛목만 있으면 지구라도 움직이겠다."라고 한 유명한 일화를 남긴 지렛대의 원리를 발견했고, 부력의 원리라고도 하는 아르키메데스의 원리를 발표했다. 수학자 유클리드의 저서 《유클리드기하학》이 기하학의 경전으로 평가받으며, 그의 이름이 기하학과 동의어로 통용되고 있다.

알렉산드리아 박물관의 프톨레마이오스 세계 지도 또한 빼놓을 수 없는 귀중한 작품이다. 17세기까지 사용된 이 지도에는 알렉산드리아 대왕 시절에 발견한 열대우림 지역과 프톨레마이오스의 통치 시기에 발견한 홍해 지역을 비롯해 당시 사람들이 생각한 세계와 지명이 고스란히 담겨 있다. 지구를 360도로 나누어 경위선을 설정한 다음, 이를 평면에 옮기는 방법을 연구해 세계지도를 제작했다.

프톨레마이오스 시대에는 헤라클라스와 에라시스트라토스가 의학의 발전을 이끌었다.

이 밖에도 에라토스테네스는 같은 자오선 위에 있다고 생각되었던 시에네와 알렉산드리아 사이의 거리를 측정하고 해시계를 이용해서 지구의 둘레를 처음으로 계산해냈다. 그 결과, 그는 약 4만 5,000킬로미터라는 근삿값을 얻었다. 이런 과학적인 관점을 토대로 그는 알렉산드리아에서 서쪽 항로를 따라가면 인도에 도착할 수 있을 것이라며 이른바 '신항로'를 생각했다. 이때 아프리카 항해를 시도했는데, 이후 1,700년 동안 그 누구도 도전하지 못한 것만 보더라도 당시의 도전이 얼마나 과감했는지 알 수 있다. 16세기에 이르러 실제로 신항로를 개척하자 비로소 선대의 노력을 증명할 수 있었다.

인류 문명의 보고

고대 알렉산드리아 도서관은 약 70만 권에 이르는 장서를 소장했다. 이곳은 문헌을 수집하고 다양한 언어로 번역하던 연구 기관이었다. 현존하는 그리스어 작품은 대개 알렉산드리아 도서관이 소장한 작품이다. 그리스 최고의 민족 대서사시인 호메로스의 《일리아스》를 그리스 문자의 알파벳순으로 정리한 곳도 이곳이다. 기록에 남아 있는 유일한 번역인 《구약성서》도 이곳에서 완성되었는데 학자 70여 명이 그리스어 번역 작업에 참여했다고 전해진다. 기원전 3세기 말에 알렉산드리아에 거주했던 유대인들이 그리스어를 사용했기 때

▼ 마케도니아는 알렉산드리아를 거점으로 해상 국가로 발전했다. 알렉산드로스 대왕은 이곳을 식량 보급 루트로 활용했다.

문에 그리스어 번역본이 꼭 필요했다.

프톨레마이오스 시기에 외국에서 들여온 서적은 알렉산드리아 세관의 검사를 먼저 통과해야 도서 심사를 신청할 수 있었다. 심사에서 도서의 가치가 인정되면 그것을 제공한 사람에게 소정의 보상금을 지급했다. 프톨레마이오스 3세도 알렉산드리아 도서관에 상당히 많은 서적을 기증했다. 당시 도서관은 고대 그리스 3대 비극 시인의 원본을 소장했는데, 대여할 수는 없었다. 전해지는 바에 따르면 프톨레마이오스 3세는 아테네 총독을 설득해서 15달란트 가치의 은화를 보증금으로 내고 비극 시인들의 친필 원고를 빌려왔다. 그리고 이것을 베껴서 사본을 만들게 한 후, 아테네에는 사본을 보내고 친필 원고는 알렉산드리아 도서관에 보관했다고 한다. 또 다른 여러 가지 에피소드가 있는데 대부분 프톨레마이오스 3세가 알렉산드리아 도서관의 발전을 위해 모든 수단과 방법을 동원했다는 내용이다. 당시 알렉산드리아 도서관의 장서는 대부분 아테네와 로도스에서 수집했다.

그러나 알렉산드리아 도서관의 명성은 약 200년 정도밖에 유지할 수 없었다. 문명의 보고인 알렉산드리아 도서관은 프톨레마이오스가 로마제국에 패하면서 자취를 감췄다.

▲ 이집트의 절세 미녀 클레오파트라가 이집트로 돌아가는 장면
기원전 44년에 카이사르가 암살당하자 클레오파트라가 로마를 떠나 이집트 알렉산드리아로 돌아가는 장면이다.

찬란했던 영광을 뒤로하다

기원전 49년에 고대 로마의 장군 폼페이우스는 권력을 둘러싸고 카이사르와 대립했다. 그러나 카이사르에게 패하자 곧장 이집트로 도망쳤다. 카이사르는 폼페이우스를 바짝 추격해서 알렉산드리아에 다다랐다. 그렇지만 폼페이우스는 이미 프톨레마이오스의 사주로 암살당한 상황이었다. 이때는 마침 이집트 여왕 클레오파트라 7세가 프톨레마이오스 13세와 내전을 벌이고 있었는데, 카이사르는 클레오파트라 7세를 보고 첫눈에 반해서 클라오파트라의 손을 들어주었다. 그러자 프톨레마이오스 13세는 약한 이집트군을 이끌고 카이사르의 군대가 주둔한 알렉산드리아로 출발했다. 그의 군대에 수적으로 상대가 되지 않는 카이사르는 아시아에 원조를 요청했고, 알렉산드리아 항구에서 전쟁을 준비했다.

이집트인은 막강한 부대를 항구로 출동시켰다. 당시 항구에는 이집트의 대형 선박이 70여 척이나 정박해 있었다. 항구를 포위하면 카이사르와 곧 도착할 아시아 원조군의 연락망을 차단할 수 있었기 때문이다. 카이사르도 항구가 거점지라는 것을 간파하고 항구에 정박한 전함을 모조리 불태우라고 명령했다. 그런데 그 불길이 알렉산드리아 성 안, 그리고 알렉산드리아 도서관까지 옮겨 붙어서 건물 일부가 소실되었다.

한편, 프톨레마이오스 3세는 궁전에서 멀리 떨어진 남쪽의 세라피스 신전에 세라피움이라는 부속 도서관을 세웠다. 그러나 391년에 비극이 시작되었다. 로마제국의 테오도시우스 황제가 알렉산드리아의 주교에게 이교도의 사원을 파괴하라고 명해 세라피스 신전에 있던 도서관이 모두 불타버렸다. 문명의 집결지인 별관 도서관은 결국 건물의 기본 뼈대만 남은 채 대부분 소실되었다.

▼ 〈이집트의 풍경〉(1804년)
  기원전 48년에 카이사르에 의해 초토화된 알렉산드리아의 모습을 담았다.

비극은 여기에서 끝나지 않았다. 그동안 이집트가 간신히 지켜온 도서관의 책들은 641년에 이집트에 침입한 아랍군에 의해 불쏘시개로 이용되면서 모두 재가 되었다. 역사학자 에드워드 기번은 저서 《로마제국쇠망사》에서 당시 알렉산드리아 도서관의 최후의 순간을 이렇게 기록했다. 이슬람의 제2대 정통 칼리프인 오마르는 알렉산드리아를 점령한 후 아므르 장군이 도서관의 처분 방법을 지시해 달라고 하자 "그리스인들이 쓴 이 도서가 신의 책과 일치한다면 쓸모가 없으므로 보존할 필요가 없고, 일치하지 않는다면 유해한 것이므로 파괴해야 한다."라고 대답했다. 오마르 칼리프는 결국 알렉산드리아 도서관을 모두 불태웠다. 전해지는 바에 따르면, 알렉산드리아 도서관의 장서는 공중목욕탕 4,000여 곳의 연료가 되어 6개월에 걸쳐서 전부 불탔다고 한다.

프톨레마이오스 왕조가 몰락한 후 알렉산드리아도 제 모습을 잃었다. 그러나 1,600여 년이 지난 오늘날, 도서관을 부활시키자는 움직임이 일어났고 2002년에는 현대식 도서관이 생기면서 알렉산드리아는 차츰 과거의 영광을 되찾아가고 있다.

Age of Empires

PHAROS

Cursibus extruxit ratium Ptolemæe regundis
Nocturnis Pharon, ut quum nox tenebrosa sileret,

6

Clara vicem in Phœbes vomerêt funalia lucem,
Infida ut Nili sic tutius ora subirent.

Crisp Pass CX CIII.

제 5 장

헬레니즘

마케도니아의 최후 안티고노스 왕조

전쟁의 왕 알렉산드로스는 역사상 유례없는 제국의 시대를 열었다. 그러나 알렉산드로스 대왕이라는 큰 별이 지면서 무력으로 일으킨 제국은 그 제국의 장군들끼리 벌이는 피 튀기는 전쟁 속에서 점차 쇠락의 길을 걸었다. 한편, 안티고노스 왕조는 이때를 기회 삼아 지난 날 마케도니아와 그리스의 중심 무대에서 제국의 최후를 써 나갔다.

험난했던 건국 초기

기원전 336년 여름에 필리포스 2세가 딸의 혼례에서 자객에게 살해되었다. 어쩔 수 없이 당시 막 성인이 된 알렉산드로스가 마케도니아의 새로운 왕으로 추대되었다. 건장한 청년 알렉산드로스는 평생을 정복 전쟁에 바쳤다. 지난 날 고대 그리스의 영광이 남아 있는 지역은 물론 서쪽으로 발칸 반도와 나일 강, 동쪽으로 인더스 강에

▼ 필리포스의 아들 페르세우스가 제3차 마케도니아 전쟁(기원전 171~기원전 168)에서 패권을 되찾으려고 하다가 피드나에서 로마 장군 아이밀리우스 파울루스에게 크게 패해 마케도니아는 멸망했다.

이르는 광활한 지역에 대제국을 건설하고 알렉산드리아라고 이름을 지었다.

그러다 기원전 323년에 병에 걸려 시달리다 서른셋의 젊은 나이에 생을 마감했다. 그해 8월에 아들 알렉산드로스 4세가 왕위를 이어받았다. 알렉산드로스 대왕이 죽은 후 저마다 제2의 알렉산드로스 대왕의 시기를 만들겠다고 야단을 피워 왕권은 매우 위태로웠다. 권력 투쟁이 격렬하게 전개되던 기원전 320년에 마케도니아는 안티파트로스를 섭정으로 세우고 통치를 맡겼다. 이듬해인 기원전 319년에 안티파트로스가 죽고 그의 아들 카산드로스가 섭정이 되었다. 그런데 이 카산드로스가 황제를 독살해서 알렉산드로스 4세의 13년 통치는 막을 내렸다.

얼마 후 알렉산드로스 휘하의 여러 장군은 격렬한 권력 투쟁을 벌였다. 기원전 306년에 외눈박이 안티고노스 1세가 소아시아 지역의 패권을 장악하며 알렉산드로스 제국의 동쪽 지역을 대부분 점령했다. 그 이듬해인 기원전 305년에는 셀레우코스와 프톨레마이오스도 기회를 놓치지 않고 각각 시리아와 이집트에 제국을 세웠다. 기원전 302년에 마케도니아의 후계자인 카산드로스는 바빌론의 셀레우코스, 이집트의 프톨레마이오스와 강력한 연대를 맺고 그 이듬해에 3만 군사를 이끌고 프리기아의 입소스에서 또 다른 후계자인 안티고노스 1세와 아들 데메트리오스가 이끄는 마케도니아군과 교전했다. 이때 안티고노스 1세가 죽고 데메트리오스는 그리스로 망명했다.

입소스 전투는 안티고노스 왕조의 염원을 산산조각 냈다. 그러나 안티고노스 왕조는 절대 포기하지 않았고 데메트리오스 1세의 아들 안티고노스 2세가 다시 전쟁을 시작했다. 기원전 227년에 켈트인을 물리친 그는 이듬해에 이 공적을 인정받아 마케도니아 왕으로 추대되었고 안티고노스 왕조를 세웠다. 이때부터 과거의 대제국은 셀레우코스, 프톨레마이오스와 안티고노스로 나뉘었다.

헬레니즘

알렉산드로스는 역사에 커다란 한 획을 그은 인물로, 고대 그리스 문화를 널리 보급한 선구자이다. 새로운 지역을 정복하면 고대 그리스를 본떠 속국에 도시를 세웠고, 그곳에 고대 그리스 문화를 전파했다. 그리고 정복한 땅에 자신의 이름을 따 알렉산드리아라고 명명한 도시를 70여 곳이나 건설했다. 기원전 323년부터 기원전 30년에 로마의 침략을 받기 전까지 프톨레마이오스 왕조가 이집트에 세워진 알렉산드리아를 지배했다. 이때까지가 이집트의 알렉산드리아에서 고대 그리스의 정취를 느낄 수 있는 시간이었다.

쇠락의 길

안티고노스 왕조는 마케도니아를 중심으로 고대 그리스 전역을 통치했다. 그러나 이 왕조에는 알렉산드로스 대왕처럼 뛰어난 전략가가 없어서 당시 고대 그리스 도시국가들에서 하루가 멀다고 일어나던 반란을 제대로 진압하지 못했다.

기원전 314년에 고대 그리스 중부 지역에서 유목 생활을 하던 아이톨리아인들이 여러 도시국가와 함께 아이톨리아 동맹을 맺었다. 아이톨리아 동맹국들은 모두 평등한 지위를 약속했고, 독자적인 정치 체제를 유지하며 각자의 자치권을 인정했다. 이후 아이톨리아 동맹군은 마케도니아에 전쟁을 선포했다. 한편, 그리스 남부 지역에서도 반마케도니아 세력이 고개를 들고 있었다. 기원전 280년에 펠로폰네소스 반도 북부 아카이아 지방의 도시국가들이 아카이아 동맹을 맺었다.

　아이톨리아 동맹과 아카이아 동맹은 각자의 독립을 목표로 마케도니아에 결전을 선포하고 서로 연대를 맺었다. 이에 마케도니아도 대대적인 진압에 나섰지만, 두 동맹의 연합이 너무나 막강해서 고전을 면치 못했다. 두 동맹은 마케도니아에 폭탄을 심고 안티고노스에 최후를 선물할 때를 기다렸다.

　기원전 8세기 말에 부상하기 시작한 로마는 기원전 3세기 말이 되자 그리스를 종횡무진 넘나들며 힘을 과시했다. 로마의 위협을 받을 때 즈음 안티고노스 왕조는 민심을 잃었고 나라에 내부 분열까지 일어난 최악의 상황이었다. 특히 막강한 로마가 호시탐탐 노리던 터라 그야말로 일촉즉발의 위기 상황이었다. 기원전 168년, 안티고노스 왕조는 결국 로마에 의해 영원히 역사의 저편으로 사라졌다.

파부침주[11], 결전을 다짐하다

고대 그리스 도시국가의 최후

알렉산드로스 대왕이 병으로 세상을 떠난 후 마케도니아에서는 내란이 끊이지 않았다. 이는 자유를 갈망하던 고대 그리스 도시국가들에 비친 한 줄기 서광과도 같았다. 마케도니아의 힘이 약해지자 여러 도시국가가 힘을 모아 연맹을 결성하고 마케도니아에 결전을 선포했다. 그러나 이들 또한 영원한 자유를 되찾지는 못했다. 연맹 내부에서 부정부패가 끊이지 않고 일어나면서 고대 그리스 도시국가들은 결국 최후를 맞이했다.

최후의 전쟁

고대 그리스는 마케도니아 필리포스 2세에게 통치권을 내준 이후 자신들의 옛 터전을 되찾겠다는 꿈을 일찍이 접었다. 스파르타도 강력한 마케도니아의 적수가 되지 못했다. 고대 그리스의 여러 도시국가는 결국 마케도니아와 전쟁을 치르는 것을 포기하고 미약하나마 자신들의 세력을 유지했다. 그러나 그리스는 예부터 끊임없이 자유를 갈망해 온 민주주의 국가였다. 고대 그리스인들은 갈수록 자유를 향한 염원이 강렬해졌고, 자신들의 옛 터전과 자유를 되찾기 위해 알렉산드로스 대왕에 맞서야겠다고 생각했다. 알렉산드로스 대왕에게 잔혹하게 탄압당하기도 했지만, 자유를 향한 이들의 열망은 식을 줄을 몰랐고 호시탐탐 반역을 일으킬 기회를 노렸다.

그러던 중 알렉산드로스 대왕이 바빌론에서 최후를 맞았다는 소식이 전해졌다. 그런데 그리스 도시국가들은 이를 유언비어로 단정하고 절대 그런 소문에 휘둘려 경솔하게 행동해서는 안 된다고 생각했다. 그러나 사망 소식이 사실로 확인되자 모든 도시국가에서는 마침내 마케도니아에서 독립할 기회가 왔다는 목소리가 높아졌다.

물거품으로 변한 원대한 포부

고대 그리스에서는 알렉산드로스 대왕의 죽음을 계기로 다시금 반마케도니아 분위기가 일어났다. 아테네는 대규모로 군사를 모집하고 주변 도시국가와 연합해서 기원전 323년에 마케도니아와 전쟁

---

11) 살아돌아오기를 기약하지 않다.

을 시작했다.

　반마케도니아 전쟁 초기에 고대 그리스 연합군은 마케도니아 곳곳을 공격해 승전보를 전했다. 마케도니아군이 기습에 속수무책으로 당하자 그리스군은 더욱 사기가 올라 공격에 박차를 가했다. 마케도니아 해안 부근의 테르모필레 지역에서 안티파트로스의 군대를 기습하고, 북쪽의 라미아 지역까지 세력을 확장했다. 그런데 이렇게 중요한 순간에 그리스의 발걸음에 제동이 걸렸다. 귀족들의 권력 투쟁이 심각해져 결국 내란이 일어난 것이다. 그리스의 여러 도시국가가 오랫동안 자유를 되찾기 위해 쌓은 공든 탑이 무너진 순간이었다. 이때 그리스 도시국가 연합 내부에서 큰 혼란이 벌어진 것을 알게 된 마케도니아군이 무서운 속도로 반격해 왔다. 내부 분열로 지휘 체계가 무너진 그리스 연합군은 적절히 대응하지 못하고 잇달아 패했다.

　마케도니아 지원군은 빠르게 라미아 지역을 되찾고 그리스 병사들을 잔혹하게 탄압했다. 당시 마케도니아에서는 인정이라고는 조금도 찾아볼 수가 없었다. 반역을 일으키는 자가 발각되면 바로 사형에 처했다. 이후 마케도니아의 협박으로 아테네가 과두 정부를 세우면서 그리스의 민주 정치와 독립의 꿈은 산산조각이 났다.

연맹의 비극

　기원전 4세기 말부터 기원전 3세기 초까지 고대 그리스 중부와 남부에서 잇달아 강력한 동맹이 결성되었다. 하나는 코린트 만 북쪽 해안의 산간 지방을 중심으로 한 아이톨리아 동맹으로, 아테네에 지원군을 보내 라미아 지역에서 마케도니아군의 손발을 꽁꽁 묶었다. 또 다른 동맹은 펠로폰네소스 반도 북부 아카이아 지방의 도시가 중심이 된 아카이아 동맹으로, 아라토스 장군이 이 동맹의 최전성기를 이끌었다.

　아라토스는 펠로폰네소스 남부 아카이아의 시키온에서 태어났다. 아버지 쿠레이니아스가 권력 투쟁으로 살해되자 그는 아르고스로 잠시 피신했다가 기원전 251년 그리스로 돌아왔다. 그 후 참주를 추방하고 시키온을 반마케도니아의 아카이아 동맹에 참여시켰다. 아라토스는 지혜와 용맹을 두루 갖춘 인물로 수년 동안 아카이아 동맹을 이끌었다. 동맹 초기에 그는 마케도니아를 타도하는 데 적극적으

로 앞장섰다. 한때 그는 군대를 이끌고 코린토스에 주둔하던 마케도니아군을 쫓아내고 코린토스와 메가라 지역의 도시국가를 동맹에 가담시켰다. 그리고 이집트의 프톨레마이오스와 연합 공격을 계획하기도 했다. 기원전 227년에 아라토스는 스파르타 클레오메네스 3세의 공격을 물리치고자 전쟁을 벌였지만 패하자 적군이던 마케도니아의 편으로 들어갔다. 그러나 마케도니아는 그를 완전히 받아들이지 않았다. 그러던 기원전 213년에 마케도니아의 필리포스 5세가 아라토스를 독살하라고 명령했다.

아이톨리아 동맹과 아카이아 동맹은 반마케도니아 열풍을 일으킨 핵심 세력이었고, 전성기에는 누구도 넘볼 수 없던 막강한 세력이었다. 사실 두 동맹은 마케도니아를 타도하겠다는 목표로 의기투합했지만 두 동맹 사이에는 갈등이 끊이지 않았다. 그러다 결국에는 내부 분열로 점차 세력이 약해졌다. 이후 고대 그리스 도시국가의 혼란이 더해져 각지에서 반란이 일어났다. 그러자 두 동맹은 초심을 잃고 반란을 진압하는 데에만 총력을 기울였다. 심지어 서로의 진흙탕 싸움에 원수 마케도니아의 도움을 받기에 이르렀다.

고대 그리스는 이후 오랫동안 내우외환에 시달리면서 지난날의 화려함과 강성함은 온데간데없이 사라진 채 영영 기억의 저편으로 사라졌다.

험난한 재기의 길 스파르타의 개혁

스파르타는 고집스럽게 보수적이고 지나치게 용맹했다. 스파르타인의 불굴의 정신은 지금까지도 강한 인상을 남기고 있으나, 바로 그 점 때문에 스파르타는 비극을 맞고 말았다. 누군가가 스파르타를 비극의 지역으로 기억한다면, 아마도 아기스 4세, 클레오메네스 3세와 나비스를 떠올릴 것이다.

팽팽한 긴장

펠로폰네소스 전쟁 동안 스파르타는 여러 도시국가를 정복해 부를 축적했다. 전해지는 바에 따르면, 스파르타의 대군을 이끌고 아테네를 공격한 리산드로스 장군은 이때 재물을 많이 챙겨 스파르타 제일의 부호가 되었다고 한다. 이렇게 정복한 도시국가들에서 금은보화가 유입되자 스파르타인들의 생활은 사치스러워졌다. 소박하며 공과 사를 엄격히 구분했던 과거 스파르타인의 모습은 찾아볼 수 없었다.

스파르타의 토지국유제도 폐지될 운명에 처했다. 극소수가 부를 독점한 반면 대다수는 가난에 시달렸다. 그동안 양도할 수 없는 토지를 소유했던 스파르타인은 기원전 400년에 이르자 일부 토지를 양도할 수 있게 되었다. 이 밖에 토지를 소유하지 않은 스파르타인은 시민권을 취득할 수 없었다. 리쿠르고스가 개혁을 단행했을 때 스파르타의 시민은 9,000명이었지만, 기원전 4세기 중반에는 700명이 채 되지 않았다[12]. 스파르타에서는 시민만이 무장보병이 될 수 있었다. 계속되는 전쟁으로 수많은 병사가 죽고 시민은 줄어들면서 스파르타는 하루가 다르게 병력이 줄어갔다.

스파르타 내부에 숨통을 조이는 팽팽한 긴장감이 감도는 가운데 곳곳에서 반란이 일어났다. 스파르타의 노예 헬로트와 페리오이코이들이 잇따라 반역을 일으켰고, 스파르타 시민들도 대규모 시위를 벌였다.

---

12) 1,000명으로 추정하는 학자도 있다.

아기스 4세의 개혁

스파르타에 이런저런 문제가 끊이지 않자 정치인들은 불안에 시달렸다. 그리고 모두 지금 상황을 그냥 두었다가는 호미로 막을 것을 가래로 막아야 하는 사태가 벌어질 것이라고 우려했다. 기원전 244년에 아기스 4세가 즉위했을 때에도 스파르타의 내부 갈등은 좀처럼 해결될 기미가 보이지 않았다. 아기스 4세는 이런 불안한 상황을 가만히 보고만 있을 수 없다고 판단하고 개혁을 결심했다. 그는 리쿠르고스가 이끈 전성기의 스파르타로 돌아가고자 했다.

아기스 4세는 시민 700명에게 황무지를 개간해서 지급하고, 그 일부는 파산한 스파르타인과 노예인 페리오이코이에게 나누어주라고 명령했다. 이로써 내부의 갈등을 줄이고 병사를 더 많이 모집하려는 계획이었다. 아기스 4세는 개인 소유의 토지와 재산을 모두 나라에 바쳐 개혁에 대한 강한 의지를 보여주었다. 그러나 그의 개혁안은 반대파 레오니다스 2세의 강력한 반발에 부딪혔다. 레오니다스 2세가 아기스 4세를 추방하려고 하자 아기스 4세는 한발 앞서서 레오니다스를 폐위했다. 얼마 후 아이톨리아 동맹이 스파르타에 침입해서 아기스 4세는 군대를 이끌고 나섰다. 이틈을 타고 레오니다스 2세가 스파르타로 돌아와 귀족들과 협정을 맺고 아기스 4세를 몰아낼 계획을 세웠다.

▼ 고대 그리스의 물병

아기스 4세는 누구에게도 도움을 청할 수가 없었다. 반대파의 추격을 받은 아기스 4세는 사면초가의 위기에서 신전으로 도망쳤다. 신전에서는 신변의 안전을 보장받을 수 있었기 때문이다. 그러나 그는 어느 날 신전을 나섰다가 반대파에 의해 살해당했다.

영원한 숙원 사업

기원전 235년에 즉위한 클레오메네스 3세는 아기스 4세의 전철을 밟지 않으려고 무력을 앞세워 개혁을 단행했다. 먼저 군대를 이끌고 감독관을 죽이고 감독관 제도를 폐지했다. 또 부의 쏠림을 막기 위해 부채를 정리하고 토지도 재분배했다. 그리고 이 개혁으로 일부 페리오이코이가 시민권을 얻으면서 스파르타 시민의 숫자도 늘어났다. 클레오메네스

3세는 아카이아 동맹과 여러 차례 전쟁을 벌여서 그들의 재물을 빼앗아 국내 재정을 확보했다. 클레오메네스 3세의 통치 시기에 스파르타는 과거의 명성을 되찾아 서서히 패자로 군림하기 시작했다.

클레오메네스 3세의 국내외 정책이 성공을 거두자 아카이아 동맹은 펠로폰네소스 지역에서 자신들의 위치가 위협받는다고 느꼈다. 다시 부강해진 스파르타가 노예 일부를 시민으로 받아들이면서 동맹국들의 노예 제도도 흔들렸다. 이에 아카이아 동맹의 수장 아라토스가 마케도니아에 원조를 요청하자 안티고노스는 즉각 펠로폰네소스 지역으로 출병했다.

기원전 221년에 스파르타군과 마케도니아의 지원을 받는 아카이아 동맹이 전쟁을 시작했다. 스파르타군은 용맹하게 맞서 싸웠지만, 수적 열세를 극복하지 못하고 결국 패했다. 스파르타의 클레오메네스 3세는 이집트로 망명했고, 그곳에서 자살로 삶을 마감했다. 이후 마케도니아가 스파르타에 침입해 과두 정부를 세우면서 클레오메네스 3세의 개혁은 실패했다.

참주제

클레오메네스 3세의 개혁이 실패한 후 스파르타에서는 내부 갈등이 더욱 심해져 기원전 207년에 피 튀기는 반역이 일어났다. 나비스가 병사를 모으고 파산한 시민들과 의기투합해서 정권을 타도하고 참주제를 실시했다. 그는 부채를 완전히 없애고, 귀족의 재산을 몰수해 가난한 시민들에게 나누어주었다. 헬로트 중 일부를 노예의 신분에서 풀어주고, 귀족의 탄압에 고향을 떠난 스파르타 시민들을 다시 불러들였다.

나비스는 15년 동안 스파르타를 통치하면서 다시 국력을 기르고 국내 상황을 안정시켰다. 한편, 아카이아 동맹과 마케도니아는 나날이 강성해지는 스파르타를 눈엣가시로 여겼다. 그리고 동쪽으로 영토를 확장하며 그리스 지역으로 넘어온 로마도 스파르타를 공격하는 등 나비스는 외부의 잇따른 공격으로 위기에 몰렸다.

기원전 192년에 나비스가 암살당하고, 스파르타는 강제로 아카이아 동맹에 참여하게 되었다. 이런 일을 겪으면서 스파르타는 독립국으로서의 자존감을 잃었고, 한때 천하를 호령한 강대국이라는 명성도 빛 바랜 옛 이야기가 되어버렸다.

전제군주제 이집트 왕조 프톨레마이오스 왕조

이집트 역사에서 프톨레마이오스 왕조가 통치한 시기는 매우 짧았다. 그러나 이들은 이집트 문명사에 한 획을 긋는 생동감 넘치면서도 독특한 매력의 유산을 남겼다. 프톨레마이오스 왕조가 있어 이집트는 더욱 다채롭게 빛났다.

'신의 아들 소테르'가 이끄는 이집트

기원전 323년에 태양신 아몬의 아들을 자칭하던 알렉산드로스가 죽은 후 그가 세운 방대한 대제국 마케도니아는 여러 세력으로 나뉘었다. 그중에 알렉산드로스의 장군이자 동방 원정에서 많은 공을 프톨레마이오스는 무력으로 이집트의 총독을 차지했다. 그리고 기원전 305년에 자신이 알렉산드로스의 계승자를 뜻하는 디아도코이 중한 사람이라는 점을 내세워 프톨레마이오스 왕조를 세웠다. 이후 프톨레마이오스 왕조는 군주 14명이 30년 동안 이집트를 통치하다가 로마에 의해 멸망했다.

이민족인 그는 어떻게 해서 이집트인의 민심을 얻을 수 있었을까? 현명한 프톨레마이오스는 이집트인의 신앙심을 아주 교묘하게 활용했다. 먼저 그는 자신을 신의 아들이라고 칭하며 종교의 힘을 빌렸다. 이집트의 파라오는 전통적으로 각기 5개의 직위를 의미하는 '호루스', '두 여신의 보호자', '황금의 호루스', '상하 이집트의 왕', '라의 아들'과 같이 신과 관련된 이름 5개가 있었다. 알렉산드로스와 프톨레마이오스 1세는 공식적인 파라오 명칭을 사용했고, 프톨레마이오스 2세는 '호루스-건강한 청년', '두 여신의 보호자-용감한 대인', '황금의 호루스-아버지에 의해 찬미 소리 가운데 태어난 자', '상하 이집트의 왕-레(Re)와 카(Ka)의 파워, 아몬의 총애를 받는 자', '라의 아들-프톨레마이오스' 등 선대보다 구체적인 명칭을 사용했다. 이 밖에 가문의 업적과 인품을 반영한 명칭도 만들었다. 그중에 프톨레

▼ **고대 이집트의 삼신상**
좌측부터 각각 고대 이집트의 호루스, 오시리스와 오시리스의 아내인 이시스

마이오스 5세의 명칭이 가장 구체적이었다고 알려진다. 그는 '호루스-선친의 위대한 업적을 배경으로 한 젊은 호루스', '두 여신의 보호자-토지 정비와 신을 경외하는 데 힘쓰는 용감한 자', '황금의 호루스-생활을 개선하고 프타와 함께 제단에 모시는 자이자 라처럼 군주가 된 자', '상하 이집트의 왕-신령을 계승하고 프타의 선택을 받은 자로서 라의 힘이며 아몬의 모습을 한 자', '라의 아들-프톨레마이오스이자 프타의 총애를 받은 자로서 신이 아닌가 싶기도 한 자 애로운 자' 등이었다.

이집트의 왕인 파라오는 신과 신전을 관리하고 제사 지내는 일에도 관여했다. 당시에는 종교계 인사들이 정치, 경제, 문화 등 여러 분야에서 큰 영향력을 행사했다. 프톨레마이오스 왕조는 종교계를 자신들의 편으로 끌어들여 이들의 세력을 이용하고 동시에 약화시키려 했다. 그래서 이들에게 신전을 세울 토지를 제공하고 신전을 화려하게 꾸미도록 자금 지원도 아끼지 않았지만, 제사장의 권력이 왕권을 견제하지 못하도록 철저히 규제했다.

최고의 전제군주제

문명이 최고 수준에 올랐다고 해서 강력한 통치권이 뒤따르는 것은 아니었다. 프톨레마이오스 왕조는 강력한 전제군주제를 펼쳤다. 프톨레마이오스 1세는 마케도니아의 군사민주제 풍토와 고대 그리스의 전통, 그리고 고대 이집트의 파라오 전제군주제를 결합해서 국왕을 중심으로 하는 중앙집권 통치를 실시했다. 이것은 헬레니즘의 새로운 통치 모델이 되었다. 왕이 최고 권력을 누리고, 이를 뒷받침하는 체계적인 관료 제도를 실시했다. 이 제도는 주로 중앙과 지방을 통치하던 그리스-마케도니아의 군사 정권 모델을 따랐다. 또 프톨레마이오스 1세는 대체로 고대 이집트의 제도를 계승하고, 행정 지역을 오늘날의 주, 현, 촌으로 완비했다. 당시 이집트인도 주의 대표가 될 수 있었으나, 실권은 그 주의 그리스-마케도니아 장군이 가졌다. 그런 한편 각급 행정 기관에 곡식 창고와 금 비축고를 두었는데, 담당자는 거두어들인 곡식과 세금을 국고에 상납하는 책임을 맡았다.

프톨레마이오스 왕조는 3단계 피라미드형 신분 제도를 실시했다. 가장 높은 제1신분은 그리스-마케도니아인이었고, 국가의 공식 언어로 그리스어를 채택했다. 제1신분은 각종 특권을 누렸고, 현지 이집트인과 결혼할 수 없었다. 제2신분은 이집트 제사장과 지방 귀족으로, 제1신분이 이집트를 잘 통치하도록 돕는 역할을 했다. 제3신분인 말단 신분은 농민과 노예들이었다.

고대 그리스 문명을 계승한 프톨레마이오스 1세는 그리스 상인과 공장의 노예를 자국으로 이주시켰다. 이로써 경제는 하루가 다르게 번성했고, 각지와의 무역도 나날이 활발해졌다. 프톨레마이오스 왕조의 경제 운용 방식은 주로 독과점, 전제 경영, 세금 징수로 요약할 수 있었다. 즉, 왕이 농업, 수공업, 상업 등 경제의 모든 분야에 관여했다. 토지 소유권도 대부분 왕에게 있었다. 일부 종묘나 물려받은 토지, 개간한 토지, 개인 소유지도 있었지만 극히 드물었다. 농민은 국가가 계획한 대로 작물을 생산해야 했고, 의무적으로 수확의 절반 이상을 토지 임대 수수료로 바쳤다. 프톨레마이오스 왕조는 식용 기름을 짜는 유지 작물, 곡식, 섬유, 소금, 양조 등 대부분의 생산성 산업에도 관여했다. 당시 이집트의 매년 수익은 1만 5,000달란트에 달했다. 프톨레마이오스 왕조는 세금 항목도 상당히 구체적으로 규정해서 세금을 피해갈 수 있는 사람은 극히 드물었다. 오늘날로 말하자면 토지세, 부동산세, 과수원세, 가축세, 축산세, 노예세, 주민세 등의 사항에 세금을 부과했다. 그래서 사람들은 '낚시한 물고기도 4분의 1을 나라에 바쳐야 한다니, 원…' 하며 푸념을 늘어놓았다.

이집트 문명의 새로운 전성기

고대 그리스 문명과 이집트 문명이 완벽한 조화를 이루어 프톨레마이오스 왕조의 문명으로 새롭게 태어났다. 이집트 문명이 다시 한번 전성기를 맞이한 순간이었다. 토지 제도는 기존의 내용을 그대로 유지했지만, 예전보다 정교한 생산 도구와 더욱 수준 높은 경작 기술을 도입했고 수익성 높은 포도와 올리브 등의 새로운 작물을 들여왔다. 축산 부문에서는 개량 품종을 들여왔고 사육 방식도 한층 발전시켰다. 또 프톨레마이오스 2세가 파이윰에서 대규모 수리 사업을 벌였다.

수공업의 발전도 두드러졌다. 이 시기에 이집트는 면 방직, 금속 가공, 도자기, 유리 제품, 제지 등 여러 방면에서 큰 발전을 이루었

▶ 프톨레마이오스 왕조 때의 콤
옴보 신전 부조 사진

다. 특히 모(wool)의 종류만 무려 열 네 가지나 되었으며 화려하면서
도 아름다운 유리 제품은 이후 수백 년 동안 최고 수준을 자랑했다.
금속 가공 기술도 뛰어나서 외국에서도 뛰어난 품질을 인정받았다.

　프톨레마이오스 2세는 나일 강과 홍해를 잇는 운하를 개통했다.
그의 통치 시기에 이집트는 농업, 수공업이 발달했고, 단일 화폐를
사용했으며, 외부와 활발하게 교역했다. 이처럼 프톨레마이오스 왕
조 시기에 이집트의 상업은 크게 발전했다. 알렉산드로스가 '지중
해의 창구'라고 비유했던 것처럼 여러 상품이 한 자리에 모이는 이
곳은 항상 그리스, 마케도니아, 인도 및 세계 각국에서 모인 상인들
로 장사진을 이루었다. 중국의 비단, 인도의 상아, 진주, 향신료는
물론 아랍의 보석까지 상품이 모두 이곳에서 거래되었다. 그리고 이
집트는 농산물과 유리 제품, 올리브유, 섬유 제품 및 파피루스를 수
출했다.

　프톨레마이오스 왕조는 대외 개방 정책을 펼쳐 그동안 폐쇄적이
던 이집트의 무역을 발전시킨 일등공신이라고 할 수 있다. 이집트
문명은 아프리카 북부와 동부, 에게 해, 소아시아 연안, 흑해와 시리
아까지 전해졌다.

동·서양 문명의 결정체

프톨레마이오스 왕조는 동·서양의 문화를 가장 이상적으로 결합해 새로운 이집트 문화, 나아가 헬레니즘 문화를 탄생시켰다.

프톨레마이오스 왕조는 문화 사업에 큰 관심을 기울이며 학문을 장려하고 학자들을 높이 대우했다. 또 프톨레마이오스 1세 때 박물관을 짓기 시작해서 프톨레마이오스 2세 때 공사를 마쳤다. 바로 이때 장서 70만여 권을 보유한 대규모 도서관인 알렉산드리아 도서관이 세워졌다. 도서관은 그리스어, 히브리어, 이집트어, 가나안어 등으로 쓰인 문학 작품도 소장했다. 왕이 도서관을 직접 관리한 것으로 보아 국가 차원에서 도서관을 얼마나 중요하게 여겼는지 알 수있다. 이집트 주변 지역의 학자들은 좋은 대우와 사회적 지위를 보장받는 알렉산드리아로 이주해서 자유롭게 연구에 매진했다. 학자들은 그리스와 동방의 문화를 결합해서 천문학, 지리학, 동식물학 등 여러 학문 분야에서 괄목할 만한 성과를 거두었다. 엥겔스가 "정확하게 자연을 연구하기 시작한 것은 알렉산드리아의 학자들부터이다."라고 말했을 정도이다. 지렛대의 원리를 발견한 아르키메데스도 알렉산드리아의 왕실 부속 연구소인 무세이온에서 연구했다. 그는 지렛대 원리를 비롯해 경사면 원리와 부력의 원리라고도 하는 그 유명한 아르키메데스의 원리를 발견했다. 지리학의 아버지 에라토스테네스는 해시계를 이용해서 처음으로 지구의 둘레를 계산했다. 그 결과 약 4만 5,000km라는 근삿값을 구했다. 수학자 유클리드는 그리스의 기하학을 집대성했으며, 그 내용이 담긴 그의 저서 《기하학원본》(13권)은 19세기에 일부 유럽 학교에서 교과서로 채택되기도 했다. 의학 분야에서는 '고대 최고의 해부학자' 에라시스트라토스와 '위대한 생리학자' 헤로필로스가 신경계를 발견하고 감각 신경과 운동 신경을 분리하는 데 성공했다.

프톨레마이오스 왕조 시기에는 건축 예술도 찬란하게 꽃피웠다. 당시 프톨레마이오스 2세의 지시로 소스트라투스가 '고대 7대 불가사의'에 꼽히며 알렉산드리아의 등대라고도 불리는 파로스 등대를 건축했다. 파로스 섬의 동쪽 끝에 있는 이 등대는 대부분 대리석이 사용되었고 등대 안쪽에 통로가 나선 모양으로 꼭대기의 옥탑까지 이어졌으며 옥탑 위에는 거대한 여신상이 솟아 있었다. 옥탑에는 불을 피워올리는 설비가 있었다고 전해지며, 이 불빛을 바다에 비추기

▲ **카르나크 신전**
역대 파라오들이 이천여 년 동안 새로운 건축물을 추가해 완성한 카르나크 신전이다. 이집트인들은 이곳을 가장 신성한 장소라고 생각했다.

위해 거울을 사용했다. 낮에는 해상 50km까지 관측할 수 있었다고 한다. 당시의 기술은 현재까지도 풀리지 않는 불가사의로 남아 있다. 이 등대를 통해 고대 이집트인의 지혜와 당시의 수준 높은 기술을 확인할 수 있다. 당시 프톨레마이오스 왕조는 고대 그리스의 전통적인 건축 양식을 중시했다. 그중 카르나크 신전이 대표적이다. 이곳은 테베의 3신 아몬과 무트, 콘스를 모신 고대 이집트 최대의 신전으로 이천여 년에 걸쳐 계속 새로운 건축물이 추가되다가 프톨레마이오스 왕조 시기에 완성되었다. 프톨레마이오스 왕조는 복합적인 기능을 갖춘 신전을 세웠다. 그중 대표적이라고 할 수 있는 이시스 신전은 프톨레마이오스 3세 때 세워졌으며, '나일 강의 진주'로 불릴 정도로 아름답고, 웅장한 규모를 자랑한다. 또한 이시스, 호루스, 하트호르 여신 등의 부조도 생동감 있게 표현되었다.

다민족 국가 셀레우코스 왕조

알렉산드로스 제국이 분열되자 대왕의 동방 원정에 참여했던 셀레우코스가 시리아를 거점으로 삼고 셀레우코스 왕조를 세웠다. 이곳은 평원이 드넓게 펼쳐지고 토지가 매우 비옥한 천혜의 자연환경을 갖추었으며 교통이 편리해서 상품 무역이 발달했고 각 지역 사람들의 왕래도 잦았다. 이러한 이점을 바탕으로 셀레우코스 왕조는 승승장구했다.

셀레우코스 왕조의 부상

알렉산드로스 대왕이 죽은 후, 기원전 312년에 셀레우코스가 바빌론의 총독이 되었다. 몇 년 후 셀레우코스는 시리아를 차지하기 위해 안티고노스와 그 아들 데메트리오스를 상대로 오랫동안 전쟁을 벌였다. 이 전쟁에서 셀레우코스가 승리해 점점 많은 사람이 그를 지지했다. 그러자 셀레우코스는 여세를 몰아 기원전 305년에 셀레우코스 왕조를 세우고 자신을 셀레우코스 1세(기원전 305~기원전 280)라고 칭했다. 그리고 같은 해에 마케도니아가 장악했던 중동 지역과 동아시아를 점령하고, 더욱 힘을 키워서 서쪽으로 서아시아와 시리아, 동쪽으로는 인더스 강까지 세력을 확장했다.

셀레우코스는 고대 그리스 도시국가를 중심으로 새로운 도시를 수십 곳이나 세우는 등 힘을 키웠다. 그의 강한 추진력은 알렉산드로스 대왕에 버금갈 정도로 실로 대단해서 '영토 확장을 향한 야심이 가득한 사람'이라고 불릴 만했다. 그는 동쪽 원정에 집중하며 직접 대군의 선봉에 서서 인더스 강을 향해 진격했다.

당시 인더스 강 부근은 찬드라굽타의 마우리아 왕조가 점령하고 있었다. 이윽고 셀레우코스는 마우리아 왕조와 한바탕 치열한 전투를 벌였고, 곧이어 평화 조약을 맺었다. 그리고 이후 시리아와 서아시아까지 진격해서 광활한 영토를 점령했다.

기원전 281년에 셀레우코스는 마케도니아 정복을 꿈꾸기 시작했다. 그 일환으로 케르소네소스 트라

▼ 힘들게 일하고 있는 노예의 모습을 사실감 있게 표현했다.

키아를 병합했지만, 불행히도 그는 프톨레마이오스 1세의 아들 프톨레마이오스 케라우노스에 의해 암살당했다.

그의 뒤를 이어 즉위한 장남 안티오코스 1세 소테르는 소아시아에서 야만족 켈트인을 물리치고 프톨레마이오스와 연합해 지중해 동부에서 패권을 손에 넣었다. 이 시기에 셀레우코스 왕조는 시리아, 파키스탄, 소아시아(아나톨리아), 이란, 중아시아 일부 지역까지 350만㎢에 이르는 광활한 영토와 3,000만 명을 지배하는 최고의 전성기를 누렸다.

국가의 운명, 영토 확장

셀레우코스 왕조 시대에도 영토를 확장해야만 실력자로 인정받을 수 있었다. 셀레우코스는 힘을 기르기 위해 고대 동방의 토지소유제를 모방했다. 왕이 최대 주주가 되어 나라의 대부분 토지를 소유했다고 이해하면 쉬울 듯하다. 그러나 아무리 뛰어난 왕이라 한들 이 방대한 토지를 혼자서 다 관리할 수는 없는 노릇이었다. 그래서 동방의 토지소유제를 조금 변형시켰다. 우선 왕과 가장 가까운 왕족이 대부분 토지를 소유하고, 나머지는 마케도니아인과 마케도니아에 충성을 다짐한 고대 그리스인, 그리고 전쟁에서 큰 공을 세운 장군, 지방 귀족에게 분배되었으며, 그중 일부는 중앙아시아 부족의 수장들에게 조금씩 돌아갔다.

▼ 셀레우코스 1세 두상
셀레우코스 1세는 마케도니아 귀족 안티오코스의 아들이다. 기원전 333년에 알렉산드로스 대왕의 동방 원정에 참가했고, 원정이 끝난 후 바빌론 총독이 되었다. 알렉산드로스 대왕이 후계자 없이 죽자 여러 세력이 들고 일어난 가운데, 장군 셀레우코스가 셀레우코스 왕조를 열었다.

이렇게 광활한 지역을 통치하려면 이를 뒷받침할 수 있는 정책을 마련해야 했다. 그래서 셀레우코스 1세는 페르시아의 전제군주제를 이었다. 왕이 모든 통치권을 행사하고 왕을 신격화해서 모든 신하와 백성의 존경과 사랑을 한몸에 받았다. 중앙 기구의 관직도 왕이 임명했으며 최고 관직인 사무대신을 두었다. 중앙에는 '왕의 벗'으로 구성된 회의 기구를 세워 국가의 중대사는 모두 이곳에서 토론을 거치고 왕의 승인이 떨어지면 통과되었다. 지방에는 행성 26개를 두어서 총독이 민생을 살피고 장군이 군대를 관리했다.

셀레우코스 왕조 시기에도 군대가 나라의 운명을 좌우할 정도로 중요했다. 셀레우코스군은 보병과 기병, 특수부대로 구성되었다. 보병은 팔랑크스 대형을 사용했고, 기병은 트라키아인이 맡았다. 특수부대는 전차병과 은방패, 장창으로 무장한 부대와 전투 코끼리로 구성되었다. 셀레우코스 제국의 병사를 주축으로 접경 지역에서 이민군 제도를 통해 모집한 이민군으로 병력을 보충했다. 주로 마케도니아인, 고대 그리스인, 현지 주민이 이민군에 속했고, 국가 정책에 따라 토지를 얻었다. 이들이 바로 셀레우코스가 외부 침입을 막아낼 수 있도록 도운 일등공신이었다.

다민족의 교향곡

셀레우코스 왕조가 광활한 영토를 지배했던 만큼 여러 민족 사이에 갈등이 끊이지 않았고, 계급 간의 대립도 나날이 심해졌다. 통일된 제국을 세우려면 갈등과 반목을 줄여야 했다. 그래서 셀레우코스는 알렉산드로스 대왕의 정책을 이어갔다. 왕실의 그리스-마케도니아인이 기존의 그리스 도시국가와 아나톨리아를 비롯한 새로운 지역을 통치했다. 이들은 특권을 누렸으며, 그리스 도시국가의 제도를 모방해 행정 제도를 개편했다.

서아시아 바빌론 등의 지역은 자치권을 인정받았지만 여전히 제약이 있었다. 다른 지역도 나름대로 자치를 실시하기는 했으나 셀레우코스가 임명한 관리를 두어야 하는 등 제약이 동반되었다. 광활한 영토 안에서 각 지역은 저마다 상황이 다르고 경제 발전 수준도 판이했다. 이렇게 입장 차이가 있었기에 지역들은 서로 긴밀한 유대감을 형성할 수 없었다.

셀레우코스가 통치한 시기에 서아시아의 농업과 수공업, 통상 무역은 외부 세계와 선의의 경쟁을 하며 발전했다. 셀레우코스 제국이 자리한 곳은 광활한 영토와 풍부한 자원 등 천혜의 땅이었다. 이를 바탕으로 셀레우코스는 동쪽으로 인더스 강 유역, 서쪽으로 소아시아와 시리아까지 영토를 확장했다. 이 지역의 자연환경은 작물을 기르는 데 적합하고 관개 시설까지 갖춰져 있었다. 시리아도 농사짓는 데 최적의 조건을 갖춘 곳으로, 주로 밀을 생산했으며 외국에서도 우수한 품질을 인정받았다.

셀레우코스 시대를 이야기할 때 경작 기술의 발전도 빼놓을 수 없다. 해마다 여러 가지 농작물을 번갈아가며 재배하는 윤작을 했고,

도르래로 물을 길어다 썼다. 기원전 1세기 말에 바빌론의 고대 역사학자는 "보리씨를 파종한 후 300배가 넘는 수확을 올렸다. 우리 바빌론처럼 보리를 많이 생산하는 지역은 없을 것"이라 말했다.

셀레우코스왕국이 자리한 곳은 사통팔달의 교통 요충지로, 동·서양을 쉽게 오갈 수 있는 곳이었다. 그래서 상업과 수공업이 상당한 수준에 올랐다. 셀레우코스는 동·서로 직접 통하는 해상과 육상 거점지를 구축하고, 단일 화폐와 그리스어를 보급해서 교역국들과의 무역을 활성화했다.

통상 무역도 일찍부터 발달했다. 북부 연안에서 4km 떨어진 곳에 세워진 해상 거점지는 지중해의 창구이자 셀레우코스왕국과 그리스, 이집트, 흑해와 지중해 서부를 잇는 중요한 무역 경로였다. 티그리스 강 동쪽 유역은 육상 교통이 매우 발달한 곳으로 이곳에서 알레포를 경유해 시리아와 팔레스타인으로 이어졌다.

통상 무역이 활발하게 이루어지면서 수공업도 함께 발전했다. 셀레우코스왕국은 예부터 수공예 기술로 정평이 나 있었고, 특히 마섬유 제조 기술이 뛰어난 수준을 자랑했다. 소아시아와 중앙아시아의 금속 가공업과 시리아의 섬유, 염료, 유리 제품이 유명했다.

반짝이는 유성

셀레우코스 왕조의 몰락은 예고된 듯했다. 셀레우코스 왕조는 여러 지역을 지배했는데. 지역마다 발전 수준이 너무 달랐고 민족 간에 끊임없이 분열이 일어났다. 이렇게 하루도 바람 잘 날이 없었으니, 진정한 통일을 이루는 것은 너무나 먼 이야기 같았다. 문제는 내부에서 그치지 않았다. 대외로 영토를 확장하면서 셀레우코스 왕조는 이집트, 마케도니아와 전쟁을 계속했다. 안티오코스 1세에서 안티오코스 3세에 이르기까지 셀레우코스 왕조는 이집트와 지중해 동부를 둘러싸고 다섯 차례나 패권 전쟁을 벌였다. 이 기간에 승패를 거듭하면서 셀레우코스 왕조가 큰 타격을 입자 베르가마, 박트리아, 아르사크 등이 잇달아 독립했다.

기원전 188년에 셀레우코스 왕조는 로마와 협상하여 배상금을 지급하고 소아시아 지역을 내주겠다고 약속했다. 그런데 한숨을 돌리기도 전에 국내 곳곳에서 대규모 시위가 일어났다. 당시 셀레우코스 왕조는 동방 무역 루트를 통제하는 데 실패해서 자금줄이 막힌 상황이었는데, 장기전이 계속되면서 전쟁에 많은 자금을 투입해야 했다. 이로 말미암아 재정 상황이 나날이 악화되었을 것은 불 보듯 뻔한 일이다. 그래서 셀레우코스 왕조의 통치자들은 백성의 허리띠를 더욱 졸랐다. 가혹할 정도로 각종 명목을 대어 세금을 징수하자 백성이 더는 참지 못하고 시위에 나선 것이었다.

기원전 171년에 예루살렘에서 대대적인 투쟁 시위가 발생했고, 이윽고 유대인들도 대규모 시위를 벌였다. 유대인의 수장은 우리에게도 익숙한 유다였다. 기원전 164년에 시위대는 셀레우코스왕국의 주둔군을 상대로 게릴라전을 시작했다. 안티고노스 4세가 한때 반란을 진압하는 데 성공하기도 했지만, 포기를 모른 유대인은 불도저 정신으로 투쟁을 이어가다가 마침내 기원전 142년에 독립했다.

기원전 127년, 셀레우코스 왕조는 이제 예전의 세력이 막강한 왕조가 아니었다. 대외적으로 영향력이 확연히 약해졌고, 왕실 내부의 권력 투쟁도 나날이 심해지는 등 대내외 양쪽의 문제로 그야말로 진퇴양난의 상황이었다. 결국 셀레우코스는 기원전 64년에 로마 장군 폼페이우스에게 시리아를 내주며 몰락했다.

셀레우코스 왕조의 노예 제도

셀레우코스 왕조도 노예 제도를 두었고, 노예는 다양한 분야에 투입되었다. 기록에 따르면, 안티고노스 4세 때 디오니소스 축제에는 노예 천여 명이 동원되었다. 노예들은 값어치가 1,000달란트 이상이던 은쟁반을 이고 다니며 시중을 들었다. 사치스러운 생활을 한 왕실에서는 더 많은 노예를 부렸다. 노예는 농사를 대신 지었고, 그 밖에 도시에서도 일손이 필요한 곳이면 어디에서나 노예를 부렸다. 누군가는 노예가 없었다면 도시를 세우지 못했을 것이라고 말하기도 했는데 이는 결코 과장이 아니었다. 노예들은 허리가 휠 정도로 힘든 노역에 시달렸고, 시장에서 물건처럼 매매되었다. 노예 무역이 상당히 활발했던 시리아와 팔레스타인 등 일부 지역에는 노예 매매 시장이 있었으며, 이집트의 노예들도 시리아와 팔레스타인 시장에서 거래된 노예들이었다.

로마의 등장 고대 그리스의 몰락

인생사에 시작과 끝이 있듯이 역사에도 탄생과 몰락이 있다. 고대 그리스가 몰락할 때 즈음 서방에서는 로마가 강국으로 부상하여 그리스의 내란을 틈타고 고대 그리스 지역을 통째로 장악했다. 그러나 로마는 고대 그리스의 영토를 정복하긴 했어도 찬란한 그리스 문명까지 자신들의 것으로 할 수는 없었다.

제1차 마케도니아 전쟁

알렉산드로스 대왕이 죽은 후 그의 부하들 사이에 권력 투쟁이 벌어졌고, 대왕의 참모였던 셀레우코스가 마케도니아와 고대 그리스 지역에 셀레우코스 왕조를 세웠다. 그러나 고대 그리스는 마케도니아의 지배를 받아들일 수 없어 반마케도니아 연합인 아이톨리아 동맹과 아카이아 동맹을 맺었다. 하지만 이 두 동맹도 서로 패권을 장악하기 위해 자주 투쟁했고, 그런 과정에서 걸핏하면 마케도니아에 원조를 요청했다. 기원전 3세기 중엽에 이르러 고대 그리스는 상황이 더욱 어려워졌다. 이때, 서방의 강국 로마가 등장했다.

로마는 빠르게 동쪽으로 진격해서 고대 그리스의 내란을 틈타 지중해 연안 지역을 장악했다. 로마의 지중해 진출은 카르타고에 큰 타격이었다. 이후 카르타고와 로마는 두 차례에 걸쳐 대규모 살육 전쟁을 벌였다. 이를 제1차, 제2차 포에니 전쟁이라고 한다. 한니발 전쟁이라고도 불리는 제2차 포에니 전쟁에서 마케도니아의 필리포스 5세는 카르타고와 동맹을 맺고 로마에 맞섰다. 이때가 기원전 215년으로 제1차 마케도니아 전쟁이 시작된 해이다. 이탈리아 반도에서 양측의 혈투가 계속되면서 카르타고의 장군 한니발이 마케도니아에 지원군을 요청했다. 그런데 필리포스 5세는 쉽게 파병 결정을 내리지 못했다. 만일 카르타고가 패하기라도 한다면 강한 로마가 자국을 가만히 두지 않을 것이 두려웠고, 그리스 도시국가들에서 패권을 유지하기도 힘든 상황이었다. 결국, 마케도니아의 지원을

▼ 에트루리아의 도자기
접시 중앙에 나체의 사냥꾼이 긴 창을 들고 서 있고, 그 옆에 사냥개가 있다. 고대 그리스 양식이 반영된 이 도자기는 로마 도자기의 모태가 되었다.

받지 못한 카르타고는 로마를 물리칠 수도 있었던 절호의 기회를 놓치고 말았다.

로마는 마케도니아를 견제하기 위해 고대 그리스 도시국가들과 동맹을 맺고자 했다. 기원전 211년에 로마는 아이톨리아 동맹과 연합해서 마케도니아 필리포스 5세와 지상전을 치르겠다고 약속했다. 그렇게 되면 영토는 아이톨리아 동맹에 주고 로마는 해상 패권을 장악하려는 속셈이었다. 로마의 제안이 그럴듯하다고 생각한 그리스 도시국가들은 얼마 후 잇달아 로마 편에 섰다. 계획하는 대로 척척 맞아 떨어진 로마는 그리스 세력을 등에 업고 마케도니아와 전쟁을 시작했다.

이때 필리포스 5세는 로마를 막아내지도 못할뿐더러 스스로 화를 더 키웠다. 자국군의 군사력을 키우기 위해 속국의 군대마저 철수시켰으니 나날이 막강해지는 로마를 상대하기가 더욱 힘에 부쳤다. 양측의 팽팽한 줄다리기가 계속 이어지다가 기원전 205년에 마케도니아와 로마가 휴전 조약을 맺으면서 혈투는 일단락되었다. 그러나 완전한 휴전은 아니었다.

다시 시작된 전쟁

제1차 마케도니아 전쟁은 무승부로 끝났다. 그러나 로마는 전쟁 후에 계속 상승세를 달렸다. 먼저 포에니 전쟁에서 카르타고를 물리쳐 해상 패권을 장악하고, 그리스에서 영향력을 확보했다. 그러고 나서 필리포스 5세가 예상한 마케도니아 공격을 시작했다.

날로 막강해지는 로마를 보며 필리포스 5세는 몹시 불안해했다. 그는 힘을 기르기 위해 영토를 확장해야 했는데, 그러자면 전쟁에 더욱 많은 자금을 투입해야 했다. 기원전 205년에 이집트의 프톨레마이오스 4세가 죽고 그의 아들 프톨레마이오스 5세가 어린 나이에 왕위에 올랐다. 이후 이집트 왕실에서는 어린 왕을 둘러싸고 권력 투쟁이 치열해졌다. 이로 말미암아 이집트가 점차 쇠락하자 마케도니아와 셀레우코스왕국의 야욕이 드러났다. 필리포스 5세와 셀레우코스왕국의 안티오코스 3세는 비밀리에 동맹을 맺고 프톨레마이오스의 영역을 나눠 갖기로 약속했다.

이집트는 무서운 기세로 진격해오는 마케도니아와 셀레우코스왕국에 대응할 방법이 없자 로마에 지원을 요청했다. 그러자 로마는

▲ 기원전 212년에 로마군이 시라쿠사를 공격했다. 그날 아르키메데스는 도형을 그리며 기하학 연구에 몰두하고 있었다. 그때 누군가가 자신에게 다가오자, 로마 병사인 줄도 모르고 "물러서거라, 내 도형이 망가진다!"라고 외쳤다. 그 말에 분노한 로마 병사는 대학자를 몰라보고 그 자리에서 그를 죽였다.

흔쾌히 받아들이고, 이집트의 후견국이라는 명분으로 필리포스 5세와 안티오코스 3세에게 이집트의 국경을 침범하지 말라고 경고했다. 그러나 셀레우코스는 눈 하나 깜짝하지 않았다. 그러자 로마는 다시 이집트를 보호한다는 대의명분을 내세워 마케도니아에 전쟁을 선포했다. 이렇게 해서 제2차 마케도니아 전쟁이 시작되었다.

로마는 빠르게 군대를 정비해서 세르비우스 술피키우스 장군이 로마군을 이끌고 아테네로 진격했다. 술피키우스는 아테네에 1개 부대를 보내 주둔하던 마케도니아군을 몰아냈다. 이에 필리포스 5세는 매우 분노해서 곧장 로마의 뒤를 따라 아테네로 들어갔다. 그러나 잇달아 공격에 실패하자 필리포스 5세는 방향을 틀어서 아무 원한도 없던 주변 도시국가들에 무차별 공격을 퍼부었다. 그러자 그는 주변 도시국가들의 화를 샀고, 결국 아카이아 동맹을 제외한 고대 그리스 대부분 도시국가가 로마 편에 서서 마케도니아를 공격하기 시작했다. 마케도니아와 로마는 몇 차례에 걸쳐 국지전을 벌이며 승패를 주고받았다.

이후 로마의 플라미니누스 장군은 고대 그리스로 진격해서 마케도니아와 결전을 치르려고 했다. 이때 그는 그리스 도시국가에 사자를 파견해서 동맹을 맺으려고 노력했다. 이렇게 해서 아카이아 동맹을 끌어들인 로마는 거의 모든 그리스 도시국가와 동맹을 맺을 수 있었다.

기원전 197년에 플라미니누스 장군이 이끄는 로마군과 동맹군은 병사를 2만 명까지 확충하고, 키노스케 팔라이 부근에서 필리포스 5세가 이끄는 마케도니아군과 격렬한 전투를 벌였다. 그 결과 마케도니아가 참패하고 필리포스 5세는 백기를 들고 투항했다. 그리고 이듬해에 로마와 마케도니아는 필리포스 5세가 마케도니아를 떠날 것, 모든 토지 소유권을 포기할 것, 고대 그리스 도시국가들의 독립을 인정할 것, 로마에 거액의 배상금을 지급할 것, 마케도니아군은 5,000명을 넘지 않도록 할 것, 로마의 비준 없이는 전쟁을 치를 수 없다는 등의 내용을 포함하는 평화 조약을 맺었다.

이렇게 한때 막강한 세력으로 세상을 놀라게 했던 마케도니아도 몰락하며 다시는 재기할 수 없게 되었다. 한편, 그리스 도시국가들은 이 전쟁의 결과 독립에 성공한 듯했으나 여전히 로마의 통치를 받았다.

제3차 마케도니아 전쟁

기원전 179년에 필리포스 5세가 암피폴리스에서 죽은 후 그의 아들 페르세우스가 왕위에 올라 마케도니아를 이끌었다. 페르세우스는 로마에 사신을 파견해서 예를 갖추는 한편 몰래 군사를 모집하며 국력을

▲ 로도스 항구의 전경
기원전 3세기에 로도스 항은 지중해 무역의 중심지이자 문명의 메카였다.

길렀다. 그러나 로마는 첩자를 보내 이러한 꿍꿍이를 알아챘다. 기원전 171년에 로마가 마케도니아에 전쟁을 선포하고 곧바로 고대 그리스 지역으로 진격하면서 제3차 마케도니아 전쟁이 시작되었다. 페르세우스는 일리리아와 트라키아에 원조를 요청했지만, 모두 거절당해 혼자 힘으로 전쟁을 치러야 했다.

전쟁 초기에 로마군은 여러 차례 타격을 입었다. 로마군이 익숙하지 않은 산지에서 전투가 벌어졌기 때문이었다. 로마군은 잇달아 장군 3명을 교체하면서 병력을 보강했지만, 여전히 속수무책이었다. 그러던 중에 로마는 아이밀리우스 파울루스를 총지휘관에 임명했다. 작전을 세우는 데 특히 뛰어난 그는 군대를 재정비한 후 험준한 산맥을 넘어 그리스로 빠르게 진격했다.

아이밀리우스의 공격을 받은 페르세우스는 계속해서 고전을 면치 못했다. 3만 병력의 마케도니아군은 피드나 지역까지 후퇴해서 그곳에 진영을 세웠다. 로마는 이들의 뒤를 바짝 쫓았고, 같은 해 6월 22일 저녁 무렵 마케도니아의 선제공격으로 격렬한 전투가 벌어졌다. 로마군은 전면전으로는 마케도니아의 팔랑크스 진영을 막아내

지 못했다. 그래서 후방의 산간 지역으로 후퇴하자 마케도니아군이 로마군을 바짝 추격했다. 그렇지만 아무리 막강한 팔랑크스 대형이라도 험준한 산세에서는 위력을 발휘하지 못했다.

아이밀리우스 장군은 마케도니아의 위기를 놓치지 않고 다시 공격에 나섰다. 결국 마케도니아의 팔랑크스는 무너졌고, 페르세우스가 줄행랑을 치자 오합지졸 마케도니아군도 뿔뿔이 흩어졌다. 제3차 마케도니아 전쟁에서 마케도니아는 군사 2만 명을 잃고 1만 명을 포로로 내주며 크게 패했다. 도망치던 페르세우스는 적군에게 잡혀 종신형을 선고받고, 그 이듬해에 죽었다.

큰 승리를 거둔 로마군은 안티고노스 왕조를 말살하고 마케도니아를 네 구역으로 나누어서 지역 간에 결혼과 무역 거래를 모두 엄격히 금했다. 또 마케도니아에 매년 세금의 절반을 로마에 바치도록 했다. 이렇게 해서 마케도니아는 종이호랑이로 전락했다.

함께 로마에 맞서다

승리한 로마는 여세를 몰아 마케도니아를 잔혹하게 탄압했다. 기원전 149년에 이르러 페르세우스의 아들을 사칭한 안드리스쿠스가 마케도니아인을 선동해서 시위를 벌였다. 그는 트라키아와 그리스 일부 도시국가의 지원을 받아 로마에 반기를 들기도 했다. 그러나 이 역시 로마에 진압되었다. 로마는 마케도니아의 반발을 차단하기 위해 기원전 146년에 마케도니아를 초토화해서 로마에 귀속시켰다.

로마의 통치가 달갑지 않았던 곳은 마케도니아만이 아니었다. 주변 도시국가에서도 반로마 정서가 고개를 들었다. 그러나 현실은 그들의 바람을 실현하기에는 그리 녹록치 않았다. 로마는 그리스에 본때를 보여주기 위해 도시국가의 대표격이던 코린토스를 초토화했다. 그리고 이후 시위에 가담하는 도시국가는 모두 폐허로 만들어 버렸다. 그 결과, 끝까지 대항하던 고대 그리스는 결국 완전히 로마의 통치권으로 편입되었다.

과거의 동지이기도 했던 마케도니아가 몰락하자 셀레우코스왕국과 이집트 프톨레마이오스 왕조에도 위기가 찾아왔다. 이들은 로마에 전쟁을 선포했지만, 사실 막강한 로마군을 당해낼 수 없었다. 기원전 64년에 셀레우코스왕국이, 기원전 31년에 프톨레마이오스 왕조가 로마에 정복되면서 위대한 알렉산드로스 대왕의 대제국은 완

전히 끝이 났다.

　강력한 로마군은 무력으로 그리스를 정복했다. 그러나 그리스의 문화와 사상까지 무력으로 통제할 수는 없었다. 로마인은 고대 그리스의 건축, 예술, 종교, 문학과 철학 등에 깊이 매료되었으며 로마 상류층에서는 고대 그리스 문화를 배우려는 열풍이 불었다. 로마는 굶주린 맹수처럼 고대 그리스 문화의 걸작들을 닥치는 대로 모조리 가져가더니 일부는 아예 자신들의 것으로 둔갑시켰다. 이렇게 로마 문화는 고대 그리스 문화를 기반으로 한층 발전했다.

생활 예술 헬레니즘 철학

정복자 알렉산드로스는 그리스 도시국가의 모든 희망을 산산조각 냈다. 고대 그리스 시민들은 거대한 제국 마케도니아 때문에 나날이 고민이 깊어갔다. 이때, 그동안 우주의 오묘한 신비를 알아내는 데에만 몰두하던 철학자들이 사람들의 행복과 일상생활에 눈 뜨기 시작했다.

'개와 같은 생활(kynicos bios)'

헬레니즘 시대에 나타난 최초의 철학파는 시니시즘으로 불리기도 한 키니코스학파다. 기원전 4세기 중엽에 소크라테스의 제자 안티스테네스가 창설했으며, 그 유래에 대해 두 가지 설이 전해진다. 하나는 안티스테네스가 연설에서 '냉소적인(cynical)'이라는 어휘를 사용한 데서 유래했다고 하고, 또 하나는 이 학파가 인생은 단순하고 간소해야 하며 쾌락을 멀리해야 한다고 주장하며 '스스로' '개와 같은 디오게네스'라고 이름한 데에서 유래했다는 설이다.

키니코스학파는 개인의 도덕적인 책임과 강한 의지를 최고의 가치로 삼고 자연스러운 생활을 강조했다. 이 학파의 철학자들은 자유를 갈망했고, 세계 시민을 자칭하며 이곳 저곳을 떠돌면서 연설해서 밥을 얻어먹고 다녔다. 이들은 권력이나 세속적인 일에 속박되지 않는 삶을 추구했고, 육체와 정신의 건강을 중시했다.

▼ 디오게네스가 나무통에서 생활하며 금욕과 고행을 몸소 실천하고 있다.

키니코스학파는 창시자 안티스테네스의 제자인 디오게네스에 이르러 전성기를 맞았다. 그는 키니코스학파의 학설에 따라 걸식에 가까운 간소한 생활을 했다. 디오게네스는 세상의 모든 부귀영화를 멀리하고, 자족했으며, 관습을 무시했고, 기본적인 예의범절은 물론 체면을 지키는 것마저 거부했다. 나무통을 집 삼아 자고, 날이 밝으면 나무통을 이고 사방을 떠돌아 다녔다. 그의 행동은 논란을 불러일으켰으나, 그 자신은 매우 태연했다.

그에 관해 유명한 일화가 있다. 한번은 알

렉산드로스 대왕이 그를 찾아가 무엇을 원하느냐고 물었다. 그러자 디오게네스는 아무것도 필요 없으니 햇빛이나 가리지 말고 지나가 달라고 대답했다.

금욕과 고행을 주장한 키니코스학파는 이후 오랜 시간 동안 인류 사회에 상당한 영향을 끼쳤다. 이들의 생활은 문명과 별개로 하나의 자연인의 생활로 자리 잡았다.

'평정하고 자율적인 심신의 안정' – 이타락시아

기원전 4세기 말에 아테네에 덕망 높은 철학자 에피쿠로스가 등장했다. 에피쿠로스는 에피쿠로스학파의 시조로 인생을 사색의 주제로 삼았으며, 인생의 목적은 쾌락을 추구하는 데 있다고 생각했다. 그는 쾌락을 추구하는 것이 자연적인 욕망을 충족시키는, 즉 도덕적인 쾌락을 추구하는 것이지, 지나친 명예나 부귀, 돈과 성욕의 노예가 되는 것은 아니라고 보았다.

에피쿠로스의 사상은 매우 현실적이었다. 신체의 건강과 마음의 안정을 추구하는 등 보통사람들의 공감을 살 수 있었기에 자연히 이 학설을 따르는 사람도 많아졌다. 그가 세운 '정원 학교'에서 에피쿠로스학파의 철학자들은 추종자들과 함께 심신의 안녕을 달래고, 우애를 다졌으며, 법과 정의에 대해 이야기했다. 에피쿠로스의 쾌락주의는 무신론과 함께 그리스와 로마에까지 널리 전파되었고, 후대에 유물론과 원자론의 영감을 일으켰다. 기원전 3세기까지 보편화되다가 점차 영향력이 줄어들었다.

'모든 정념에서 해방된 상태' – 아파테이아

에피쿠로스 학파와 나란히 나타났지만 완전히 대립되는 스토아학파도 있었다. 스토아학파의 명칭은 그 학교가 있던 곳이 스토아 포이킬레인 데에서 유래했다. 철학자 제논은 초기에 키니코스학파의 윤리학을 공부하면서 플라톤과 아리스토텔레스의 사상을 받아들였고, 이를 바탕으로 자신만의 철학관을 확립했다. 제논의 철학은 "사람이 자기 힘으로 살며, 행복을 다른 누구에게도 빼앗기지 않아야 한다."라는 메시지를 담았다. 그들은 모든 욕망을 부정할 때 비로소 평안하고 안정적인 극락에 이를 수 있다고 주장했다. 스토아학파는 모든 이성을 선과 악으로, 즉 선은 미덕이요 심신의 안정은 미덕에서 온다고 강조했다. 그래서 사람들이 선의 의지를 추구하기 위해 안녕과 자유 속에서 묵묵히 자신의 사명을 다해야 한다고 생각했다.

스토아학파는 윤리를 강조해서 모든 쾌락을 부정하고 정의와 용맹함, 신중함 등의 미덕을 중시했다. 행복은 미덕을 추구하는 생활이라고 했으며, 오직 미덕이 사람들이 원하는 바이며 자연과 조화를 이룰 수 있다고 생각했다. 이러한 스토아학파가 사회에 큰 반향을 일으키면서 로마의 정치인과 귀족들도 스토아학파를 자처했다. 한때 로마의 공식 철학으로 영향력을 행사한 스토아학파는 2세기까지 이어지다가 사라졌다.

'회의론' - 피로니즘

당시 철학파들은 진리를 발견해서 이를 세상에 널리 알렸다. 피론은 경험할 수 없는 일에 대해서는 어떤 행동을 다른 행동보다 좋게 볼 합리적인 근거가 없으므로 성급하게 진리의 존재 여부를 결정할 수 없다는 이른바 '회의론'을 탄생시켰다. 그는 외부의 위험에도 전혀 관심을 두지 않았다. 이와 관련된 유명한 일화가 전해진다. 피론이 배를 타고 출항했을 때, 바다 한가운데에서 폭풍우를 만났다. 사람들은 불안한 마음에 우왕좌왕하며 안절부절못하는데 그 와중에 피론은 미동도 하지 않았다. 그리고 뱃머리 부근에서 무언가를 먹는 새끼 돼지를 가리키며 현자란 이 돼지처럼 마음의 평정을 이루어야 한다고 가르쳤다고 한다. 피론은 자연의 섭리에 순응하며 살아갈 뿐 어떤 사건에 대해 이러쿵저러쿵 자신의 관점을 밝히지 않았다. 그처럼 회의론자들은 독단적인 생각을 피하고 마음의 안정을 유지했다. 훗날 플라톤 학원에서도 회의론자들이 배출되었는데 이들은 소크라테스의 "너 자신을 알라!"를 좌우명으로 삼았지만 판단 기준이 없었기 때문에 어떤 대상에도 판단을 내리지 않았다고 한다. 로마 시대에도 회의주의가 대세를 이루다가 3세기에 들어 점차 시들해졌다.

불후의 걸작 건축과 조각 예술

어쩌면 동양과 서양의 문명이 조화를 이루면서 끊임없이 창작의 영감을 불러 일으켰으리라. 한 치 앞도 예상할 수 없는 격동의 시기에 사람들은 예술로써 마음속의 생각을 표출하고 싶었나 보다. 여러 가지 궁금증을 자아내는 헬레니즘 문화는 단연 세기의 걸작이요, 보배라고 할 수 있다. 헬레니즘 시대의 건축물과 예술 작품은 지금도 우리 곁에 영원히 살아 숨 쉬며 그 생명력을 드러낸다.

건축 · 조각 예술의 발원지

고대 그리스 문화는 그리스 도시국가의 문화를 가리키며, 고상하고 우아하며 기품이 있고 간결하며 소박하게 내면의 묵직한 웅장함마저 담아낸 걸작이다. 헬레니즘 문화는 알렉산드로스 제국의 원대한 포부와 드높은 기세를 담아냈다. 이는 오묘한 신비와 화려함, 그리고 웅장한 매력을 발산하는 고대 이집트, 메소포타미아, 인도, 페르시아, 유대 문명을 탄생시켰다. 이 시기에는 정국이 불안하고 먹고 먹히는 전쟁이 잇달아 발생하는 등 국내외에 폭풍우가 끊이지 않았다. 그래서 당시 사람들은 여러 가지 복잡한 생각에 사로잡힐 수밖에 없었다. 예전처럼 종교에서 예술의 모티브를 찾아 작품을 만드는 것은 사람들의 다양한 수요를 만족시킬 수 없었다. 사람들은 현실 생활에서 느낀 감정과 생각을 건축물과 조각품에 투영했다.

건축가의 기념비

헬레니즘 시대의 건축물은 동양과 서양의 문화를 적절하게 결합하여 담아냈다. 동방의 웅장하고 화려한 아름다움이 기존의 소박한 풍격을 대신했다. 헬레니즘 미술의 상징이기도 한 화려한 코린트 장식이 유행하면서 고전주의와 간소하고 힘찬 풍격의 도리스 양식, 경쾌함과 우아함을 상징하는 이오니아 양식에도 변화가 일어났다. 헬레니즘 건축물에는 아치형 기법과 페르시아, 이집트의 스타일이 많이 반영되었다. 특히 도시 계획과 공공 건축물은 헬레니즘 문화의 르네상스 시대를

▼ 자살하는 갈리아인의 조각상
참패한 갈리아인이 모욕감을 참지 못하고 먼저 아내를 죽이고 자신도 따라 죽겠다고 하는 비극적인 형상을 묘사했다.

▲ 알렉산드리아에 있는 파로스 등대의 아름다움에 관해 전설이 전해진다. "등대의 아름다움이 고대 문명의 찬란함을 한껏 드러낸다."

이끌었다. 도서관, 박물관, 노천극장, 광장 등이 속속 등장하면서 사람들의 일상생활을 좀 더 다채롭고 풍성하게 해주었다.

'고대 7대 불가사의' 중 4대 기적이 헬레니즘 시대에 완성되었다. 알렉산드리아에 있는 파로스 등대와 로도스의 크로이소스 거상, 에페소스의 아르테미스 신전, 할리카르나소스의 마우솔로스 능묘를 말한다. 그중에서도 알렉산드리아에 있는 파로스 등대가 가장 손꼽히는 작품으로 알려졌다. 기원전 300년에 프톨레마이오스 2세의 지시로 소스트라투스가 건설했으며, 높이는 역대 최고인 135m였다. 3단으로 이루어졌고 맨 밑단은 4각 모양에 높이는 60m이며 모두 400개가 넘는 대리석으로 만들어졌다. 등대 안쪽으로는 창고와 마굿간, 그리고 등대 경비인의 숙소가 있었다. 가운뎃단은 8각 모양으로 높이가 30m이며, 꼭대기인 옥탑은 나선형 통로로 연결되었다. 옥탑 위에는 거대한 여신상도 있었다. 등대는 전반적으로 헬레니즘 건축 양식을 따라서 탑에는 주로 석재를, 기둥에는 화강암을 사용했으며 청동과 대리석으로 외부를 꾸몄다. 등대의 꼭대기에 있는 전망대에 오르면 수십 킬로미터 멀리까지 지중해를 볼 수 있었고, 반사 렌즈를 설치해서 더 먼 곳까지 비춰주었다.

최고의 걸작, 조각 예술

현대에 가장 큰 영향을 남겼고 사람들의 탄성을 자아내는 헬레니즘 예술을 꼽으라고 하면 이구동성으로 조각 예술을 꼽을 것이다. 사람들은 헬레니즘 시대의 조각 예술에 대해 "간결하면서도 우아하고 웅장한 외면이 묵직한 내면을 담아냈다."라고 찬사를 아끼지 않았다. 그러나 어떠한 말로도 불후의 걸작을 평가할 수는 없으리라. 헬레니즘 시대의 조각품은 마음속의 격정을 담아내면서 정감이 느껴지고, 그러면서도 당시의 슬픔과 울분을 담아냈으며, 작품마다 독창적인 에너지를 분출하고, 마치 살아 움직이는 듯 생동감을 품었다. 다시 말해, 자연주의와 현실주의, 낭만주의 등 여러 기법을 최고 수준으로 극대화한 작품이라고 할 수 있다. 헬레니즘 조각은 다양한 예술 양식을 조화롭게 발전시켰을 뿐만 아니라 시대의 정신을 강조하면서도 일상생활에서 엿볼 수 있는 세세한 부분까지 담아냈다.

특히 초상은 헬레니즘 조각의 위대한 업적의 하나이다. 먼저 헬레니즘 문화에서는 소재가 다양해졌다. 어린아이와 노인, 이민족의 초상도 많이 남겨졌다. 헬레니즘 시대에 이르러 초상은 더 이상 신의 전유물이 아니었다. 주변에서 자주 접할 수 있는 인물들을 소재로 한 친근한 작품을 살펴볼 수 있다.

▲ 라오콘과 그의 아들들

헬레니즘 시대의 대표적인 조각이다. 신화에 따르면 트로이의 사제 라오콘은 트로이 전쟁이 끝나갈 무렵 그리스인들이 보내는 목마를 받지 말라고 했다. 목마에는 그리스 군인들이 숨어 있었는데 이렇게 라오콘이 그리스인의 계획을 물거품으로 만들려고 하자 이를 지켜보던 신들은 그가 신의 명령을 받아들이지 않았다고 생각하고 거대한 뱀 2마리를 보내 라오콘과 그의 아들들을 질식시켜 죽였다. 조각은 고통에서 벗어나려고 안간힘을 쓰는 모습과 두려움과 공포, 처절한 감정을 잘 표현했다.

헬레니즘 초기의 〈밀로의 비너스〉, 〈사모트라케의 니케〉, 〈갈리아인과 그의 처〉, 〈자살하는 갈리아인〉, 〈제우스의 대제단〉, 〈라오콘 군상〉과 같은 작품은 웅장하면서도 비장함을 잘 살려냈다.

〈사모트라케의 니케〉는 1863년에 에게 해 북부의 사모트라키 섬에서 발견되었다. 발견 당시부터 조각이 많이 훼손되어 파편이 출토되었고, 복원을 거쳐 새로운 모습을 갖추었다. 그러나 머리 부분과 양 팔뚝은 없었다. 여신은 날개를 펼쳐 바람과 맞서는 자세이며, 바람이 불어 여신의 다리를 휘감는 듯한 옷의 표현을 보면 마치 날아갈 듯한 인상을 준다. 이 조각상은 기원전 190년 즈음에 제작된 것으로 추정되며, 로도스인들이 마지막 해전에서 승리를 기념하기 위해 만들었다고 전해졌다.

1820년 에게 해 밀로스 섬에서 발견된 〈밀로의 비너스〉는 〈멜로스의 아프로디테〉[13]라고도 불렸다. 학예사나 고고학자들이 작품의 제작 연대를 정확하게 파악하지는 못했으나 기원전 2세기경이라는

---

13) 로마에서는 아프로디테를 비너스라고 한다.

근거가 힘을 얻고 있다. 조각은 상하 두 개의 대리석으로 이루어졌으며, 두 상을 품위 있게 표현했고 가슴에서 허리로 이어지는 곡선을 우아하게 살렸다. 여성의 아름다움을 두드러지게 하기 위해 대리석 재질로 섬세하면서도 풍만하게 표현했다. 양팔이 없는데도 여성미를 잘 살려내어 불후의 걸작으로 회자된다.

페르가몬의 〈제우스의 대제단〉은 헬레니즘 건축 조각 예술의 최고봉을 알려주는 작품이다. 기원전 180년에 세워진 정교함을 강조한 대형 조각 예술품으로 길이 30m, 높이 9m로 길게 뻗은 바닥 위에 이오니아 양식의 기둥이 우뚝 솟아 있다. 특히 난간에 인물 200명의 조각과 구렁이, 매와 사자 등의 동물을 부조로 표현한 것은 절로 사람들의 탄성을 자아냈다. 〈제우스의 대제단〉은 신과 거인의 전쟁을 묘사한 것이다. 인물들을 상하좌우로 배치했고, 사람들의 신체를 세밀하고도 밀착해서 표현했으며, 두려움에 입을 벌린 모습, 팔 근육, 움츠린 어깨며 마구 흩날리는 머리카락, 깊게 패인 눈매 등 잔혹하고 불안한 전쟁의 한 장면을 생생하게 작품에 담아냈다. 거인의 고통과 분노, 흉악한 표정은 물론 구겨진 옷주름 하나하나 정교하게 표현했고, 중간 중간에 끼워 넣은 동물들의 조각까지 눈을 뗄 수 없게 했다. 신과 거인의 전쟁이라는 소재는 고대 그리스 조각 예술에서 기존에도 많이 사용되었지만, 이 작품에서 조각가는 특히 웅장하면서도 격정적인 힘을 불어넣었다. 이는 초기에 그리스 조각이 표방한 조화와는 다른 스타일이었다.

▲ 사모트라케의 니케
니케는 그리스 신화에 나오는 승리의 여신이다.

제 6 장

로마제국

'카피톨리노의 암이리' 전설 로마 캄피돌리오 광장

이곳은 영원불멸의 성. 2,000여 년 동안 역사의 흥망성쇠 속에서 수많은 전설이 탄생한 곳. '최초의 길거리 박물관'과 성 안의 성벽 곳곳에 다양한 사연이 깃들어 있다. 신화 속 인물들의 이야기를 잉태한 곳이자 고대 통치자들의 역사를 기록한 곳. 그리고 예술가들의 땀방울이 녹아 든 이곳은 지난 오랜 세월을 꿋꿋이 견뎌 오늘날까지 그 모습을 유지하고 있다.

카피톨리노의 암이리 전설

이탈리아의 수도 로마의 시청 부근에 있는 카피톨리노 언덕에 최고의 역사를 간직한 카피톨리니 미술관이 있다. 이곳에는 고대 로마 시대의 훌륭한 조각 및 회화 작품이 소장되어 있는데, 그중에 유명한 작품으로 조각 〈카피톨리노의 암이리〉 상이 있다.

전해지는 바로, 로마인의 조상은 트로이인이라고 한다. 기원전 1,184년에 트로이 전쟁에서 그리스 연합군이 이른바 '목마 계획'을 세웠다. 그리스군은 이에 따라 일단 바다로 철수하고, 거대한 목마를 만들어서 트로이 성 앞에 가져다 놓았다. 그러고는 트로이인들이 그것을 성 안에 들일 수 있다면 자신들은 확실히 패한 것을 인정하고 물러나겠다고 전했다. 그러나 사실 거대한 목마 안에는 그리스 병사들이 숨어 있었으며, 트로이 성 안에 들어가면 승리에 취한 트로이인들을 공격하려고 한 위장 전술이었다. 그리스 연합군의 공격을 받아 트로이 성이 함락되기 전에, 트로이 장군 아이네이아스는 간신히 성에서 빠져나왔다. 그리고 이탈리아 라티움에 상륙한 후 라비니움을 건설했다. 이후 아이네이아스의 뒤를 이어서 그의 아들 아스카니우스와 그 후손들이 알바롱가를 세우고 통치했다. 시간이 흘러 알바롱가의 13대 왕 프로카스의 맏아들인 누미토르가 즉위했을 때, 그의 동생인 아물리우스가 반란을 일으켰다. 누미토르에게는 두 아들이 있었는데, 아물리우스는 혈육인 두 조카까지 모두 죽였다. 또 누미토르의 외동딸 레아 실비아는 순결을 지켜야 하는 베스타의 사제가 되게 하여 형의 대를 완전히 끊고자 했다. 그러나 실비아가 군신 마르스와 사랑에 빠져 동침하면서 쌍둥이 형제를 낳았다. 아물리우스는 분노해서 실비아를 처형하고, 쌍둥이는 티베르 강[14]에 던져버리라고 명령했다. 이에 그의 신하가 바구니에 쌍둥이를 뉘여 티베르 강에 도착했는데, 도저히 아이들을 강물에 빠뜨릴 수가 없었다. 결국, 그는 운명에 맡기며 아이들이 누워 있는 바구니를 강물에 띄워보냈다. 아마 하늘이 내린 도움이었으리라. 쌍둥이는 강물에 가라앉지 않고 기슭으로 떠밀려 나왔다. 군신 마르스가 보우하사 아이들이 생명을 부지할 수 있었던 것이다. 또한 강가를 찾아온 어미 늑대가 배고파하는 아기들을 보고는 자신의 젖을 물렸다. 그리고 얼마 후, 양치기 파우스툴루스가 이 쌍둥이를 발견하고 자신의 오두막으로 데려가 길렀다. 양치기 부부는 아이들에게 각각 로물루스와 레무스라고 이름 지어 주었다.

　양치기 부부의 보살핌을 받으며 씩씩하게 자란 로물루스와 레무스는 우연히 외할아버지인 누미토르를 만나게 되었다. 그에게서 자신들이 늑대와 양치기 부부의 손에서 자라게 된 이유를 듣고 분개한 형제는 곧바로 외할아버지 누미토르를 폐위시킨 아물리우스를 몰아내고 알바롱가를 함락했다. 그리고 생명의 은인인 늑대를 기리기 위해 티베르 강에 새로운 도시를 세우기로 하고 로물루스는 팔라티노 언덕을, 레무스는 아벤티노 언덕을 맡았다. 이때 레무스에게는 독수리 6마리가, 로물루스에게는 12마리가 날아와서 둘 중 로물루스가 왕위에 올랐다. 로물루스는 흰 소 두 마리에 쟁기를 매어 도시에 세울 성벽의 경계를 정했다. 그리고 성문을 세울 자리에서 쟁기를 높이 들어올려 이 경계를 넘는 자는 사형에 처할 것이라고 선포했다. 이때 왕위에 오르지 못해 독이 잔뜩 올랐던 레무스가 그 경계를 넘자 로물루스는 그 자리에서 레무스를 죽였다. 이렇게 해서 로물루스가 모든 권력을 차지했고, 팔라티노와 카피톨리노, 아벤티노, 첼리오, 에스퀼리노, 비미날레, 퀴리날레 등의 일곱 언덕을 합쳐 로물루스라고 명명했

▼ 카피톨리노의 암이리
이 청동 조각상은 로물루스와 레무스 형제가 늑대의 젖을 먹고 자란 모습을 조각한 작품으로, 현재 로마의 상징이자 휘장이 되었다.

14) 현재의 테베레 강

다. 시간이 흘러 이 일곱 언덕이 있는 곳이 오늘날의 로마가 되었다고 전해진다.

신화 속의 로마

사실 이와 같은 신화 속 이야기가 사실이라는 주장도 있지만, 현재까지 이를 증명할 사료는 발굴되지 않았다. 그래서 로마의 기원을 둘러싼 여러 설은 정확하다고 할 수 없으며, 아직까지 대부분 추측에 의존하는 상황이다. 따라서 카피톨리노의 암이리 전설도 사실이라고 할 수 없다. 그렇지만 오늘의 로마는 하루아침에 이루어지지 않았다. 여러 부족의 노력이 집대성되어 오늘의 로마가 탄생했다.

2005년에 안드레아 카린티니가 이끄는 발굴 팀이 고대 로마의 폐허에서 고대 궁전 유적을 발굴했다. 그 궁전은 기원전 8세기에 지어졌으며, 전설 속의 로마 성과 대체로 일치한다는 결과를 얻었다. 로마 지역에서 빌라노바 문화가 시작되면서 빌라노바인은 철기를 사용했고, 농업과 목축업에 종사했으며, 티베르 강 유역에 정착해서 여러 부족이 자연을 경계로 부락을 이루어 살았다고 증명되었다. 특히, 7개 부락이 연맹을 맺어 '7부락 연합'을 결성했다. 이는 '7부락 성'이라 불렸으며, 후대에 '7부락 연합'이 사비니 부족과 연맹을 맺어 기원전 6세기 초까지 로마 성을 통치했다.

로마 성은 찬란한 역사를 만들어낸 곳이자 로마가 끊임없이 정복 전쟁을 벌일 수 있게 한 원동력이다. 로마는 로마 성을 중심으로 정복 전쟁을 시작해 지중해를 장악했고, 나아가 그 주변 지역까지 지배했다. 그러면서 마침내는 아시아와 아프리카, 유럽 대륙을 망라하는 방대한 영토의 대제국을 건설하고 통치하며 로마의 역사를 만들어갔다.

시민과 귀족의 대립 파트리키와 플레브스의 대립

독일의 법학자 예링은 "로마의 제3차 정복 전쟁은 법에 근거한 것이었다. 법은 로마가 세계를 지배할 수 있었던 유일하고 가장 효과적인 수단이었다."라고 말했다. 무력과 신앙으로 정복했던 과거와 달리 로마 공화정은 체계적인 법률 체제를 정비해서 정복 전쟁을 위한 구실을 마련했다. 로마법을 이야기하려면 먼저 평민과 귀족의 대립, 즉 파트리키와 플레브스의 대립을 살펴봐야 한다.

두 계층의 대립

위대한 로마는 무력으로 대제국 마케도니아를 철저히 무너뜨리며 새로운 역사의 주인공이 되었다. 기원전 509년, 무력 쿠데타를 일으켜 왕위에 오른 타르퀴니우스가 공포 정치를 펼치다가 추방되었다. 이와 함께 로마에서는 왕정 체제가 막을 내리고 공화정 체제가 시작되었다. 그런데 평화로울 것같던 공화정 체제에서 잔혹한 피의 그림자가 드리워지기 시작했다.

왕정 시대가 막을 내렸지만, 파트리키라고 불린 귀족과 플레브스라고 불린 평민 사이의 갈등은 여전히 남아 있었다. 왕정 체제와 공화정 체제가 함께 존립한 과도기에 양측은 더욱 날을 세우며 대립했다. 일단 귀족으로 구성된 원로원이 여전히 핵심 권력을 쥐고 있었다. 귀족 집정관은 국가의 최고 행정권을 가지고 있었고, 귀족끼리 결혼하면서 원로원은 완전히 배타적인 기구가 되었다. 귀족은 경제력도 평민과는 비교할 수 없을 정도로 월등했다. 모든 토지에 대한 분배 및 사용권을 받는 등 단지 귀족이라는 이유로 평민과 하늘과 땅 차이의 생활을 했다. 또 귀족은 전쟁의 부담을 모두 평민에게 돌렸다. 그래

▼ 로마의 노예 시장
한 여성이 나체로 단상 위에 서 있고 왼쪽으로 노예주가 보인다. 노예주가 값을 외치면 경매가 시작되고, 구경하던 사람들이 저마다 좀 더 높은 값을 부르면서 값이 순식간에 껑충 뛰어오른다. 이처럼 고대 로마에서는 노예가 소와 양 등 가축과 마찬가지로 매매할 수 있는 상품이었다.

서 평민은 토지를 다 빼앗기고 파산하거나 눈덩이처럼 불어난 채무를 갚느라 노예로 팔려가는 일도 많았다. 사회적 지위나 법률상으로 귀족은 무소불위의 권력을 휘두르며 평민을 억압하고 업신여겼다. 귀족들은 온갖 수단과 방법을 모두 동원해서 평민을 못살게 굴었다. 갈수록 포악해지는 귀족들을 도저히 참을 수 없게 된 평민들은 마침내 귀족과의 전쟁을 선포했다.

피의 전쟁 속에 비친 한 줄기 서광

기원전 494년에 평민과 귀족 간에 갈등의 골이 깊어졌다. 당시 로마는 이웃 부족과 전쟁을 치르고 있었는데, 병사로 참전한 평민들이 귀족의 압박에 반발해 전쟁터에서 이탈했다. 이에 로마군은 중심을 잃고 크게 흔들렸다. 전쟁 중에 군사들이 떠나버렸으니 로마로서는 그야말로 매우 위급한 상황에 맞닥뜨린 것이었다. 귀족인 지휘관은 군사를 하루빨리 복귀시키기 위해 세금을 대폭 낮춰주겠다는 타협안을 제시해서 상황을 무사히 마무리할 수 있었다. 이 밖에 평민들은 매년 고대 로마의 시민 총회인 코미티아 트리부타에서 호민관 두 명을 선출했고, 이들이 평민을 대표해서 귀족의 압박을 막았다. 호민관은 평민의 이해관계와 결부된 일이나 법률, 선거 등에 대해 결정권을 행사했다.

평민들은 호민관을 두어 자신들의 권리를 보호했지만, 사실 당시

▶ **고대 로마 성 전경도**
당시 로마 성에는 100만 명이 거주했다. 시원하게 쭉 뻗은 도로는 물론 사당, 공중목욕탕, 경기장, 극장 등이 있었다.

의 호민관은 법률을 제정할 수 있을 뿐 다른 일에는 관여할 수 없었다. 공화정 초기에 로마는 관습법을 따랐는데 이 법이 매우 모호해서 최종 결정은 결국 귀족이 내렸다. 귀족은 여전히 직권을 남용하거나 사리사욕을 챙기는 데 혈안이었다. 기원전 462년에 평민 호민관은 더 이상 관습법을 따를 수 없다고 선언하고 성문법의 필요성을 주장했다.

평민의 압박으로 기원전 451년부터 이듬해에 걸쳐 로마 역사상 최초로 성문법이 탄생했다. 법 조항은 동판 12개에 새겨넣어 공개했다. 그래서 성문법을 '12동판법'이라고 부르기도 했다. 이 법은 공법과 사법, 형법, 민법, 실체법과 절차법, 벌금, 씨족 계승, 유서 등 여러 내용을 포함했다. 성문법은 전통적인 관습법을 체계화해서 정리한 것으로 지역과 사회 발전 수준에 따라 일부분은 수정하기도 했다. 사실 성문법도 귀족의 이익을 보호했다. 그러나 판결을 내리거나 형량을 선고할 때 법에 근거해서 처리했기 때문에 예전처럼 귀족들이 직권을 남용하거나 특권을 휘두르는 일은 사라졌다. 이렇게 해서 무고한 시민들은 법에 근거해 자신들의 권리를 보호받을 수 있었고, 더 이상 귀족의 희생양이나 전리품이 되지 않았다. '12동판법'도 로마법의 원조라고 할 수 있었다. 그리고 기원전 445년에 제정된 카눌레이아 법에서는 평민의 강렬한 반대에 부딪혀 12동판법 중 평민과 귀족의 결혼을 금지하는 조항을 폐지했다.

플레브스의 신분 투쟁, 이정표를 세우다

기원전 4세기 초, 다시 한 번 심각한 위기를 맞은 로마는 평민, 귀족 할 것 없이 모두 힘을 모아서 적을 물리쳤다. 이 과정을 거치면서 평민과 귀족 사이의 갈등도 잠잠해지는 듯했다. 그러나 전쟁 이후 기원전 376년부터 기원전 367년 사이에 평민과 귀족은 다시 대립하기 시작했다. 평민 호민관 리키니우스와 섹스티우스가 토지, 채무, 고위 관직을 할당하는 문제 등을 놓고 평민들을 대표하여 다음과 같은 사항을 요구했다. 이른바 리키니우스섹스티우스 법이다. 첫째, 모든 로마인이 국유지에 대한 점유·사용권을 갖지만 토지 면적은 1인당 500유게라[15]로 제한하고, 국유지에서 방목하는 가축 수는 소

---

15) 1유게라는 약 2~3에이커

▲ 고대 로마 원로원에 모인 원로
들
원로원은 로마공화정과 로마제
국에서 막강한 영향력을 행사했
다.

100마리, 양 500마리로 제한한다. 둘째, 평민의 채무에 대해 일률적
으로 이자를 거두지 않는다. 이미 지급한 이자에 대해서는 원금으로
환산해서 적용하며, 원금은 3년으로 나누어 갚는다. 셋째, 집정관
콘술 2명 중 1명은 평민에서 선출한다. … 이 법안은 발표하자마자
귀족의 강력한 반발에 부딪혔다. 평민은 이 법안을 통과시키기 위해
10년 넘게 투쟁하며 리키니우스섹스티우스를 호민관으로 두었다.
평민들이 투쟁을 시작한 지 10년째 되던 기원전 366년에 섹스티우
스가 집정관으로 선출되면서 로마 역사상 최초로 평민 출신 집정관
이 탄생했다.

그 후로 기존의 관직이나 최고시정관, 독재관, 감찰관, 집법관 등
의 관직도 평민에게 개방되었다. 기원전 326년에 로마는 포이텔리
우스 법을 통과시켜서 사람으로 채무를 탕감하는 것을 엄격히 금지
했다. 사실상 채무 노예제를 폐지한 것이다. 기원전 304년에 시정관
요비아누스는 소송 절차와 법률 용어를 정리해서 평민도 쉽게 알아
볼 수 있게 했다. 이는 귀족이 사법의 알 권리를 독점하던 관례를 무
너뜨린 것으로, 평민도 평등하게 알 권리를 누릴 수 있게 되었음을

의미했다. 기원전 300년에 제정된 오비니우스 법은 독재관을 비롯한 모든 고위 관직을 재판할 때 평민들이 평민회인 코미티아 트리부타에서 상소할 수 있는 권리를 규정했다. 같은 해에 호민관 오굴니우스가 제정한 법은 대제사장과 점술관을 기존의 4명에서 9명으로 확대하고, 평민이 이에 참여할 수 있도록 문턱을 낮추었다. 대제사장 등 종교직은 매우 신성한 자리이므로 줄곧 귀족이 돌아가며 담당했지만, 이 법안이 통과되면서 평민도 참여할 수 있었다. 이 시기에 이르러 평민과 귀족은 동등한 자격으로 공직에 진출할 수 있었다.

호르텐시우스 법

귀족과 평민은 끊임없이 신분 투쟁을 했다. 기원전 287년에 평민은 채무에서의 억압을 문제로 야니쿨룸에 모여 집단으로 시위했다. 이후 평민 출신인 호르텐시우스가 독재관으로 임명되었고, 평민회에서 의결된 이른바 '플레비스치타'를 통해 평민만이 아니라 국가전체를 구속하는 법으로서 효력을 지니는 호르텐시우스 법을 제정했다. 평민회에서는 부락별로 부락 회의를 개최하고 투표를 통해서 의결할지 여부를 결정했다. 35개 부락이 1표씩 행사해서 18표 이상이 되면 다수결로 통과되는 방식이었다. 평민이 부락에서 다수를 차지했기 때문에 평민회 코미티아 트리부타가 켄투리아타[16]보다 훨씬 민주적이었다. 이렇게 민주적인 법안은 최초라고 할 수 있었다. 그러나 이후 귀족의 강력한 반발에 부딪혀 일부 제한을 두기도 했다. 예를 들어 코미티아 트리부타에서 통과된 결의는 원로원의 동의를 거쳐서 최종적으로 켄투리아타의 승인을 받아야 효력이 생겼다.

호르텐시우스 법은 평민과 귀족이 법적으로 평등하다고 인정하는 상징이다. 이렇게 해서 평민회는 로마공화국에서 국가의 공식 민회 가운데 하나로 인정받았고, 평민과 귀족의 투쟁은 일단락되었다.

평민의 법적 지위가 향상되고 특히 평민이 국가 고위직에 진출할 수 있게 되면서 일부 부유한 평민은 귀족과 결혼하여 기존 귀족 사회에 편입하기도 했다. 평민이 '신新귀족'이 된 것이었다. 신귀족은 국가의 최고 관직을 맡으면서 원로원에 들어가게 되길 간절히 바랐

---

16) 군사상 단위인 켄투리아를 투표의 한 단위로 하는 민회. 재산에 따라 등급을 나누어 시민의 병역 의무에 차별을 둔다.

다. 또 귀족 사회에 물들어 권력을 남용하고 국유지를 불법으로 빼돌리기도 했다. 전해지는 바로는 리키니우스섹스티우스 법이 통과되고 나서 신귀족이 점차 늘어났고, 타지에서 온 사람들도 요직을 차지했다고 했다.

상류층 평민들이 신귀족이 되면서 이제 진정한 평민은 가난한 농민밖에 남지 않았다. 그러나 로마의 계속되는 침략 전쟁과 군사 식민지의 탄생, 그리고 정부의 공유지 분배가 있을 때마다 평민들은 토지 소유권을 요구했고, 어느 정도 만족할 만한 보상을 받을 수 있었다. 평민은 로마 군대의 핵심이었다. 그들은 로마가 대외 확장을 하는 데 적극적으로 참여하고 이익도 공유해 '로마인의 단결'을 드러냈고, 이를 바탕으로 로마는 정복 전쟁에서 승승장구할 수 있었다. 또 계속해서 더 넓은 지역을 지배하게 되면서 노예도 많이 거느릴 수 있었다. 로마는 노예의 노동력을 이용해 토지를 개간하고 농사도 지으면서 토지 소유제를 더욱 강화했다. 반면에 농민은 점차 토지 소유권과 일할 수 있는 터전을 잃었다. 이렇게 일자리를 잃은 농민이 도시로 몰리면서 도시 빈민이나 무일푼 거렁뱅이로 전락했다.

이렇게 신귀족이 등장하면서 로마는 씨족 사회에서 노예제를 실시하는 귀족 국가가 되었다. 평민의 의미도 예전과 달라졌다. 다시 말해, '평민'은 도시와 농촌의 하층민을 뜻하는 개념으로 의미가 축소되었다. 평민과 귀족이 투쟁을 벌이면서 로마에서는 각종 기관과 관직, 그리고 법률 제도가 완비되었고, 전반적인 제도도 점차 체계를 갖추었다.

장군 명군 포에니 전쟁

기원전 3세기 중엽에 로마는 이미 이탈리아를 정복해서 신흥 대국으로 발돋움하고 있었다. 국내의 정세도 안정적이어서 대외 확장 활동에 더욱 탄력을 받았다. 로마인은 자국의 완비된 정치 체제와 막강한 군사 실력을 믿고 평온한 나날을 보냈다. 그리고 지중해 서부의 패권자가 되기 위해 해양 민족 페니키아를 목표로 삼았다. 이렇게 해서 포에니 전쟁의 서막이 열렸다.

이익 다툼

페니키아 이민자들이 북아프리카 튀니스 만에 세운 카르타고는 강력한 해상 제국이었다. 이들은 해상 무역의 요충지를 차지하기 위해 북아프리카에서 이베리아 반도까지 거점을 확대했다. 군사력도 무시할 수 없을 정도로 탄탄했다. 이러한 카르타고는 대제국을 건설하려는 로마의 앞길에 큰 걸림돌이었기에 두 나라는 마침내 시칠리아에서 맞붙었다.

기원전 348년, 로마는 카르타고와 자국의 국정에 간섭하지 않는다는 협약을 체결했다. 그런 동시에 이탈리아 해안에서 노예를 사거나 카르타고가 지중해 서부의 무역 패권을 손에 넣을 수 있다는 예외 조항을 두었다. 즉, 시칠리아 동부와 카르타고의 통치권을 인정한다는 의미였다. 그러나 기원전 264년 이후 로마가 이탈리아 반도를 통치하면서 지중해 서부의 패권 문제를 놓고 로마와 카르타고 사이에 날 선 대립이 시작되었다.

카르타고는 시칠리아를 다스리는 그리스계 세력과 네 차례에 걸쳐 전쟁을 벌여 마지막 전쟁에서 시칠리아에서 가장 큰 도시국가인 시라쿠사의 아가토클레스군을 무찌르고 시칠리아를 거의 점령했다. 그러나 아가토클레스가 카르타고 본국을 기습하는 바람에 다 잡은 승리를 놓치고 서둘러 본국으로 돌아가야 했다. 이후 카르타고는 아가토클레스와 협상해서 시라쿠사를 건드리지 않는 대신 시칠리아 내에서 자국의 세력권을 확고히 했다. 당시 아가토클레스는 이탈리아 반도 출신의 용병을 고용했다. 그런데 기원전 264년에 이 용병들이 시위를 벌이고 시칠리아 해협의 요충지인 도시 메시나를 점령했다. 그리고 해적질을 하면서 스스로 오스쿠인의 군신軍神인 '마메루스'의 아들 마메르티니라고 칭했다. 얼마 후, 이들의 횡포를 견디다 못한 인근 주민들이 시라쿠사의 히에론 2세에게 구원을 요청했다. 그러자 마메르티니는 그보다 한 발 빠르게 카르타고에 지원을 요청했다. 그러나 적극적으로 도움을 받지 못한다고 생각한 그들은 다시 로마에 지원을 요청했다. 이때, 카르타고는 로마가 자국의 자주권을 약속한 협정을 무시하고 시칠리아에 나타났다고 생각했다. 이 사건이 화근이 되어 제1차 포에니 전쟁이 시작되었다.

제1차 포에니 전쟁

로마는 일단 카르타고와 히에론의 사이를 이간질해서 마메르티니가 메시나 지역을 되찾을 수 있도록 지원했다. 2년이 지난 기원전 263년, 로마군의 압력을 받은 히에론은 로마와 동맹을 맺고 카르타고를 공공의 적으로 삼았다. 로마인은 이탈리아를 넘어 더 넓은 지역을 차지하고 싶었다. 그러려면 시칠리아에서 카르타고를 몰아내야 했고, 이를 위해서는 강력한 해군을 양성해야 했다.

기원전 260년, 로마는 헬라스 동맹의 지원을 받아 전함 140척을 보유한 막강 해군을 길러냈다. 같은 해에 시칠리아 동북부의 밀라이

▼ 로마-카르타고의 옛 터
포에니 전쟁이 카르타고의 완패로 막을 내리자 카르타고의 수도는 한때 폐허로 변해버렸다. 이후 로마-카르타고가 들어서며 옛 모습을 점차 회복했고, 로마 성을 이은 로마의 제2대 도시가 되었다.

지역에서 로마와 카르타고의 전쟁이 시작되었다. 로마는 새로 건조한 함대에 그리스 용병을 배치하고, 적의 우수한 항해술에 대항하기 위해 배에 까마귀 부리라고 불린 코르부스[17]를 장착했다. 그 결과 로마는 카르타고와 맞붙어서 그들의 정예 부대와 전함 50여 척을 물리치는 예상 밖의 승리를 거두었다. 이로써 로마가 시칠리아의 대

---

17) 아군 함대와 적군 함대 사이에 가교를 놓고 아군의 장갑보병이 적군 함대에 침투해서 적군을 제압할 수 있게 하는 장치로 육군이 강한 로마군의 이점을 살려 해전을 지상전으로 만들기 위한 것이다.

부분 지역을 점령했다.

그러나 카르타고는 여전히 시칠리아에서 막강한 패권 국가였다. 그래서 로마는 작전을 변경해 카르타고의 본거지인 아프리카로 출격했다. 기원전 256년에 지휘관 두 명이 이끄는 로마군이 카르타고 땅을 밟았는데, 이윽고 시칠리아 남부 아그리겐툼에서 카르타고 함대와 맞닥뜨렸다. 이번에도 로마의 신식 함대의 뛰어난 성능이 빛을 발해 카르타고는 밀라이 해전에 이어 로마에 또 한 번 패했다. 그 후 카르타고는 레굴루스가 이끄는 로마군의 공격을 받았다. 로마군은 연속된 몇 차례 전투에서 잇달아 승리했고, 곧이어 카르타고의 수도에 입성했다. 그러나 스파르타의 크산티포스가 카르타고군에 구원투수로 등장하면서 전세가 뒤집혔다. 결국, 로마가 크게 패해 레굴루스는 포로로 잡히고 로마군 2,000명만이 목숨을 건졌다. 이탈리아에서 지원하러 온 로마군도 돌아가던 중 배가 태풍을 만나는 바람에 전함 300여 척이 모두 침몰하고 배에 탄 병사 10만 명도 모두 익사했다. 이렇게 해서 로마의 카르타고 원정은 실패로 돌아갔다.

그 후에도 십 년 이상 전쟁이 지속되었다. 로마는 해군을 다시 정비해서 시칠리아에 있는 카르타고의 거점지를 여러 차례 공격했다. 그러나 결과는 연패였다. 로마군의 공격은 무엇 하나 제대로 풀리지 않았다. 카르타고는 로마의 기습을 잘 막아냈고, 심지어는 이탈리아에 군대를 파견해서 로마를 역습했다. 이제 로마는 병력을 충원하기 위해 연안의 식민지인들을 활용하는 것 외에는 뾰족한 수가 없었다. 전쟁이 길어지면서 양측은 모두 지칠 대로 지쳤다. 그래서 한때 타협을 시도했으나, 협의를 이끌어내지는 못했다. 그러던 기원전 242년, 로마는 대군을 이끌고 파죽지세로 시칠리아를 공격해 마침내 카르타고의 거점지를 봉쇄했다. 이어서 아에가테스 해전에서 카르타고군을 완전히 꺾고 다시 한 번 승전고를 울렸다. 이즈음 카르타고는 본국에서 일어난 내란이 걷잡을 수 없이 심각해진 상황이라 전쟁을 지원할 여력이 없었다. 그래서 기원전 241년에 카르타고는 로마와 휴전 협정을 맺고 시칠리아를 포기했다. 협정에 따라 카르타고는 무상으로 로마군 포로를 돌려보내고 거액의 배상금까지 지급해야 했다. 이렇게 해서 20여 년 동안 지루하게 계속된 제1차 포에니 전쟁이 막을 내렸다. 이로써 반도에만 갇혀 있던 로마는 처음으로 이탈리아 본토 밖으로 진출해 시라쿠사와 메시나 등을 제외한 시칠리아의 대부분 지역을 점령했다. 이후, 로마는 해당 지역에 행정관을 파견해 시칠리아를 제 1의 국외 점령지로 삼았다. 로마의 해상 전술과 창의적인 전략이 빛을 발한 결과였다.

제2차 포에니 전쟁

제1차 포에니 전쟁에서 카르타고는 크게 패했다. 전쟁이 끝나기 전부터 내란이 끊이지 않았고, 용병들도 잇달아 반란을 일으켰다. 그때 하밀카르 바르카스가 나타나 반란군을 평정했고, 제1차 포에니 전쟁의 피해를 만회하기 위해 최선을 다했다. 하밀카르는 카르타고를 떠나 지금의 에스파냐인 히스파니아로 가서 9년 동안 주둔군 사령관으로서 군대를 훈련시켰다. 그러던 중에 하밀카르는 물에 빠져 숨졌고, 사위 하스드루발과 아들이 그의 뒤를 이었다. 그 아들이 바로 유명한 한니발이다. 히스파니아인은 자고로 용맹하기로 명성이 자자했다. 더군다나 하스드루발에게 훈련을 받으며 더욱 민첩하고 막강해졌다.

이렇게 카르타고가 에스파냐에서 힘을 키워갈 때, 로마는 갈리아와 이베리아를 통제하기에 급급해 에스파냐를 살필 여력이 없었다. 기원전 221년에 하스드루발마저 세상을 떠나 스물다섯의 청년 한니발이 주둔군 지휘관이 되었다. 한니발은 로마가 이베리아 전쟁을 수습하느라 정신이 없다는 소식을 듣고, 기원전 219년에 로마의 보호령인 사군툼을 공격했다. 로마는 자신들의 코가 석 자인지라 지원군을 보낼 수 없었고, 사군툼은 결국 무기력하게 패배했다. 기원전 218년 당시, 기세등등하던 로마는 갈리아에서 출발한 한니발의 군대가 이탈리아로 들어올 때 해안으로 상륙할 것이라고 예측했다. 그리고 카르타고 정부에 한니발을 넘기라고 제안했다. 그러나 카르타고는 이를 일언지하에 거절했고, 이것이 또다시 전쟁의 불씨를 만들었다.

전쟁은 로마의 완패였다. 전술도 기존의 것을 고수했고, 카르타고와 에스파냐 두 곳을 동시에 포위하려고

▼ 한니발은 고대의 군사 역사상 아주 드물게 뛰어난 전술과 리더십을 겸비한 사람이었다. 특히 탁월한 리더십으로 다른 나라 병사들의 마음까지 샀고, 최전선에서 직접 작전을 지휘하며 용맹한 모습을 보여주었다. 또 매사에 신중한 성격으로 적들을 확실히 파악한 후에야 전투를 시작했다.

했지만 신통치 않았다. 반면에 카르타고는 뛰어난 지도자 한니발이
훌륭한 전략을 펼쳐 로마군 진영을 함락했다. 한니발은 이탈리아로
향하는 길로 험준한 알프스 산맥을 택했다. 로마의 예상을 완전히
뒤엎는 결정이었다. 이 소식을 들은 로마의 가이우스 플라미니우스
는 서둘러 이탈리아로 함대를 파견했다.

한니발은 알프스 산맥 남쪽에서 갈리아인과 갈등을 빚기도 했다.
그러나 갈리아인에게는 로마군이 카르타고보다 훨씬 악독하고 잔인
하기도 했고 또 한니발의 카르타고군이 승승장구하자, 상황을 지켜
보던 갈리아인들은 속속 카르타고군에 가담했다. 그 후 카르타고는
로마와 트레비아에서 맞붙었다. 한니발은 정면 대결보다는 매복전
과 같은 기습 전략을 준비했다. 이에 대해 아무런 준비도 못한 로마
군은 결국 한니발이 이끄는 카르타고군의 기습을 받아 병사 4만 명
을 희생시키는 참담한 패배를 했다. 이후로 로마는 이탈리아에서 더
이상 세력을 유지하기가 어려워졌고 갈리아인도 대부분 한니발의
군대에 자원 입대했다.

로마는 어쩔 수 없이 시간을 두고 전방위 작전 태세에 들어갔다.
먼저 로마는 집정관 2명이 이끄는 8만 대군을 편성해서 남부 이탈리
아에 파견했다. 한니발이 남하하는 것을 막으려는 의도였다. 그러나

▼ 카르타고의 장군 한니발이 코끼
리 부대를 이끌고 로마로 진격
하는 장면이다.

한니발군은 또 한 번 예상을 깨고 로마의 대군을 모조리 격파했다. 이때 로마군은 집정관 한 명과 병사 1만 5,000명이 죽었고, 살아남은 병사는 한니발군의 포로가 되었다. 당시 또 한 명의 집정관은 멀리 떨어져 있었기 때문에 곧바로 이 전장에 지원군을 보낼 수 없었다. 덕분에 한니발은 순조롭게 남쪽으로 이동했다. 사실 한니발은 전면전을 벌이지 않고 동남쪽에서 남부 이탈리아를 기습하려고 했으나, 그의 계획은 실패로 돌아갔다.

한편, 연달아 패한 로마는 그야말로 절체절명의 위기 상황에 몰렸다. 그러자 로마 공화정은 베테랑인 파비우스 막시무스를 집정관으로 임명했다. 그는 한니발과 전면전을 치르는 것을 피하고, 세력이 딸린다 싶으면 전투를 질질 끄는 지연 전술을 계획했다. 그러나 적과 당당히 싸워 이기는 것이 전통인 로마인들은 파비우스 막시무스의 전술을 이해하지 못해 전쟁터에서 이탈하는 등 내부적으로 소란이 발생했다. 로마군 내부에서 불협화음이 나던 기원전 217년 말, 한니발은 이탈리아 늪지대를 다시 기습했다. 이 공격으로 상당 지역을 점령했으나, 실은 어느 곳 한 군데도 완전히 함락하지 못했다.

6개월 동안 집정관을 맡은 파비우스 막시무스가 해임되고, 새로 집정관이 된 타렌티우스 바로와 아이밀리우스 파울루스가 대규모 전쟁을 위한 준비 태세에 들어갔다. 이는 한니발의 예상과 맞아 떨어졌다. 한니발은 로마군을 자신들의 거점지인 아폴리아로 끌어들일 속셈이었다. 기원전 216년, 한니발의 카르타고군은 칸나에에서

로마와 전쟁을 벌였다. 이른바 '칸나에 전투' 가 시작되었다. 전해지는 바에 따르면, 로마군이 한니발군을 수적으로 압도했으며 특히 보병은 한니발군의 두 배에 달했다고 한다. 그러나 한니발군의 1만 기병대도 실력이 만만치 않았다. 결국 한니발은 기병을 중심으로 교묘한 용병술을 펼쳐 칸나에 전투를 승리로 이끌었다. 아군 6,000명을 잃었지만 로마의 5만 대군을 물리친 대승이었다. 역사상 이번처럼 계란으로 바위 치는 식의 전투가 성공한 사례는 매우 드물었다.

또다시 크게 패한 로마는 공황 상태에 빠졌다. 한때 충성을 다짐한 그리스 도시국가들도 하나 둘 로마를 등지기 시작했다. 그럼에도 로마는 이탈리아 중부와 남부 지역에서 여전히 위세를 떨쳤고, 국고를 풀어 병력을 확충했다. 그리고 기원전 212년이 되자 점차 옛 명성을 되찾기 시작했다. 한편, 한니발은 힘든 나날을 보내고 있었다. 이탈리아 남부 사람들을 먹여 살리는 것도 힘에 부쳤고, 이탈리아 북부 갈리아인과의 관계도 예전만 못했다. 물론 주변국에 지원병도 파견할 수 없는 상황이었다. 그러는 사이에 한니발은 다시 로마와의 결전을 준비했다. 로마의 노장 파비우스 막시무스가 다시 지연 전술을 꺼내 들자 한니발은 생각대로 속전속결할 수 없었다. 그렇게 시간을 끌수록 로마는 점점 무서운 기세로 공격해왔지만 한니발군은 점점 위축되었다.

기원전 207년에 한니발은 에스파냐에 있던 그의 동생 하스드루발에게 지원을 요청했다. 그들은 알프스 산맥을 타고 넘어와 이탈리아

▼ 포에니 전쟁의 군사 대형

한니발군은 갈리아인 병사, 누미디아인 기병, 히스파니아 원주민인 이베리아인 병사와 카르타고 기병으로 구성된 혼성군이었다.

의 메타우루스 강가에 도착했다. 그곳에서 카르타고군은 마르쿠스 리비우스와 클라우디우스 네로가 이끄는 로마군에 크게 패했고, 하스드루발도 목숨을 잃었다. 기원전 206년 말에 로마의 명장 스키피오가 히스파니아에서 카르타고군을 몰아냈다. 한니발에게 이 일은 동생의 죽음보다 더 큰 영향을 미쳤다. 히스파니아는 한니발의 본거지였기 때문이다. 스키피오는 서른의 젊은 나이에 관례를 깨고 집정관이 된 인물이다. 그는 곧장 히스파니아의 가장 큰 항구인 노바 카르타고를 점령하고, 한니발군의 자금줄이라고 할 수 있는 은광을 장악했다. 이윽고 스키피오군은 카르타고 본국을 공략해서 카르타고군을 거의 전멸시켰다. 이때 한니발의 조국은 모든 책임을 한니발에게 돌리며 그를 본국으로 소환하겠다고 약속하는 등 너무나도 나약하게 대응했다. 그래서 기원전 203년에 한니발은 이탈리아를 떠나 카르타고로 향하는 배에 올랐다.

전해지는 바에 따르면, 한니발이 본국으로 돌아왔을 때 카르타고는 로마의 감시를 받는 속국이나 다름없었다. 그래서 한니발은 은밀하게 병력을 정비해서 로마와의 재대결을 준비했다. 그 사이에 카르타고인이 로마의 수송선을 약탈하는 사건이 벌어지자 로마 원로원은 스키피오에게 카르타고를 쓸어버리라고 명령했다. 그래서 기원전 202년에 카르타고 남부의 자마에서 한니발이 이끄는 카르타고군과 스키피오의 로마군 사이에 세기의 전투가 벌어졌다. 한니발은 병력 5만 명을 동원하여 수적으로는 스키피오군에 앞섰다. 그러나 전술의 핵심이던 누미디아 기병대가 로마 편에 서자 세력이 크게 위축되었다. 결국 제2차 포에니 전쟁은 로마의 승리로 돌아갔다. 카르타고는 마지막 희망인 한니발마저 패하자 기원전 201년에 로마에 화약을 구걸할 수밖에 없었다. 그러나 로마가 제시한 화약의 내용은 카르타고에 가혹할 정도로 불리했다. 자국 아프리카를 제외한 모든 영토를 로마에 내주어야 했고, 해군을 두어서도 안 되며, 로마의 승인 없이 그 어떤 나라와도 전쟁할 수 없다고 명시했다. 물론 거액의 배상금도 지급해야 했다.

제3차 포에니 전쟁

제2차 포에니 전쟁 후, 로마는 더 이상 자국의 영토만 지키고 있을 수는 없었다. 그래서 적극적으로 영토 확장 정책을 펼쳐 갈리아와 히스파니아, 그리고 마케도니아와 맞붙었다. 그런 동시에 카르타고에 대한 경계의 끈도 놓을 수 없었다. 그래서 로마는 기원전 201년에 카르타고와 평화 조약을 맺어 그들의 힘을 크게 약화시키고, 자치권도 일부 박탈했다. 그러나 카르타고를 완전히 점령한 것은 아니었다. 전해지는 바에 따르면, 제2차 포에니 전쟁 이후 카르타고는 한니발의 개혁으로 점차 안정을 되찾고 농업과 상업도 활기를 띠었다. 한니발은 한때 셀레우코스 왕조의 안티오코스 3세에게 피신했으나 한니발의 정적이 이를 로마 원로원에 고발했다. 그러자 한니발은 로마군에 잡히기 전에 서둘러 셀레우코스왕국을 떠나 여러 나라를 돌아다니며 지냈다.

자마 전투에서 로마 장군 스키피오는 누미디아 기병대를 이끌고 카르타고를 공격했다. 로마는 강력한 기병을 앞세워서 자마 전투를 승리로 장식했고, 기병대의 선봉인 마시니사를 누미디아의 왕으로 책봉했다. 마시니사는 카르타고의 비옥한 토지를 정복하고 싶었다. 기원전 201년에 로마가 평화 조약을 맺어 카르타고의 방위권을 박탈했을 때 마시니사도 카르타고 영토를 점령하며 오랜 숙원을 이루었다. 뒤이어 카르타고에 로마 원로들이 도착하자 마시니사는 그들에게 지원군을 보내는 방식으로 충성을 보였다. 그리고 한편으로 유언비어를 퍼뜨려서 카르타고를 위기로 몰아 넣었다. 로마도 누미디아의 편에 서서 그들이 카르타고를 정복하는 것을 물심양면으로 도왔다. 카르타고는 결국 광활한 영토를 내주고 겨우 튀니스 만 일대만을 지킬 수 있었다.

당시 로마 원로는 두 파로 나뉘었다. 스키피오 집안을 중심으로 한 원로원은 한니발을 보호하고 누미디아의 영토 확장을 저지해야 한다고 주장했다. 그러나 다른 파의 원로들은 한니발은 예상할 수 없는 인물이니 철저히 감시하고 카르타고도 완전히 함락해야 한다고 말했다. 그들은 또 카르타고와 누미디아의 전쟁은 카르타고가 로마와 맺은 평화 조약에 어긋난다고 주장했다. 카르타고가 전쟁을 시작했다는 것 자체로 어느 정도 세력이 회복되었다는 것을 알 수 있다는 것이었다. 후자의 주장에 힘이 실리자 로마는 기원전 149년에 카르타고에 전쟁을 선포했다. 카르타고는 파죽지세로 몰아붙이는 막강한 로마군의 공격에 방어 한 번 제대로 하지 못하고 항복했다. 로마는 카르타고 귀족 자제 300여 명을 인질로 잡고, 성 안의 무기와 갑옷을 모두 바치라고 하는 등 카르타고를 잔혹하게 수탈했다.

　카르타고는 로마가 자신들을 순순히 놓아주지 않을 것이며 계속 해서 말도 안 되는 구실을 대며 결국에는 로마의 속국으로 삼을 것 이라고 생각했다. 얼마 후 로마가 카르타고를 봉쇄했을 때 카르타고 군과 시민은 필사적으로 성을 수비하며 격렬히 저항했고, 포에니 유 격대가 로마군을 기습했다. 그러자 기원전 147년에 로마는 더 강한 부대를 이끌고 와서 카르타고의 본성을 완전히 에워싸고 일주일가 량 진을 쳤다. 시간이 흐를수록 카르타고 성 안에서는 사람들이 하 나 둘 굶주림과 피로에 지쳐 쓰러지기 시작했다. 제3차 포에니 전쟁 도 결국 로마의 승리로 끝났다. 이후 카르타고인 5만 명이 노예로 팔려갔고, 카르타고 본성도 완전히 로마에 함락되었다. 이후 로마는 카르타고를 로마의 한 행성으로 편성했다.

제국의 탄생

　세 차례 포에니 전쟁을 치르는 데 무려 118년이 흘렀다. 결국은 로마의 승리로 대단원의 막을 내린 이 전쟁은 규모나 시간에서 모두 유례를 찾아볼 수 없는 세기의 전쟁이다. 포에니 전쟁은 비록 승자 와 패자를 가리며 끝났지만, 지중해의 패권을 다툰 경쟁에서 해상 강국 로마의 뛰어난 전략이 빛을 발했다는 점과 한니발의 카르타고 군이 해상 패권을 빼앗긴 상황에서 알프스 산맥을 넘어 로마의 심장 부로 돌격한 전략 등 양 진영이 보여준 훌륭한 전략들은 지금까지도 놀라움과 찬사를 자아낸다.

　이 전쟁에서 큰 승리를 거둔 로마는 지중해 동쪽으로 영토를 확장 해서 마침내 유라시아와 아프리카를 망라하는 거대한 제국을 세웠 다. 즉, 포에니 전쟁은 로마가 세계의 패권국이 되는 기반이 되었다. 로마제국의 역대 통치자들은 영토 확장에 주력한 끝에 먼 나라의 이 야기로만 들렸던 원대한 통일의 꿈을 결국 이루어냈다.

비장한 개혁 그라쿠스 형제

그라쿠스 형제는 기원전 133년에서 기원전 121년까지 토지 법안을 중심으로 로마의 개혁을 이끌었다. 하지만 원로원 세력을 누르는 데에 실패하고 결국 비참한 최후를 맞았다. 그 후 로마에 다시 혼란이 빚어지며 로마 공화정도 몰락했다.

귀족 집안의 인재

티베리우스 셈프로니우스 그라쿠스와 가이우스 셈프로니우스 그라쿠스 형제는 로마 역사상 손꼽히는 훌륭한 인물이다. 그라쿠스 형제는 로마 공화정 말기의 정치가이자 달변가로 생애 마지막 순간까지 로마의 정치 개혁을 위해 헌신했다.

그라쿠스 형제는 귀족 가문에서 태어났다. 형제의 아버지인 티베리우스 셈프로니우스 그라쿠스[18]는 이름만 대면 모두 알 만한 유명 인사로, 집정관과 감찰관 등 고위직을 역임했다. 아버지 티베리우스 셈프로니우스 그라쿠스는 지략이 뛰어나고 모든 일을 공정하게 처리한다고 정평이 난 사람이었다. 스키피오의 딸 코르넬리아와 결혼해서 슬하에 열두 자녀를 두었는데 그라쿠스 형제 둘만 남고 모두 죽었다. 그래서 두 형제는 부모의 사랑을 듬뿍 받으며 자랐다. 기원전 154년에 모든 이의 존경을 한몸에 받던 그라쿠스가 세상을 떠나자 아내 코르넬리아는 아이들의 교육에 매진했다. 형제는 어머니의 선하고 바른 성품을 본받았고, 자신들을 위해 지극정성인 어머니의 노력을 헛된 일로 만들어서는 안 된다고 생각했다. 그래서 형제는 귀족 자제들과 친분을 맺고 교양을

▼ 그라쿠스 형제의 동상

---

18) 그라쿠스 집안에서는 장남이 티베리우스라는 이름을 물려받아서 장남과 아버지의 이름이 같다.

쌓으면서 큰 인물이 되기 위해 노력했다.

병력을 확충하다

로마 공화정은 다양한 계층의 요구를 최대한 반영해서 나라의 부를 최대한 모든 시민과 나누기 위해 만든 제도였다. 공화정은 로마인이 단결할 수 있었던 원동력이자 애국심과 책임감을 고취하는 가장 효과적인 수단이었다. 로마인은 합심해서 대외 영토 확장 전쟁에 뛰어들었고, 한때 승전고를 울렸다. 그러다가 계획대로 영토를 확장할 수 없게 되자 속국을 로마의 행정 체계에 편입시켰다.

로마 공화정은 비교적 체계적인 제도이긴 했으나, 로마의 영토가 워낙 넓어서 여러 지역에서 산발적으로 발생하는 문제까지 신속하게 통제할 수가 없었다. 또 로마는 더 넓은 영토를 차지하고 속국의 반란을 진압하기 위해 대규모 병력이 필요했다. 로마인은 속국의 행정 구역에서 과하게 세금을 거두며 잇속을 챙기기에 급급해서 속국의 국민과 갈등의 골이 깊어졌다.

로마 공화정은 징병제를 시행한 국가로, 시민은 재산의 규모에 따라 등급이 나뉘어 차등적으로 군대에 배치되었다. 부유한 계층일수록 더 큰 임무를 맡고, 자산이 없는 시민은 병역 의무가 없었다. 당시 로마에서는 빈부 격차가 나날이 커지고 또 다른 여러 가지 내부적인 문제로 가난한 사람과 파산자가 속출했다. 그래서 병역의 의무를 지는 병사도 갈수록 줄어들었다. 일부 정치인은 이를 사회적인 문제로 인식하고, 소농제를 부활시키자고 주장했다. 소농제는 토지가 없는 자에게 농지를 주어 자작농이 되게 하고 이들로써 병력을 확충하려는 계획이었다.

티베르 강의 눈물

기원전 133년에 호민관에 당선된 형 티베리우스 그라쿠스가 새로운 토지법을 주장했다. 그 법안에 따르면 개인 토지는 500유게라[19]를 초과하지 못하며, 다만 추가 조항을 두어서 아들은 별도로 250유게라를 소유할 수 있었다. 다시 말해, 아들이 두 명인 집은 아버지가 최대 500유게라, 아들 두 명이 각각 최대 250유게라씩 총 1,000유게

---

19) 약 1.3 제곱킬로미터

◀ **고대로마전도**

18세기 이탈리아의 화가 베르니니가 그린 〈고대로마전도〉는 고대 로마 역사를 한 장의 그림에 압축해서 담아내면서도 예술미를 한껏 살린 작품이다. 라오콘에게 희생된 그리스군과 트라야누스 황제 기념 기둥, 콘스탄티누스의 개선문까지 당시의 역사를 그대로 재현해냈다.

라을 소유할 수 있었다. 이 규정을 어기면 국가가 토지를 몰수해서 땅이 없는 자들에게 각각 30유게라씩 분배했다.

이 법안은 대지주의 거센 반발에 부딪혔다. 그들은 티베리우스가 국가에 혼란을 부추긴다고 비난했고, 호민관 옥타비우스를 끌어들여서 토지 개혁안이 통과되지 못하도록 조치했다. 티베리우스도 이에 가만히 있지 않고 원로에게 호민관 옥타비우스가 시민의 입장을 대변하지 않으니 그를 해임해야 한다고 주장했다. 결국 옥타비우스가 파면되고 티베리우스는 가까스로 개혁안을 통과시켰다.

기원전 133년 여름에 페르가몬 아탈로스 3세가 로마 왕실과 직할 시, 개인 소유의 재산을 모두 로마 국민에게 증여한다는 유언을 남겼다. 티베리우스는 이 모든 재산을 국가 재산에 포함시켜서 빈농들에게 보조금으로 지급하자고 제안했다. 그러자 그의 반대 세력이 티베리우스와 페르가몬 왕조 사이에 왕위 계승에 관한 거래가 있었으며 티베리우스는 권력에 눈이 멀었다는 등의 유언비어를 퍼뜨렸다. 티베리우스도 이런 터무니없는 소문을 들었으나, 개혁안을 통과시켜야 한다는 일념으로 다시 호민관 경선에 참여했다. 선거 날, 로마 시민과 티베리우스의 반대파가 모인 팔라티노 언덕 광장에서 아수라장이 벌어졌다. 시민들과 반대파의 몸싸움이 걷잡을 수 없이 심각해지자 호민관 후보자들은 서둘러 광장을 떠났고, 제사장들도 서둘러 신전을 통제했다. 얼마 후 티베리우스를 둘러싼 유언비어가 확산되어 가던 중에 호민관들이 하나 둘 사라지는 일이 벌어졌다. 그러자 사람들은 티베리우스가 경쟁자인 호민관 후보들을 없애는 것이라고 의심했다.

원로원은 팔라티노 언덕의 신전에 모였다. 이 자리에서 스키피오 나시카 제사장이 집정관에게 티베리우스를 처형하자고 제안했으나 거절당했다. 그러자 그는 "조국을 구하고자 한다면 나를 따르라!"라고 구호를 외치며 원로와 시종들을 앞세워 광장으로 향했다. 그들이 광장에 있던 티베리우스를 죄인으로 몰아세우고 지지자들을 구타하면서 광장은 한순간에 아수라장으로 변했다. 원로들이 티베리우스를 처형하라고 명령하자마자 반대파는 그를 신전 앞에서 처형하고 그의 지지자 300명도 모조리 살해해서 티베르 강에 던져버렸다.

개혁의 결말

티베리우스가 잔혹하게 살해되자 로마 시민들은 스키피오 나시카 제사장을 증오했다. 그러자 그는 어쩔 수 없이 소아시아로 망명했다가 그곳에서 객사했다. 그 즈음 원로원이 티베리우스의 개혁안을 완전히 저지하지 못한 상황에서 기존의 토지제가 여러 가지

▼ 로마 광장 복원도
로마 건축의 기원은 그리스 건축과 이탈리아 반도에 최초로 문명을 일군 에트루리아인으로 크게 둘로 나눌 수 있다. 고대 로마 건축은 1세기부터 3세기에 전성기를 맞이했고, 이후 서양 건축의 토대가 될 유산을 많이 남겼다.

문제를 드러내기 시작했다. 공유지가 점점 줄어들고 이미 토지를 소유한 시민들은 온갖 수단과 방법을 동원해서 토지를 감췄다. 그러던 기원전 125년에 집정관이자 3인 위원회의 위원인 풀비우스 플라쿠스가 동맹 도시국가 시민들에게 로마 시민권을 부여하자고 제안했다. 그렇게 되면 토지 분쟁이 줄어들고 병력을 확충하는 데에도 도움이 될 수 있다고 주장했다. 그러나 원로원이 모든 사람에게 로마 시민권을 부여하자는 법안에 찬성할 리가 없었다. 그때 티베리우스의 동생 가이우스 그라쿠스가 등장했다.

열다섯 살 때 군대에 들어간 가이우스는 형이 참혹하게 처형되었을 때 저 멀리 에스파냐에 있었다. 그는 형의 사망 소식을 듣고 무거운 마음으로 귀국했다. 동생인 그는 형 티베리우스에 비해 훨씬 감성적이었다. 연설할 때도 격앙된 감정을 숨기지 못하고 쉽게 흥분하고 화를 냈다. 그래서 항상 감정의 기복을 조절해주는 부하를 대동했다. 그러나 가이우스도 형 못지 않은 달변가로, 로마 시민이 그의 연설을 들으면서 형 티베리우스가 살아 돌아왔다고 느낄 정도로 두 형제는 꼭 닮아 있었다.

기원전 126년에 가이우스가 사르데냐의 재무관에 임명되었다. 그는 우직하게 맡은 바 최선을 다했고 능력도 인정받았다. 그러자 원로들은 이를 못마땅해하며 그가 로마로 돌아오는 것도 달갑지 않아 했다. 그래서 온갖 수단을 동원해 그의 복귀를 막았다. 그러나 가이우스도 가만히 있지 않았다. 2년 동안 재무관으로 일한 가이우스는 "재무관은 만 1년의 임기를 마치면 즉시 로마로 복귀한다."라는 법안을 내세워서 로마로 돌아왔다. 그리고 기원전 123년에 제4호민관에 당선되었다. 가이우스는 호민관으로서도 뛰어난 능력을 보이며 사실상 제1호민관의 자리까지 넘볼 수 있는 실력자가 되었다. 그는 또 "정부에서 매월 무상으로 곡물을 제공한다."라는 파격적인 법안을 제안했다. 이에 로마 시민은 가이우스가 자신들의 대변인이라며 환호했다.

얼마 후 원로원에서 공공연하게 부정부패를 일삼아 로마의 민심은 나날이 악화되었다. 이때 다시 호민관으로 선출된 가이우스는 기사 계급을 우대하는 정책을 발표했다. 즉, 원로원과 기사 계급은 각각 토지와 재산에서 더 많은 권리를 가지며 기사 계급에서 재판관을 선출해 원로들의 부당 소득을 단속한다는 내용이었다. 또 라틴계와 동맹국 시민들에게 로마 시민권을 부여하고, 로마 시민 식민시를 건설하기 위한 토지식민시 법안을 제안했다. 이에 원로들은 치를 떨며 분노했고, 또 다른 호민관을 내세워서 시민의 환심을 살 만한 포퓰리즘 정책을 발표했다. 식민시의 토지를 빈민 3,000명에게 제공할 것이며 농민의 임대료를 면해준다는 것이었다. 시민들은 이 터무니없는 정책에 혹해서 한때 자신들의 대변자라며 칭송한 가이우스에게 등을 돌렸다.

가이우스가 세 번째 호민관 선거에서 낙마하고, 기원전 121년에 그의 숙적 오피미우스가 집정관에 당선되었다. 오피미우스는 싼값으로 곡물을 공급하는 곡물 법안, 병역 의무에 관한 각종 규정을 정한 군사 법안 등을 내세워 가이우스의 개혁안을 저지하기 위해 안간힘을 썼다.

가이우스의 반대파는 카르타고를 재건해서 식민시를 만든 가이우스를 처형해야 한다고 주장했다. 이윽고 팔라티노 언덕에서 집회가 열렸다. 한 집정관이 가이우스의 지지자들을 매국노라며 심하게 모욕하자 가이우스의 부하가 분노를 참지 못하고 그 자리에서 그를 죽였다. 다음날, 원로원은 가두 시위를 벌이고 오피미우스에게 가이우스의 지지자들을 진압하라고 명령했다. 이들이 무장하고 나타나자 가이우스 측은 쉽게 무너졌다. 가이우스는 지인의 도움으로 티베르 강으로 도피했으나, 반대파 군사들이 빠르게 추격해서 잡히기 일보 직전이었다. 그러자 가이우스는 저들에게 붙잡혀 치욕을 당하느니 차라리 죽는 편이 낫다며 스스로 목숨을 끊었다. 3,000명에 가까운 그의 지지자들도 여기에서 모두 목숨을 잃었다. 반대파는 10년 전형 티베리우스 때와 마찬가지로 시체를 모두 티베르 강에 던졌다.

군제의 개혁 마리우스와 술라

포에니 전쟁 이후 지중해 세계는 로마를 중심으로 재편되었다. 대적할 만한 적이 줄어들자 로마는 내부의 문제가 나타나기 시작했다. 원로원을 중심으로 한 공화제는 기존의 문제는 해결할 수 있었지만 날로 번성하는 제국을 다스리기에는 역부족이었다. 고대 로마 공화정은 두 명의 장군이 등장하면서 몰락했다. 그 두 사람은 마리우스와 술라였다.

마리우스의 개혁

그라쿠스 형제가 죽은 후 원로원은 시민을 더욱 잔혹하게 탄압했다. 그렇지만 그라쿠스 형제의 개혁안을 완전히 폐지할 수는 없었다. 원로원은 그 개혁안을 위반해서라도 소작농을 부활시켜 병력을 확충하려고 했다. 그러나 로마의 병사 확충 문제는 그렇게 간단하게 해결될 문제가 아니었다. 기원전 110년에 로마와 북아프리카 누미디아의 왕 유구르타가 전쟁을 했다. 당시 로마군은 사기가 많이 떨어졌고 승리할 의욕조차 잃은 상태라 전쟁에서 패할 수밖에 없었다. 이듬해인 기원전 109년에 집정관 메텔루스가 군대를 재정비해서 유구르타로 향했다. 이때 로마군에 걸출한 인물이 많았는데 그중 한 명이 마리우스였다.

가이우스 마리우스는 기원전 156년에 태어났으며 이탈리아 지방 도시 알피눔의 농민 출신이었다. 이후 군에 입대했고, 소小스키피오와 함께 전쟁에 나갔을 때 참모장과 군대 재정관을 맡았다. 전쟁에서 쌓은 공로를 인정받아 정계에 진출한 그는 기원전 119년에 호민관으로 선출되었다. 임기 동안 마리우스는 공명정대하게 일했고 '원로 귀족을 타도한다'는 입장을 명

▼ 가이우스 마리우스
로마 공화정 말기에 등장한 마리우스는 기존의 시민군 제도를 직업군 제도로 개혁해 군대의 기강을 강화했다. 그는 '제2의 로물루스'로 칭송받았다.

225

확히 밝혔다.

기원전 107년에 마리우스는 집정관과 군참모장을 겸임했다. 당시 로마군은 병력이 턱없이 부족했기 때문에 원로원은 마리우스의 뜻에 따라 새로 병사를 모집하기로 뜻을 모았다. 이때 마리우스가 내놓은 개혁안은 방대한 내용을 포함했는데 일부 항목은 향후 로마의 군사 제도와 정치 제도에 상당한 영향을 끼쳤다. 그는 기존의 시민병 제도를 모병제로 전환하고, 재산의 등급에 따라 징병할 수 없으며 시민이 자원 입대하는 것만 승인했다. 또 병사들에게 일정한 수당을 지급했다. 일반 병사에게는 매년 1,200아스를 지급하고, 백인百人대장에게는 일반 병사의 2배를, 기병에게는 3배의 수당을 지급했으며, 이와 함께 국가의 땅을 보조로 제공했다. 기존의 시민병 제도는 전쟁이 일어났을 때 병사를 모집해서 전쟁이 끝나면 해산하는 식으로 로마의 일반 시민은 생애에 평균 16번 정도 전장에 나갔다. 이에 비해 모병제는 병사의 복무 기간을 16년으로 규정했다.

모병제를 도입하자 로마 공화정의 골칫거리였던 병력 확충 문제가 어느 정도 해결되었다. 마리우스는 강력한 전투력을 갖춘 부대를 조직하고 북아프리카로 훈련 장소를 옮겨서 지옥 훈련을 시작했다. 그 과정을 거쳐 웬만한 악조건은 거뜬히 이겨낼 실력을 갖춘 마리우스군은 유구르타와 벌인 전쟁에서 승리를 거두었다.

시민병 제도는 전쟁이 벌어지면 일반 시민을 대상으로 병사를 모으고 전쟁이 끝나면 해산해서 시민으로 복귀하도록 규정한 제도였다. 이때 그들이 전장에 나간 것은 국방의 의무를 이행하기 위해서가 아니라 개인의 재산을 지키기 위해서였다.

그러나 모병제는 시민병 제도와는 완전히 달랐다. 모병제를 도입하면서 시민병 제도의 문제점들이 점차 현실로 나타났다. 모병제의 병사는 국가에서 수당을 받는 사람으로 시민과는 완전히 다른 신분이었다. 물론 군대와 시민 사회도 별개의 집단이었다. 그래서 시민병 제도에서는 상상도 할 수 없던 사건이 터지기도 했다. 기원전 83년에 그리스에서 출발한 술라의 군대가 마리우스 체제의 로마를 공격해서 이듬해 로마를 점령한 것이다. 이는 로마군이 술라의 시민군에 함락된 것으로, 어느 정도는 모병제의 산물이라고 할 수 있었다.

모병제는 군을 독립된 이익 집단으로 규정했다. 군인들은 대부분 파산한 시민들로 대체로 생계를 위해서, 혹은 돈을 벌기 위해서 자원 입대한 사람들이었다. 그래서 누구보다 굳은 의지로 복무했다. 그러나 돈 있는 재력가들이 병사를 살 수도 있는 등의 문제가 적지 않았다. 마리우스의 모병제가 도입된 지 20년이 흘렀을 즈음 로마에 새로운 군사 독재자 술라가 등장했다. 그의 등장은 마리우스의 개혁 이후 어느 정도 예상된 일이었다.

강자의 격돌

루키우스 술라는 기원전 138년에 하급 귀족 가문에서 태어났다. 기원전 107년에 마리우스의 장군으로서 아프리카 누미디아의 왕 유구르타와 로마가 벌인 전쟁에서 두각을 보였고, 기원전 105년에 유구르타를 생포해 전쟁을 끝냈다. 그런데 술라가 이렇게 큰 공을 세우면서 마리우스의 자존심을 건드려 두 사람의 관계는 갈수록 악화했다. 그렇지만 마리우스는 킴브리 등 게르만족이 공격해오자 술라를 다시 기용할 수밖에 없었다.

마리우스는 날로 승승장구하는 술라가 두려웠다. 이후 술라가 신전에 자신의 동상을 세우면서 마리우스의 화를 돋우었지만, 때마침 동맹 도시국가와 전쟁이 벌어져 두 사람의 앙금이 조금 해소되는 듯했다. 이번에도 다른 장군들은 고전을 면치 못했지만 술라는 승전고를 울렸다.

기원전 88년이 되어 동맹 도시국가와의 전쟁도 끝을 향해 갔다. 당시 쉰이었던 술라는 그동안의 공로를 인정받아 집정관이 되었다. 이때 그는 대제사장의 딸을 네 번째 아내로 맞아 명문가와 동맹을 맺었다. 한편, 당시 아시아 지역에서는 격변이 일어나고 있었는데 로마는 이탈리아를 수습하느라 아시아 지역을 살필 겨를이 없었다. 그러나 손 놓고 가만히 있다가는 소아시아와 발칸 반도를 통치하는 데 제동이 걸릴 수도 있기 때문에 서둘러 군대를 보냈다.

원로들은 술라를 이 군대의 지휘관으로 임명했다. 이렇게 원정 준비를 하던 중에 마리우스는 호민관 술피키우스를 구슬려서 4가지 법안을 제시하게 했다. 그중 한 가지는 술라의 지휘권을 무효화하고 대신해서 마리우스를 지휘관으로 삼자는 내용이었

▼ 술라의 두상 조각상
술라는 공포 정치와 기존의 정부와 반대되는 정책을 펼치는 이른바 반동 정치의 대명사로, 용감하면서도 머리가 비상했다. 그는 이른바 '살생부'를 작성하고, 명단에 이름을 올린 이들을 잔혹하게 탄압했다.

다. 이 법안이 통과된 후 술피키우스는 군사 호민관을 새로 임명했다. 그러나 술라가 한발 앞서서 동방 원정을 준비하던 군대를 이끌고 로마를 공격했다. 그 결과 로마를 함락한 술라는 호민관 술피키우스를 죽이고 마리우스를 추방했다.

술라의 독재

술라는 마리우스를 철저하게 응징하며 공포 정치를 펼쳤다. 그리고 술키피우스법을 폐지하기 위해 서둘러 새로운 법안을 발표했다. 원로원의 동의를 거쳐야만 민회에서 토론할 수 있으며, 국가의 모든 법은 백인시민회의 표결을 통해 발효된다는 내용이었다. 이 법안이 통과된다면 민주적인 코미티아 트리부타는 무용지물이 되고 호민관의 지위도 땅에 떨어지게 되었다. 당시 원로원에는 술라의 지지자 300여 명이 이름을 올린 상황이었다.

술라는 유명한 '살생부'를 작성했는데 여기에 세 집단을 포함했다. 이 살생부에 올라가면 재판을 거치지 않고도 처형할 수 있었다. 또한 술라는 자신이 앞으로 무기한 로마를 통치하겠다고 선언했다. 로마 역사상 술라처럼 임기를 정해두지 않고 무기한 통치한 지도자는 단 한 명도 없었다. 이는 사실상 로마 공화정의 원칙에 위배되는 것이었다. 그러나 술라는 민회를 통해 모든 관직에 합법적인 권리를 부여했고, 집정관과 그 밖의 관직은 반드시 선거를 통해 선출하며, 관련된 안건은 민회에 제출한 후 비준을 거쳐서 정식 법안으로 발효된다는 공화정 체제를 유지했다.

기원전 79년에 술라는 돌연 독재관을 사임하고 캄파니아에서 전원 생활을 즐겼다. 그의 은퇴를 둘러싸고 여러 가지 추측이 난무했다. 일부는 술라가 귀족 공화정에 관한 헌법 개혁을 준비한다고 하고, 다른 한편에서는 개혁이 성공하기 어려워지자 사전에 발을 뺀 것이라고도 했다. 또 최고의 자리에 오르고 보니 모든 것이 허망해 세상을 등졌다는 설도 있었고, 피부병이 악화되어 더 이상 많은 사람 앞에 나서는 자리에 있을 수가 없었다는 등 온갖 추측이 나돌았다.

은퇴한 후에도 술라는 예전처럼 사치스러운 생활을 했고, 날마다 술을 달고 살았으며, 간혹 사냥을 하거나 시를 읊으며 시간을 보냈다. 그는 신선 놀음과도 같은 자신의 생활을 담은 회고록 22권을 남겼다. 기원전 78년에 술라는 향년 예순의 나이로 자신의 별장에서 조용히 눈을 감았고, 이후 술라가 생전에 주장한 각종 법안은 폐지되었다. 그러나 술라 이후 로마 공화정은 본래의 취지에서 벗어나더니 결국 자취를 감추었다.

한편, 술라의 장례 문제를 놓고 서로 다른 주장이 나왔다. 국가장으로 치러야 한다는 사람이 있는가 하면 레피두스 등은 이에 반대 의견을 내놓았다. 그러나 결국에는 국가장으로 치르자는 의견으로 기울었고, 사람들은 최고의 예를 갖추어 술라의 영결식을 치렀다. 사람들은 관을 들고 무장 병사들의 보호를 받으며 이탈리아 전역을 돌았다. 운구 행렬이 로마에 다다랐을 때, 원로들과 고위 관리들은 혹시 자신에게 불똥이 튈까 봐 두려워 영결식에 참석해서 술라의 넋을 기렸다. 누군가가 구슬프게 조문을 읊자 건장한 사내가 관을 광장의 한가운데로 옮겼다. 이 광장은 선대 왕들의 장례를 치른 곳이었다. 술라의 묘비에는 "이 사람보다 친구들에게 관대했던 사람은 없었다. 이 사람보다 적에게 가혹했던 사람도 없었다."라는 글귀가 새겨졌다.

◀ **가르교**
프랑스 남부 가르 현에 있는 고대 로마의 수도교[20]로 석회암으로 건조되었다. 로마에서 가장 큰 수도교인 가르교는 웅장하면서도 정교한 건축미를 잘 드러낸다.

20) 상하수도나 운하 등을 통하게 하기 위해 세운 다리로 고대 로마 시대에 물을 공급하기 위해 처음 세웠다.

노예들의 반란 로마 검투사

가끔 몇 세기가 지나도 잊히지 않는 사람이 있다. 우리가 스파르타쿠스라고 기억하는 트라키아의 검투사가 바로 그런 사람이다. 그는 고대 로마 역사상 가장 큰 규모의 노예 반란을 일으킨 인물이었으며, 목숨을 희생하면서까지 부조리한 사회에 맞서 싸운 정의의 용사였다.

자유를 위하여

"죽여라! 박살내버려!"

로마 경기장 콜로세움에 모인 관중이 오른손 엄지손가락을 아래로 향한 채 연신 목청 높여 외쳤다. 그러자 대결에서 승리한 검투사가 비수를 들고 패자의 앞으로 걸어갔다. 패자는 묵묵히 승자의 검이 자신의 가슴에 내리 꽂히기만을 기다렸다. 대결이 벌어진 곳은 로마에서 가장 큰 규모를 자랑하는 콜로세움이었다. 당대 최고의 기술로 세운 콜로세움은 웅장한 겉모습과는 다르게 피비린내와 인간의 사악한 본성을 느낄 수 있는 곳이었다. 이 게임은 누군가가 죽어야 끝이 나는 것으로, 노예주들은 여흥을 즐기려고 목숨을 건 이렇게 위험한 게임에 노예를 내보냈다. 그러던 어느 날, 참다 못한 노예들이 반란을 일으키며 로마 역사상 가장 큰 규모의 시위가 벌어졌다. 스파르타쿠스는 그 노예들의 선봉에 서서 비장한 목소리로 전쟁을 선포했다.

스파르타쿠스는 그리스 북부 트라키아 출신으로 중부 이탈리아 카푸아의 노예 검투사 양성소에 속한 검투사였다. 로마 검투사는 대부분이 노예와 전쟁 포로, 범죄자 등으로 교습소에서 훈련을 받았다. 이들은 흥미로운 오락거리를 찾는 귀족들을 위해 존재했다.

그러던 기원전 73년의 늦은 밤, 스파르타쿠스와 검투사들이 급히 반란을 일으켰다. 누군가가 이들이 훈련소를 탈출한다는 계획을 누설했기 때문이었다. 스파르타쿠스와 검투사 70여 명은 바티아투스의 검투사 훈련소를 탈출했다. 갈리아인 크릭수스와 게르만인 오이노마오스가 스파르타쿠스의 든든한 지원군을 자처했고, 베수비오산 부근의 노예들과 파산한 농민들도 스파르타쿠스의 편에 섰다. 이렇게 모인 사람이 무려 만 명을 넘었다.

당시 로마는 에스파냐를 응징하는 데 온 촉각을 곤두세우고 있었다. 그래서 아무도 노예 신분인 검투사들이 반란을 일으키리라고는 생각지도 못했다. 스파르타쿠스와 노예군이 캄파니아 전역을 공포에 빠뜨리자 원로원은 그제서야 사태의 심각성을 깨닫고 즉각 대응에 나섰다. 지방 총독 가이우스 클라리우스는 병사 3,000명을 이끌고 노예들을 모조리 생매장한다는 각오로 출발했다.

그렇지만 스파르타쿠스 군도 만만치 않았다. 그들은 산 구석구석을 이 잡듯 뒤져서 로마군이 아직 산에 들어서지 못했다는 사실을 알았다. 그러자 낭떠러지 부근에 도랑을 깊게 파서 지름길을 만들었다. 날이 어둑어둑해졌을 무렵 스파르타쿠스의 노예군은 굵은 밧줄을 타고 도랑을 통과했다. 스파르타쿠스군의 기습이 시작된 것이었다. 이들은 곧장 로마군 진영의 후방을 기습해서 적이 후퇴할 수 있는 길을 차단했다. 깊은 밤 로마군이 아직 잠이 덜 깬 채 수상한 소리에 졸린 눈을 비비며 막사 밖으로 나왔을 때는 스파르타쿠스 군이 이미 로마군 진영을 포위한 후였다. 이번 기습으로 큰 승리를 거둔 스파르타쿠스군은 여세를 몰아서 이탈리아 반도 대부분을 점령했다.

▼ 5년 동안 감금되었던 한 검투사가 자유로운 생활을 보장받는 장면이다. 그러나 이러한 예는 극히 드물었다. 당시에는 게임에서 패한 노예가 승자에 의해 처참하게 살해되는 일이 흔히 일어났다. 인간의 본성이 어쩜 그렇게도 잔인할까? 승자가 패자의 가슴에 비수를 내리꽂으면 관중석에서는 환호성이 터져 나왔다.

내우외환

스파르타쿠스군이 크게 승리했다는 소식이 전해지자 로마 원로원은 혼란에 휩싸였다. 원로원은 곧 푸블리우스 바리니우스를 급히 임명하여 2사단 1만 2,000명을 꾸려서 파견했다.

그런데 바리니우스는 첫 단추부터 잘못 끼웠다. 그렇지 않아도 적은 병력을 두 사단으로 나누어서 각각 노예군과 전면전을 벌이고 별도로 후방에서 습격한다는 계획을 세운 것이다. 잘하면 승산이 있을 수도 있겠지만, 스파르타쿠스군이 두 손 놓고 아무런 대응도 하지 않는다는 전제하에서 성립되는 전략이었다. 즉, 이 전략은 무용지물이었다.

스파르타쿠스는 바리니우스군이 두 개 사단으로 나누어서 공격한다는 정보를 입수하고 그들의 아킬레스건을 집중 공격했다. 부참모장 프레토리우스의 로마군과 스파르타쿠스군이 격전을 벌인 지 불과 두 시간도 채 되지 않았을 때, 스파르타쿠스군이 로마군 전체를 섬멸했다는 소식이 들려왔다. 이번에도 스파르타쿠스의 대승이었다. 한편, 로마군 1개 사단의 패전 소식을 듣지 못한 바리니우스는 계획대로 남쪽으로 진격했다. 스파르타쿠스군은 포로에게서 바리니우스군의 행군 노선을 입수하고 이미 길목에서 매복하며 로마군이 지나가기만을 기다렸다. 결국, 로마군은 스파르타쿠스군의 기습으로 사상자가 속출했고 바리니우스 본인도 하마터면 목숨을 잃을 뻔했다. 로마군의 이번 계획도 참패였다.

노예군이 승리의 기쁨에 도취해 있을 때 스파르타쿠스는 지난 이탈리아에서의 일들이 떠올랐다. 당시 로마군을 100여 차례 공격했지만 로마의 아성을 쉽게 무너뜨릴 수는 없었다. 아무리 쓰러뜨려도 오뚝이처럼 다시 일어서는 로마가 역습해오면 노예군이 무너지는 것은 시간 문제일 것이라는 생각이 번뜩 뇌리를 스쳤다. 스파르타쿠스는 곧바로 장군들을 소집해 회의를 열었다. 스파르타쿠스는 장군들에게 로마의 공격을 피하는 길은 북쪽 알프스로 가는 방법밖에 없다고 말했다. 그러자 노예군은 대체로 그의 의견에 동의했다. 하지만 동료 크릭수스는 이탈리아를 떠나지 않겠다고 반대했다. 그리고 이탈리아에서 로마군과 정면 승부를 벌여서 반드시 승리할 것이라고 호언장담했다. 크릭수스는 결국 병사 3만 명과 함께 스파르타쿠스와 다른 길을 가기로 했다. 그러나 크릭수스는 제대로 공격 한 번

해보지도 못하고 로마 집정관이 이끄는 2개 사단의 기습을 받아 참
패했다.

스파르타쿠스군은 알프스를 향해 빠르게 북쪽으로 이동했다. 알
프스를 넘어 이탈리아를 완전히 떠나겠다는 계획이었다. 얼마 후인
기원전 72년, 스파르타쿠스군은 알프스 남쪽 갈리아에서 총독 카시
우스의 2만 군대를 제압했다. 그러나 알프스를 눈앞에 두고 승승장
구하던 중에 갑자기 다시 남쪽으로 내려가야 하게 되었다. 스파르타
쿠스군의 병사 12만 명이 집단으로 남하한 것이었다. 그래서 스파르
타쿠스도 시칠리아 섬으로 가기로 계획을 수정할 수밖에 없었다. 당
시 갑작스러운 남하를 두고 여러 가지 추측이 나돌았다. 알프스를
넘는 것이 너무 혹독한 일이라 병사들이 지레 겁을 먹고 포기했다는
설도 있고, 북부 이탈리아의 농장주들이 알프스로 북진하는 것을 한
사코 반대했기 때문이라는 설도 제기되었다.

스파르타쿠스군이 로마로 진격한다는 소식이 전해지자 로마는 온
통 불안에 휩싸였다. 원로원은 곧 닥쳐올 엄청난 사건을 막아낼 뾰
족한 수가 없었다. 그래서 신임 시칠리아 총독 크라수스에게 방도를
찾아달라고 요청했다. 원로원은 크라수스에게 6개 사단 병력과 보
충병을 징집할 수 있는 모든 권한을 위임하고, 군대 문제를 논하는
집정관의 권리를 박탈한다는 성명을 발표했다. 원로원이 크라수스
에게 군사에 관한 최종 결정권을 넘겨준 것이었다. 결과는 어땠을

까? 크라수스는 원로원을 실망시키지 않았다.

스파르타쿠스군은 로마의 정예 부대를 피해 루카니아로 남하했다. 이에 크라수스는 부참모 뭄비우스에게 군대 2사단의 선봉에 서서 스파르타쿠스군을 바짝 뒤쫓으라고 지시했다. 특히 지원군을 확인하기 전까지 스파르타쿠스군과 전면전을 시작하지 말라고 신신당부했다. 그러나 성급한 뭄비우스는 스파르타쿠스군을 만나자마자 즉시 공격해 크게 패했다. 그러자 크라수스는 명령에 불복했다는 이유로 2,000년 전의 '데키마시온―열 명에 한 명씩 제비를 뽑아 죽인 방법'을 부활시켜 뭄비우스와 그의 군사들을 철저하게 응징했다.

영웅의 말로

노예 반란군과 크라수스가 이끄는 로마군이 팽팽하게 맞서던 때, 스파르타쿠스는 몹시 불안했다. 이탈리아 전투가 떠올랐기 때문이었다. 전쟁이 길어질수록 로마의 지원군이 속속 도착할 것이고, 그렇게 되면 로마군은 더욱 막강해질 것이 분명했다. 기원전 72년 말에 스파르타쿠스는 티레니아 해안에 나타난 해적들에게 자신의 군대가 시칠리아에 갔으면 좋겠다고 도움을 요청하며 협상했

▼ **고대 로마의 콜로세움**
정식 명칭은 플라비우스 원형 경기장이다. 플라비우스 왕조 시기에 세워진 것으로 베스파시아누스 황제가 짓기 시작하여 그의 아들 티투스 황제 때인 80년에 완성했다. 약 7만 명을 수용하는 계단식 관람석을 방사형으로 설치했다.

다. 그는 해적들에게 30달란트를 주고 시칠리아로 거점을 옮기기로 했다. 그 후 곧바로 해안가로 가서 해적들을 기다렸다. 그런데 어찌 된 일인지 해적들은 깜깜 무소식이었다. 알고 보니, 시칠리아 총독이 그 사이에 이 해적들을 매수해서 스파르타쿠스군을 지원하지 않도록 한 것이었다. 스파르타쿠스군은 결국 아무런 도움도 받지 못하고 스스로 시칠리아로 넘어가기 위해 배와 장비들을 준비했다. 하지만 파도가 너무 높아서 도통 바다로 나갈 수가 없었다. 그러자 노예군은 다시 북쪽으로 이동하기로 했다. 한편, 크라수스는 스파르타쿠스군을 바짝 추격하며 커다란 도랑을 팠다. 길이 5만 5,000m, 너비 4.5m나 되는 거대한 도랑이었다. 방호벽도 끝이 보이지 않을 정도로 높게 쌓은 후 스파르타쿠스군이 나타나기만을 기다렸다. 그러나 스파르타쿠스군은 그렇게 호락호락하지 않았다. 이들도 전에 도랑을 판 경험이 있었기에 함정인 도랑의 위치를 쉽게 파악했다. 스파르타쿠스군은 도랑을 교묘하게 피하고 방호벽까지 무너뜨리면서 로마 관군의 포위망을 뚫었다. 그러나 그 과정에서 병사를 3분의 2나 잃는 막대한 피해를 입었다.

그 후 스파르타쿠스는 빠르게 병력을 보충했고, 병사 7만 명을 또 한 차례 추가했다. 한편, 로마 원로원의 명령에 따라 폼페이우스와 크라수스가 각각 에스파냐와 소아시아에서 로마로 복귀했다. 이제 스파르타쿠스군이 열세에 몰렸다. 로마군과 이 두 장군이 뭉치면 승리를 장담하기 어려우므로, 둘 다 도착하기 전에 가까이 있는 크라수스를 먼저 공격해야 했다. 기원전 71년 봄, 스파르타쿠스군은 로마군과 풀리아의 경계에서 맞붙었다. 사활을 건 이 전쟁에서 스파르타쿠스는 병사 6만 명을 잃고 자신도 위기에 빠졌다. 그는 생전에 항상 "나는 귀족의 노리개가 아니라 자유를 수호하기 위해서 싸울 것이다."라고 맹세했다. 그리고 정말로 자신의 발언을 몸소 실천했다. 그러나 어쨌든 이번 전쟁은 로마군의 승리로 막을 내렸다. 승리의 주역 크라수스는 화려하게 개선했고, 포로가 된 노예군 6,000명을 반란의 시작지인 카푸아에서 로마에 이르는 골목에 줄줄이 십자가에 매달았다. 로마군은 그동안의 분노를 이렇게 잔인하게 풀었다.

로마의 아버지 율리우스 카이사르

과거의 영웅 가운데 누가 가장 기억에 남는지를 물으면, 많은 사람이 주저하지 않고 이 사람의 이름을 말할 것이다. 그는 지략의 대가이자 실패를 몰랐던 사람, 율리우스 카이사르이다. 카이사르는 서양사에 큰 영향을 남겼으며 많은 이의 역할 모델로 추앙받는다. 고대 로마인은 그를 '조국의 아버지 즉, 카이사르' 라고 불렀다.

남달랐던 카이사르

기원전 2세기 말, 로마는 탄탄한 경제력을 바탕으로 병력을 대폭 확충했다. 기존의 로마 공화정 제도는 이러한 상황에서 새로운 추세에 대응하지 못했다. 로마 사회가 발전할수록 내부적인 갈등이 하나 둘 현실로 나타났다. 갈등을 해결하고 사회를 안정시키기 위해 로마는 반드시 국력을 강화해야 했다. 그래서 기원전 2세기부터 여러 가지 개혁안이 봇물처럼 쏟아져 나왔다. 그러나 개혁안은 귀족들의 이익을 침해한다는 이유로 원로원 귀족들의 강한 반발을 샀다. 이러한 시기에 카이사르가 태어났다.

기원전 100년 7월 12일, 유서 깊은 귀족 가문에서 카이사르가 태어났다. 아버지는 재정관, 대법관과 소아시아 총독 등을 역임했고, 어머니는 아우렐리우스 코타 가문 출신이다. 고모 율리아는 그 유명한 마리우스의 아내였다. 이렇게 훌륭한 가문에서 태어났으니 카이사르는 적어도 행정 관직쯤은 따 놓은 당상이었다.

카이사르는 전통 로마식 교육을 받으며 성장했다. 일곱 살 때 귀족 자제들만 들어갈 수 있는 명문 학교에 입학한 그는 어렸을 때부터 머리가 비상했고, 철학, 역사, 지리, 법률 등 모든 학문을 두루 섭렵할 정도로 학구열이 높았으며, 남들보다 훨씬 빠르게 자신의 것으로 소화했다. 카이사르는 특히 그리스 문학에 심취했다. 또 변론의 대가들에게서 웅변술을 배우고, 군사 대가에게서 전략과 전술에 관한 강의를 들었다. 세계사와 대국의 전쟁, 성을 함락하는 방법과 뛰어난 전술을 담은 여러 방면의 책도 두루 읽

▼ 카이사르 흉상
카이사르는 역사학자들에 의해 서양사상 큰 영향을 남긴 인물이자 로마의 유일한 황제로 칭송받는다.

고 각종 군사 훈련에도 참여했다. 글재주도 있고, 검술도 뛰어났으며, 말 타기도 손꼽히는 수준으로 그야말로 문무를 겸비한 걸출한 인재였다. 젊은 시절에는 로맨틱한 감성을 보였다. 카이사르에 관한 유명한 일화가 있다. 그는 자신의 가문을 거슬러 올라가면 사랑의 신 비너스와 그녀의 아들인 트로이 전쟁의 영웅 아이네이아스의 아들 아스카니우스와 관련된 점을 발견할 수 있다고 했다. 그래서 자신이 비너스의 후예이며 로마의 시조가 그의 조상이라고 이야기했다. 다소 억지스러운 점도 있지만, 이 주장은 훗날 카이사르가 로마를 통치하는 데 힘을 실어주었다.

열다섯이 된 카이사르는 로마의 풍습에 따라 성인을 상징하는 백색 토가(toga)[21]를 입고 생활했다. 그리고 열일곱이 되었을 때 원로원의 민중파인 킨나의 딸 코르넬리아를 아내로 맞았다. 카이사르는 원로원 민중파를 지지해 자연스레 귀족들의 반발을 샀지만, 점점 민중의 입장을 대변하면서 민중을 대표하는 사람이 되었다. 기원전 86년에 카이사르의 고모부인 마리우스와 술라파의 싸움에서 술라파가 승리했다. 이후 술라가 공포 정치를 실시하며 민중파를 하나 둘 제거할 때 카이사르도 살생부에 올리고, 그에게 킨나의 딸과 이혼하라고 명령했다. 그러나 카이사르는 명령을 거부하고 술라를 피해서 로마 밖으로 도망쳤다. 전하는 바로, 당시 술라는 "이 젊은 청년(카이사르)이 마리우스보다 몇 백 배 무서운 사람이라는 것을 왜 알지 못하는가!"라며 탄식했다고 한다.

첫 발을 떼다

로마를 떠나 온 카이사르는 아시아에 정착했다. 기원전 81년에 그는 소아시아 행성 총독의 시종으로 임명되어 비티니아에서 타국에서 입항하는 선박을 관리하는 임무를 맡았다. 이때 카이사르의 외교력이 빛을 발했다. 이듬해인 기원전 80년에 카이사르는 미토리다테스 전쟁에서 큰 공을 세우며 뛰어난 전술 능력을 과시하고, 이때의 공로를 인정받아 총독의 표창을 받았다. 카이사르는 술라가 죽은 후 로마로 돌아왔고, 이때부터 본격적으로 그의 정치 인생이 시작되었다. 카이사르는 겸손했고, 매사에 꼼꼼하고 신중했다. 기원전 75년

---

21) 고대 로마 시민이 입은 겉옷으로 백색 긴 천을 한쪽 어깨에서 반대쪽 허리춤으로 비스듬히 걸쳐서 착용했다.

▲ **카이사르와 클레오파트라의 첫 만남**
기원전 48년 폼페이우스를 쫓아 이집트로 건너간 카이사르는 그곳에서 운명의 여인을 만나게 된다. 프톨레마이오스 13세와 권력을 다투던 이집트 여왕 클레오파트라 7세가 바로 그 주인공이었다. 그림은 클레오파트라 13세가 단아하고 고운 자태로 융단 위를 걸어 나오는 장면이다. 카이사르는 젊고 예쁘며 두둑한 담력까지 두루 겸비한 클레오파트라에 매료되었다.

에 카이사르는 다시 아시아의 로도스 섬을 찾아가서 미론의 아들이자 웅변의 대가인 아폴로우니스에게서 웅변을 배웠다. 이듬해에 귀국하고 나서는 외삼촌 아우렐리우스 코타의 뒤를 이어 사제가 되었다. 그로부터 두 해가 지나 카이사르는 선거에서 말단 계급인 군사 호민관에 당선되었다. 이렇게 해서 카이사르는 스물여섯의 젊은 나이에 민중파의 입장을 대변하고 호민관의 권위를 살리기 위한 임무를 안고 정계에 입문했다. 그의 타고난 언변은 청중을 사로잡았다. 그가 던지는 촌철살인의 한 마디 한 마디에 청중은 웃고 울었다. 당시 키케로를 제외하면 누구도 말로는 카이사르의 적수가 되지 못했다. 카이사르는 레피두스 반란에 참여한 이들에 대한 기소를 기각하려는 사람들에게 맞서서 포이텔리우스 법으로 대응하고 처형과 동료들을 불러들였다.

기원전 70년, 서른두 살이 된 카이사르는 재정관이 되었다. 그리고 임기 첫해에 원로원 의원이 될 수 있는 자격을 얻었고, 이듬해에 에스파냐로 건너가 부총독이 되어서 재정을 관할했다. 그러던 어느 날, 카이사르는 헤라클레스 신전에서 알렉산드로스 대왕의 조각상을 보게 되었다. 그리고 알렉산드로스 대왕은 자신과 비슷한 나이에 천하를 통치했는데 그에 비해 자신은 너무 무능하다고 생각했다. 이를 계기로 로마로 돌아가 더 큰 공을 쌓아야겠다고 결심한 카이사르는 에스파냐에 자신의 해임을 요구했다. 로마로 돌아온 카이사르는 기원전 65년에 시정관이 되었고, 이듬해에 암살 사건을 처리하는 법관으로 임명되었다. 그리고 두 해가 지나 기원전 63년에 대법관 자리에 올랐다. 당시 대법관은 공화국 최고의 중요한 자리이자 집정관 다음가는 자리였다. 그동안 승승장구한 카이사르는 이미 최고에 가까운 권력을 손에 쥐었다. 그러나 그가 진정으로 소망한 것은 단지 권력만이 아니었다.

기원전 61년에 카이사르는 에스파냐의 총독직을 위임받았다. 해당 지역에 도착한 후 그는 반동을 일으킨 부락을 철저히 응징했다. 그가 거느린 막강한 용병은 가는 곳마다 승리를 거두었고 전리품도 엄청나게 많이 챙겼다. 카이사르는 이 재물을 모두 국고에 보관했다. 그동안의 수많은 노력으로 카이사르는 어느 정도 힘을 키워놓은 상태였다. 그래서 카이사르는 이를 기념하기 위해 로마에 개선 환영 행사와 집정관 선거를 요구했다. 전해지는 바로는 당시 로마도 카이사르의 요구를 받아들여 그 준비 작업을 시작했으나, 카이사르가 시간상의 이유로 이를 취소하고 이후 집정관이 되기 위해 만전을 기했다고 했다.

삼두정치와 갈리아 정복

기원전 60년에 카이사르가 코미티아 쿠리아타 민회에서 로마 공화정 집정관으로 당선되며 마흔둘의 나이에 로마 최고의 행정관이 되었다. 그러나 카이사르는 길거리에서 시위하던 시민들을 제외하고는 든든한 지지자가 없었다. 그때 원로원의 벌족파 마르쿠스 안토니우스가 뇌물을 주고 집정관에 당선되었다. 카이사르가 정계에서 입지를 다지려면 지원 세력을 확보해야 했다.

로마군의 막강 실력자 폼페이우스가 고참병에게 토지를 지급하자고 주장하자 원로원은 온갖 핑계를 대며 시간을 끌었다. 그런 한편, 로마에서 가장 큰 부호이자 기사 계층인 크라수스는 병력 지원 요청을 거절당하자 분노로 치를 떨었다. 집정관 카이사르는 확실하게 권력을 잡으려면 장군 폼페이우스와 부호 크라수스의 힘이 필요했다. 이 세 명은 각기 소속은 달랐지만, 원로원 벌족파[22]의 감시를 받고 있었다. 그래서 세 사람 모두 이들의 세력을 약화시키기 위한 방법을 찾고 있었다. 폼페이우스, 크라수스 모두 집정관에게 원한이 있던 기원전 70년에 언변에 능한 카이사르가 그 사이에서 화해를 이끌어냈다. 이렇게 해서 세 사람은 서로 뜻이 같다는 것을 확인하고, '우리의 입장과 다른 조치는 어떤 것도 용납하지 않겠다'라는 목표를 정하고 공식적으로 동맹을 맺었다. 역사학자들은 이를 '제1차 삼두정치'라고 일컫는다. 서로 간의 끈끈한 동맹을 과시하기 위해 폼

---

22) 고대 로마 시대 공화정 말기에 조직한 정치당파로 원로원을 중심으로 정책을 펼치려고 계획했던 집단이다.

▲ 기원전 52년에 갈리아의 수장 베르킨게토릭스와 카이사르군이 갈리아 알레시아에서 격돌했다. 전쟁은 갈리아의 항복으로 일단락되었다.

페이우스는 카이사르의 열네 살짜리 외동딸 율리아와 결혼했다. 이렇게 삼두정치가 나날이 결속하고 실력을 키우자 원로원 벌족파는 이들을 두려워하기 시작했다.

카이사르는 정국이 혼란할수록 무력이 중요하다는 사실을 뼈저리게 느꼈다. 병력을 갖추어 힘이 생기면 소신껏 자신의 입장을 밝힐 수 있기 때문이었다. 카이사르는 집정관의 임기를 마치고 갈리아로 가서 행정 장관을 맡았다. 목표는 단 하나, 막강한 아군을 양성하기 위해서였다. 기원전 58년에 카이사르가 도착했을 당시 갈리아는 매우 혼란스러웠다. 내부적으로 혼란이 끊이지 않은 데다 설상가상으로 게르만족이 라인 강을 건너 몰려오고 있었다. 이는 카이사르에게 절호의 기회였다. 갈리아에서 생활한 지 1년이 되었을 때 카이사르는 게르만족을 몰아내고 갈리아 중부 지역을 점령했다. 3년째 되던 해에는 대서양 연안을 대부분 장악했고 같은 해 말에 갈리아를 완전히 함락했다. 카이사르의 로마군은 발길이 닿는 곳이면 어디든지 달려가 승전고를 울렸다. 그리고 그곳의 전리품과 재산을 모조리 몰수하고, 수천만에 달하는 사람들을 포로로 잡아 노예로 팔아 넘겼다. 기원전 56년에 원로원은 갈리아를 로마의 군사 지역으로 편성했다. 카이사르는 또 2년 후에 브리타니아 공격을 승리로 이끌며 그들에게서 조공을 받아냈다.

기원전 53년 봄, 갈리아의 수장이 주변 부락과 함께 공동 방어선을 구축하고 '자유를 위해 싸우자!'라는 구호를 외치며 결전의 준비를 마쳤다. 이 갈리아 연합군은 한때 승승장구하며 처음으로 카이사르에게 패배의 쓴 맛을 보여주었다. 그러나 이듬해 겨울에 카이사르가 뛰어난 전술을 발휘하며 갈리아를 궁지로 몰아 전세를 역전시켰다. 카이사르는 반역을 일으킨 갈리아 수장을 처형하고 병사들을 모두 포로로 삼았다. 카이사르의 6만 군대가 25만 명이나 되었던 갈리아 대군을 물리친 역사적인 사건이었다. 이 일로 카이사르에 대한 신뢰도 덩달아 높아졌다. 카

▲ 기원전 48년에 폼페이우스가 파르살루스 전투에서 카이사르에게 패하고, 이집트로 망명하던 중에 암살당했다. 그러자 이집트인이 그의 머리를 카이사르에게 바쳤다.

이사르는 십 년도 채 되지 않는 짧은 시간에 이탈리아를 두 개 합쳐놓은 면적만큼이나 로마 영토를 확장했다. 이후 400년 동안 지중해 일대는 평화로운 생활을 누렸다. 갈리아에도 고대 로마의 우수한 문명이 전해졌다. 카이사르는 자신의 갈리아 생활을 그리스어로 쓴 《갈리아 전기》를 발표했다.

카이사르의 죽음

기원전 44년 3월 15일, 운명이 날이 시작되었다. 카이사르가 원로원 회의장으로 들어가는 회랑 앞에서 귀족들에게 둘러싸였다. 그중 가장 앞에 선 사람은 카이사르가 생전에 가장 총애한 데시무스 브루투스였다. 전해지는 바에 따르면, 데시무스 브루투스는 카이사르의 양아들로 그의 총애를 한몸에 받았다. 그러나 데시무스 브루투스는 단 한 번도 카이사르를 아버지라고 생각하지 않았다. 브루투스는 이렇게 말했다.

"조상께서 마땅히 폭군에 저항하라고 하셨다! 그 대상이 아버지라도 예외가 될 수 없다."

회의장에서 카이사르가 손에 쥐고 있던 종이를 펴서 읽자 암살자들이 그를 에워쌌다. 카이사르는 그중에 데시무스 브루투스가 끼어 있는 것을 보고 말했다.

"아들아! 어째서 이러는 것이냐!"

그러자 암살자들은 옷섶에 숨겨 두었던 단도를 꺼내 카이사르를 사정없이 찔렀다.

로마의 독재자

갈리아 전투를 승리로 이끈 후 카이사르의 명성은 한없이 높아졌다. 사람들은 그의 이름을 환호하며 무한한 믿음을 보였다. 카이사르는 이처럼 삼두정치의 또 다른 인물 폼페이우스와 크라수스보다 훨씬 높은 인기를 누렸다. 그는 갈리아를 병사 훈련소로 삼고 그곳에서 최정예 병사를 양성했다. 이 병사들은 오로지 카이사르를 보호하기 위해서 존재했다. 카이사르가 하루가 다르게 승승장구하자 이에 자극을 받은 크라수스가 원정을 떠났다. 그러나 기원전 53년에 파르티아와 전쟁하던 중에 아르사크인들이 황금을 녹여서 그의 목구멍에 넣어 크라수스는 그 자리에서 즉사했다. 얼마 후 폼페이우스와 결혼한 카이사르의 외동딸 율리아가 아이를 낳다가 죽어 그동안 남은 두 명이 이끌던 삼두정치도 붕괴의 조짐이 보였다. 그러자 로마 귀족들이 먼저 손을 써서 폼페이우스를 자기들 편으로 적극적으로 끌어들였다. 결국 폼페이우스는 혼인 동맹이 깨지자 카이사르와 결별하고 귀족들과 손을 잡았다.

기원전 49년 1월 1일, 원로원 귀족들은 카이사르에게 즉시 군대를 해산하고 갈리아 총독에서 물러나 홀로 귀국하라고 명령했다. 카이사르가 조금 더 머물고 싶다는 내용의 서한을 보냈지만 무참히 거절당했다. 원로원은 즉시 귀국하지 않으면 매국노로 치부하겠다며 카이사르를 압박했다. 그러던 1월 10일, 카이사르군이 루비콘 강 부근에 도착했다. 당시 로마법에 따르면 지휘관은 군대와 함께 루비콘 강을 건널 수 없으며, 이를 어길 시에는 매국노로 치부되었다. 카이사르는 오랜 생각 끝에 이렇게 말했다.

"주사위는 이미 던져졌다. 루비콘 강을 건너면 우리는 비극을 맞이할 것이다. 그러나 강을 건너지 않으면 우리가 비극을 만드는 것이다."

카이사르군은 비극을 원치 않아 원로원에 카이사르를 지휘관에서 독재관으로 격상시켜 줄 것을 요구했다. 원로원은 그들의 발칙함에 놀라움을 금치 못했다. 1월 18일에 카이사르와 결별한 폼페이우스가 원로들, 과두파의 집정관 두 명과 함께 황급히 발칸 반도로 도망쳤다. 한때 카이사르는 이 정적들에게 관대함을 보여 원로들과 기사들의 호감을 사기도 했다.

같은 해 가을, 카이사르는 에스파냐로 출격해서 폼페이우스의 장군 두 명의 항복을 받아내며 세력을 더욱 키웠다. 얼마 후 기원전 48년 8월 9일, 카이사르군은 파르살루스에서 폼페이우스군과 패권을 놓고 담판을 벌였다. 여기에서 카이사르가 교묘한 용병술을 펼쳐 압도적인 승리를 거두었고, 참패한 폼페이우스는 이집트로 도망치다가 한때 그의 후원자를 자처한 이집트 왕 프톨레마이오스 13세의 부하에게 암살당했다.

폼페이우스를 뒤쫓아 이집트에 도착한 카이사르는 프톨레마이오스 13세와 권력을 다투던 이집트 여왕 클레오파트라 7세를 보고 첫눈에 반했다. 그리고 그녀가 권력을 잡을 수 있도록 도움을 주었다.

▼ 카이사르는 군사, 행정, 사법, 종교 등 거의 모든 부분에서 막강한 영향력을 행사했다. 그의 1인 체제는 자연히 원로원 귀족들의 불만과 질투를 샀고 기원전 44년에 그들에게 암살되었다. 그가 세상을 떠난 후 3년 동안 그의 암살에 가담했던 사람들은 모두 유죄 판결을 받고 처형되었다.

기원전 46년 가을에 카이사르가 로마로 금의환향했다. 로마 거리에는 승리의 함성이 울려 퍼졌고 온 나라가 축제로 떠들썩했다. 이윽고 기원전 44년에 카이사르는 종신 독재관으로 임명되면서 집정관과 호민관, 대제사장을 감독하고 국고는 물론 원로원 선출이나 파면에 관한 권한까지 얻었다. 유일하게 표결권이 있던 의회도 카이사르의 오른팔 안토니우스가 장악했다. 이렇게 막강한 권력을 잡았지만 카이사르는 황제가 되려고 하지 않았다. 다만 그동안 보류되고 있던 개혁안을 빨리 통과시키고 더 원대한 목표를 세우는 데 매진했다. 카이사르는 짧은 시간 안에 분열과 갈등으로 얼룩지고 전쟁으로 상처투성이가 된 로마를 자유와 평등, 새로운 활력이 넘치는 로마로 화려하게 변신시켰다. 그러나 아무리 막강한 권력을 손에 넣었다고 한들 귀족 세력의 불만을 완전히 잠재울 수는 없었다. 카이사르는 결국 그해 3월 15일에 자신의 독주를 막으려는 이들에 의해 향년 쉰여덟의 나이로 생을 마감했다. 카이사르의 유서에 누이의 손자인 옥타비아누스[23]를 제1후계자로 지명한다는 내용이 적혀 있었다. 훗날 아우구스투스는 카이사르가 잘 닦아 놓은 기반 위에서 더 강성한 로마제국을 이루었다.

　　카이사르의 묘비에는 "신성한 율리우스"라고 적혀 있었다. 사람들은 카이사르를 신격화했고, 역사학자들은 그를 '카이사르 대제'라고 불렀다.

---

23) 훗날의 아우구스투스

자연과 사람을 사랑한 사람 안토니우스

번성했던 로마는 걸출한 인물을 많이 배출했다. 이들은 기적을 써 내며 로마 공화정 후기에 이르러 로마를 더욱 강성하게 했다. 그중 '따뜻한 영웅'으로 불린 안토니우스가 있었다. 그는 카이사르의 원정 때 장군으로 동행해 카이사르의 두터운 신임을 얻었다. 또 옥타비아누스, 레피두스와 함께 제2차 삼두정치를 이루었다. 당시 모든 조건이 그가 통치하는 데 척척 맞아떨어지며 순탄한 행보를 계속했다. 그러던 그의 앞에 절세미인 클레오파트라가 나타났다.

방탕한 유년 시절

기원전 83년에 조금은 특별한 가정에서 안토니우스가 태어났다. 그의 집안은 공화정 후기에 씨족의 발전에 지대한 공을 세웠고 정의를 위해 할 말은 하던 가문이었다. "우리 가문은 위대한 헤라클레스의 아들 안토니우스의 후예이다." 그들에게는 조금 특별한 이야기가 숨어 있다.

안토니우스의 아버지는 마르쿠스 안토니우스로 유명한 웅변가 마르쿠스 안토니우스 오라터의 아들이다. 어머니는 율리사 카이사르로 카이사르의 친척이었다. 안토니우스는 어린 시절에 아버지를 여의었고 어머니도 일찍이 재혼했다. 로마 역사학자 플루타르코스에 따르면, 안토니우스는 부모의 보살핌을 받지 못해 어린 시절 친구들과 음주가무를 즐기며 방탕한 생활을 했다. 도박에 빠져 빚쟁이로 살았고, 걸핏하면 스캔들에 연루되었다.

그러나 성년이 되면서 그의 삶은 예전과 완전히 달라졌다. 안토니우스는 무절제했던 지난날을 깊이 반성하고 새로운 인생을 살겠노라고 다짐했다. 그리고 로마 기병이 되겠다는 목표를 세우고 열심히 노력했다. 언젠가 그리스에서 안토니우스에게 웅변할 기회가 생겼다. 그가 힘 있고 설득력 있게 말을 쏟아내자 사람들은 입에 침이 마르도록 그의 웅변 실력을 칭찬했다. 이렇게 안토니우스는 미처 몰랐던 자신의 재능을 하나 둘 발견하며 새로운 인생을 시작했다.

카이사르의 오른팔

　기원전 54년에 안토니우스는 운 좋게 카이사르의 갈리아 원정에 참여했다. 안토니우스는 이 원정에서 뛰어난 능력을 보여 곧 카이사르의 두터운 신뢰를 얻었다. 갈리아 원정을 계기로 안토니우스는 카이사르와 함께 로마를 이끌었다.

　기원전 50년, 카이사르가 갈리아 총독을 맡은 지도 십 년이 되었을 때였다. 그는 재임하고 싶어했으나 폼페이우스 세력의 보수파 원로원이 카이사르의 1인 독재 체제에 제동을 걸어야 한다며 반대했다. 원로원은 카이사르가 재임해서도 안 되고, 군사 지휘권도 회수해야 한다고 주장했다. 그러나 카이사르를 무작정 몰아내면 무리수를 두는 것이나 마찬가지였다. 임기가 끝나기 전에 군사 지휘권을 박탈하면 위험한 상황이 발생할 수도 있었다. 그래서 원로원에게는 이만저만 고민이 아닐 수 없었다. 이때 안토니우스가 카이사르와 원로원 모두 군사 지휘권을 내려놓는 것이 공평하다고 주장했으나, 양쪽에서 모두 비난을 샀다. 사실 안토니우스도 원로원에서 쫓겨나 어쩔 수 없이 카이사르의 군대에 들어간 경우였다. 당시 카이사르군은 루비콘 강 부근에 있었는데, 카이사르군과 폼페이우스군의 협상이 타결되기 어려워지자 결국 내란을 일으켰다. 양쪽 진영은 사활을 걸고 전쟁을 치렀고, 결국 안토니우스가 뛰어난 전술을 펼쳐 카이사르군이 승리했다. 이후에도 안토니우스는 카이사르군과 폼페이우스군이 전투를 치를 때마다 카이사르의 오른팔로서 전쟁의 선봉에 섰다.

　기원전 50년 6월에 카이사르가 그리스 파르살루스에서 폼페이우스군을 완전히 제압했고, 폼페이우스는 이집트로 달아났다. 전쟁의 영웅 카이사르는 자신의 1인 독재 체제를 확립하고 안토니우스를 기병 지휘관으로 임명했다. 그러나 안토니우스는 최고의 전술을 펼칠 수는 있어도 군대를 관리하는 능력은 부족했다. 기원전 47년에 카이사르는 남아 있는 폼페이우스 세력과 결전을 벌이기 위해 아프리카로 원정을 떠났다. 이때 안토니우스는 이탈리아의 통치권을 폼페이우스에게 넘겨주는 등 카이사르를 배신하는 행동을 하고, 무력을 동원해서 여러 차례 로마를 혼란과 공포에 빠뜨렸다. 카이사르는 안토니우스의 반역에 분노해 그의 모든 지위를 박탈했다. 그 후 얼마 동안 카이사르와 안토니우스는 계속 껄끄러운 관계를 유지했다. 그러다 기원전 44년에 카이사르가 안토니우스를 제5대 집정관으로 임명하면서 두 사람은 다시 가까워졌다.

그해 3월 15일에 카이사르가 원로원에 의해 암살당하자 그의 오른팔인 안토니우스도 목숨을 부지하기 어려웠다. 그래서 안토니우스는 노예로 분장하고 로마를 떠났다. 카이사르 암살 사건의 파장이 어느 정도 진정되는 기미를 보이자 원로원은 카이사르의 장례를 치르고 암살자들을 사면했다. 이때 안토니우스도 장례식에 참석하러 로마로 돌아왔다. 그는 장례식에서 암살자들의 잔혹한 행동을 낱낱이 폭로하고 이렇게 극악무도한 자들을 살려두어서는 안 된다며 울분을 토했다. 그리고 카이사르의 몸에 아직도 선명한 상처들을 가리키면서 사람이라면 이렇게 잔인할 수는 없을 것이라고 소리치며 하염없이 눈물을 흘렸다. 이에 카이사르군과 로마 시민은 암살자들의 잔혹함에 분노했다. 민심이 점점 악화하자 카이사르를 반대하던 세력은 혹시나 피해를 입을까 봐 서둘러 줄행랑을 쳤다.

패권을 향한 실력자 3인

카이사르가 암살되자 로마의 정국에 공백이 생겼다. 이는 안토니우스, 옥타비아누스, 레피두스에게 절호의 기회가 되었으나, 권력을

▼ 카이사르의 장례식에 참석한 안토니우스가 암살자들의 잔혹한 행위를 낱낱이 고발했다. 그러면서 칼로 난도질된 카이사르의 몸을 가리키자 카이사르의 지지자들은 몹시 분노했다.

둘러싼 내란이 벌어질 조짐이기도 했다. 이들은 각자 아시아 지역에서 힘을 키우다가 국내외로 여러 가지 문제가 발생할 때 즈음 제2차 삼두정치를 성립하고 기원전 43년에 공식 발효시켰다. 이 법안이 통과되면서 안토니우스, 옥타비아누스, 레피두스 세 사람이 향후 5년 동안 모든 통치권을 관할했다. 세 사람은 로마의 서쪽 지역을 세 군데로 나누어서 안토니우스는 갈리아를, 옥타비아누스는 아프리카를, 레피두스는 에스파냐를 통치했고 나머지 이탈리아 지역은 함께 관리했다. 세 사람은 각자 조금씩 다른 임무를 맡았다. 레피두스는 기원전 42년에 집정관을, 안토니우스와 옥타비아누스는 아시아 행성의 공화파를 토벌하는 임무를 맡았다. 제2차 삼두정치는 망명자들을 빠르게 수색했고, 이때 키케로가 잔혹하게 살해되기도 했다. 세 사람은 로마로 진군해서 적들을 잔혹하게 살해했다. 전해지는 바로는, 당시 원로 300명과 기사 200명이 살해되었다. 공화파와의 싸움에서 완벽하게 승리를 거둔 안토니우스는 소아시아로 건너가서 공화파를 지지하던 도시국가들을 완전히 함락하고 그곳에서 세금을 거두어 군비를 충당했다.

안토니우스의 아내 풀비아는 정치적 야심이 큰 여인이었다. 그녀는 옥타비아누스가 승승장구하자 그가 남편의 자리를 위협할지도 모른다는 생각에 항상 근심 걱정이었다. 그러던 중에 옥타비아누스가 이탈리아로 떠났을 때 퇴역 군인에게 토지를 지급해서 시민의 불만을 샀다. 그러자 풀비아는 안토니우스의 동생 루키우스 안토니우스와 함께 8개 사단을 대동해서 로마를 공격했다. 이들의 무자비한 공격에 옥타비아누스는 속수무책이었다. 그러나 풀비아가 승리의 기쁨에 도취해 있을 때 그는 로마의 대군을 출동시켰다. 그리하여 풀비아 세력을 무너뜨리고 그녀를 페루자로 추방했다. 시간이 흘러 풀비아는 굶주림을 못 이겨 옥타비아누스에게 항복했다. 그녀는 유배지에서 말년을 보내다가 상사병에 우울증까지 겹쳐 시름시름 앓다가 세상을 떠났다. 이후 안토니우스는 옥타비아누스의 누이인 옥타비아를 아내로 맞았고, 두 사람은 다시 삼두정치를 결성했다.

비극적인 로맨스의 주인공

제2차 삼두정치가 세력을 회복하자 안토니우스는 아르사크를 공격했다. 물론 그전에 클레오파트라에게 조언을 구하고, 아군의 식량

지원을 맡아달라고 간청했다. 그
후 클레오파트라가 황금을 덧바른
듯 번쩍이는 배를 타고 안토니우
스를 찾아왔다. 그녀는 신화에서
막 걸어 나온 여신처럼 눈부셨다.
아름다운 여왕이 적극적으로 지원
해 주겠다고 하자 안토니우스는
감격의 눈물을 흘렸다. 안토니우
스는 넘치던 패기는 다 어디로 갔
는지 여왕의 앞에 서자 목소리에
자신감이 없고 부끄러워하는 모습
까지 보였다. 이를 두고 훗날 학자
들은 만약 클레오파트라가 아름답
지 않았다면 세계 역사는 달라졌
을 것이라고 이야기하기도 했다.
클레오파트라는 미인계로 카이사
르를 유혹했고, 안토니우스까지
자신의 편으로 만들었다.

　기원전 41년에 안토니우스는 타
르수스에서 클레오파트라를 보자
마자 첫눈에 반했다. 이후 안토니
우스는 여왕을 따라 이집트로 건

▲ 기원전 41년 여름, 이집트 여왕
클레오파트라가 안토니우스의
초청으로 시칠리아에 도착했다.
그녀가 타고 간 선박은 황금을
바른 듯 번쩍였다. 그러나 그 어
떤 화려하고 아름다운 것도 그
녀의 아름다움에 비할 수는 없
었다. 여신이 부활한 듯 아름다
운 클레오파트라는 미모에 교양
을 갖추었고 다방면에 두루 아
는 것도 많았다. 과연 안토니우
스가 첫 눈에 반할 만했다.

너가서 2년 동안 머물렀다. 안토니우스는 여왕 앞에서는 순한 어린
양으로 변했다. 클레오파트라의 환심을 사기 위해 그토록 어렵게 차
지한 시리아를 비롯해 로마 영토를 이집트에 바치기도 했다. 이 소
식이 로마에 전해지자 한바탕 난리가 났다. 사람들은 자신들이 존경
하던 안토니우스가 어쩌다 하루아침에 매국노가 되었는지 알 수가
없다며 개탄했다. 얼마 후 안토니우스와 클레오파트라의 사이에 아
이가 태어났다. 그러자 안토니우스는 몹시 기뻐하며 시칠리아와 북
아프리카를 모두 아들에게 넘겨주었다. 그러나 이는 로마법에 크게
어긋나는 행동이었다. 로마의 속국을 양도하는 것은 원로원과 코미
티아 민회의 동의를 받아야 가능했기 때문이다. 무엇보다 안토니우
스가 클레오파트라와 그의 아들을 합법적인 후계자로 삼았다는 사

▶ **안토니우스와 클레오파트라의 연회**
카이사르와 안토니우스도 절세미인 클레오파트라의 앞에서는 온순해졌고, 그녀의 한 마디에 일희일비했다.

실은 로마인들이 용납할 수 없는 일이었다.

안토니우스가 클레오파트라에게 푹 빠져 있을 때, 옥타비아누스는 세력을 키워 승승장구했다. 그리고 얼마 후 옥타비아누스가 로마 공화정의 실질적인 통치자로 자리매김했다. 카이사르의 양자 옥타비아누스는 카이사르의 유언에 따라 아버지의 재산과 권력을 물려받아야 했다. 그래서 안토니우스의 행동을 더욱 못마땅해했고, 결국 안토니우스는 나라를 팔아넘긴 매국노와 다르지 않다며 전쟁을 선포했다.

기원전 33년부터 기원전 32년까지 옥타비아누스와 안토니우스 사이에 격전이 벌어졌다. 그리고 그 기간에 안토니우스는 옥티비아와 이혼했다. 기원전 31년에 악티움 해전이 벌어지자 클레오파트라는 두려움을 느끼고 이집트로 도망갔고, 안토니우스도 여왕이 걱정되어 뒤따라 이집트로 건너갔다. 그러자 기원전 30년에 옥타비아누스가 대군을 이끌고 이집트를 침략했다. 절체절명의 위기에 빠진 안토니우스는 결국 알렉산드리아에서 자살했다.

최고의 존엄한 자
아우구스투스, 옥타비아누스의 원수정 – 프린키파투스

옥타비아누스는 고대 로마의 초대 황제로, 존엄자라는 뜻의 '아우구스투스'라는 칭호를 받았다. 로마의 내란을 진압하며 로마의 최고 1인자가 된 그는 로마제국의 개혁을 이끌고 44년 동안 순탄하게 1인 통치 체제를 유지했다. 그는 로마 500년 제국 시대의 초석을 다진 인물이다.

조용히 힘을 키우다

로마 정치사에는 두 번의 큰 전환점이 있었다. 첫 번째는 왕정에서 공화정으로의 개혁이었고, 여기에서 또다시 제국으로 두 번째 전환점을 맞았다. 옥타비아누스는 로마제국 시대를 연 가장 중요한 인물이다. 본명은 가이우스 옥타비아누스로, 서민 출신이지만 어머니가 카이사르의 조카였기에 아버지를 여의고 나서는 카이사르의 보호를 받았다. 카이사르가 암살된 후 그의 유언장에 따라 후계자로 지명되었다. 유언장이 공개되었을 때 클레오파트라는 그가 자신과 아들을 후계자로 삼지 않았다는 사실에 실망해서 이집트로 돌아갔다.

카이사르가 암살되자 통치자의 자리가 비는 초유의 사태가 벌어졌다. 그래서 유언장에 따라 서민 출신의 열아홉 살 청년 옥타비아누스가 정계에 등장해 최고 통치자의 자리에 올랐다. 그러나 그는 전쟁에 참여한 경험도 부족하고 지지 세력도 없었다. 그리고 카이사르 암살 이후 로마의 정국은 한 치 앞도 예상할 수 없을 정도로 안개 속에 싸여 있었다. 사람들도 점차 로마의 앞날을 걱정하기 시작했다. 당시 군 통치권자였던 안토니우스가 옥타비아누스에게 이렇게 말했다.

"여보게, 젊은 친구. 카이사르의 유언장 말고 자네가 믿을 것이 있는가? 설마 카이사르의 뒤를 이어 이 제국을 통치하려는 허황한 생각을 하는 것은 아니리라 믿는다."

그러나 절체절명의 위기에서도 옥타비아누스는 카이사르의 유언과 막대한 유산을 활용하여 인재를 모으고, 카이사르의 지지자들까지 자신의 편으로 만들었다. 그는 바로 공화정 때문에 카이사르가 암살당했다고 생각했다. 한편, 카이사르의 오른팔이던 안토니우스는 정처 없이 이곳 저곳을 떠돌며 독재자처럼 행동했고 날로 악화되는 민심을 교묘하게 이용해 권력을 휘둘렀다. 카이사르가 암살된 해에 안토니우스는 갈리아 총독이 되기 위해 코미티아 민회를 조종했지만, 뜻대로 되지 않자 뮤티나로 갔다. 이에 원로원은 안토니우스를 살생부에 올렸다. 그 후 혼란스러운 상황에서 옥타비아누스가 등장했고, 그는 부집정관으로 뮤티나에 가서 안토니우스군을 완전히 진압했다. 기원전 31년에 벌어진 악티움 해전에서 옥타비아누스는 원로원의 지원을 등에 업고 이집트 여왕 클레오파트라와 사랑에 빠진 안토니우스를 완전히 몰아냈다. 이때 옥타비아누스의 아그리파가 바람의 방향을 계산한 교묘한 전술로 안토니우스의 함대를 격파했다. 그리고 그 이듬해에 안토니우스는 자살했다.

기원전 29년에 옥타비아누스가 로마로 금의환향했다. 그동안 내전으로 고생하던 로마인들은 성대한 개선식을 열어 옥타비아누스의 귀국을 진심으로 환영했다. 심지어 원로원도 야누스 신전의 문을 3번씩이나 열었다 닫았다 하며[24] 축하 행렬에 동참했다. 그리고 이때 '공화정을 유지할 자'라는 글귀를 새긴 아우구스투스 황제의 문을 세웠다. 이후 로마에서는 악티움 해전에서 승리한 날과 옥타비아누스의 생일, 또 그가 이집트의 알렉산드리아에 입성한 날을 신성한 기념일로 정했다. 옥타비아누스는 이집트와 아시아에서 약탈한 전리품과 재물을 나누어 로마군 병사에게 포상으로 1,000세스테르티우스를, 그리고 시민에게도 400세스테르티우스를 지급했다. 또 신전과 공공시설을 지어 일자리를 확충하고, 퇴역 군인들에게 급여를 지급해 로마 정국을 안정시켰다.

권력을 손에 넣은 옥타비아누스는 카이사르의

▼ 기원전 31년에 로마의 최고 통치권을 둘러싸고 옥타비아누스와 안토니우스의 이른바 '악티움 해전'이 벌어졌다. 이 유화 작품은 현재 런던국립해양박물관에 소장되어 있다.

---

24) 로마인들은 전쟁이 닥치면 야누스 신전의 문을 열었고, 전쟁이 끝난 후 문을 닫아 평화를 자축했다.

사건을 교훈으로 삼았다. 그래서 그는 황제라는 칭호를 채택하지 않고 원수, 즉 시민 가운데 제1인자라는 뜻의 '프린켑스'라는 호칭을 사용했다. 그리고 원로의 특권을 보호하기 위해 120만 세스테르티우스를 지급했다. 이때도 공화정 기관이 남아 있었고, 정기적으로 코미티아 민회를 개최했으며, 집정관을 비롯한 모든 관직을 법에 따라 선거로 선출했다. 옥타비아누스는 정적을 숙청하지 않고 모두 사면하고, 긴급 명령도 전부 해제했다. 또한 기사, 상인, 직업 군인 중에서도 공직자를 선발했고, 다른 지역 사람들도 로마 시민권을 취득할 수 있게 했다. 이렇게 그는 1인자가 되기 위해 모든 준비 작업을 마쳤다. 일반 시민들을 위한 많은 제도도 시행했다. 가난한 시민에게 식량 지원을 하고 연회와 각종 행사를 열며 민심을 달랬다. 그러자 정국이 안정되고 사람들도 점차 안정된 생활을 할 수 있었다. 로마 역사학자 타키투스는 "아우구스투스는 병사의 사기를 높이기 위해 장려금을 지급했다. 또한 민심을 달래고 정국을 안정시킬 수 있도록 여러 가지 제도를 도입했다. 이렇게 아우구스투스는 가장 평화로운 방법으로 시민 개개인의 지지자들을 이끌어냈고, 이후 원로원과 공직자까지 아군으로 삼았다. 그러니 누구도 아우구스투스의 통치에 제동을 걸 수 없었다."라고 평가했다.

박수칠 때 떠나는 위대한 자

옥타비아누스는 초기에 살얼음 위를 걷는 듯한 위태로움을 느꼈다. 강도 높은 개혁을 했다가 자칫하면 지난 수백 년 동안 로마 공화정이 쌓아 올린 공든탑이 무너질 수 있기 때문이었다. 기원전 42년에 호민관 티티우스는 국내의 불안한 상황을 고려해 옥타비아누스와 안토니우스, 레피두스에게 국가 사무를 처리하는 모든 권한을 맡기고 5년 임기에 1번 재임할 수 있는 법안을 건의했다. 이 법안이 통과되면서 세 사람은 기원전 32년 1월 1일에 모든 임기를 마쳐야 했다. 그러나 옥타비아누스는 임기가 만료되고 나서도 몇 년이나 더 재직했고, 급기야 기원전 30년에는 종신 호민관 자격을 얻었다. 이듬해인 기원전 29년에 그는 아시아 원정을 승리로 이끌며 대원사大元帥에 임명되었고, 기원전 28년에는 원로원의 신뢰가 바닥에 떨어진 틈을 타 원로원을 개혁했다. 그리고 이때 안토니우스를 지지하는 원로 의원 200명을 몰아내고 그 자리에 자신의 측근을 심었다. 기원전 43년부터 기원전 2년까지 옥타비아누스는 13차례나 집정관을 역임하며 권력의 실세로 자리매김했다.

옥타비아누스는 그 누구도 상대할 수 없을 정도로 막강한 권력을 누렸다. 그러던 기원전 27년 1월 13일에 예상 밖의 일이 일어났다. 그날 옥타비아누스는 원로원에서 일찌감치 원로들이 자리하기를 기다렸다. 그러더니 그가 갑자기 여러 사람을 향해 머리를 숙였다. 원로원은 '이 위대한 공화정의 영웅이 무슨 이유로 보잘것없는 사람들에게 머리를 숙이는 것일까?' 하는 생각에 어안이 벙벙했다. 이어서 옥타비아누스가 연설을 시작했다.

▼ 옥타비아누스 동상
갑옷과 투구로 무장한 옥타비아누스의 동상이다. 왼손에 권력을 상징하는 지휘봉을 들었고 오른손은 하늘을 향해 쭉 뻗었으며 오른발을 한 발 앞으로 내밀고 있다. 이 작품은 달변가인 옥타비아누스가 만인 앞에서 연설한 후 환호하는 군중에게 답례하는 듯한 모습을 잘 표현했다.

"오늘 본인은 모든 직위에서 물러날 것이다. 행정과 군사 지휘권을 책임지는 집정관이며 민회를 대변하는 호민관, 속주를 지배하며 군대를 지휘하는 총독 등 모든 직책을 내려놓을 것이다. 본래 본인의 권력은 로마 시민인 여러분이 만들어준 것이니 다시 여러분에게 돌려주는 것이 마땅하다…."

그가 연설하는 동안 무엇에 홀린 듯하던 원로원이 문득 정신을 차리고 보니 사람들이 우레와 같은 박수갈채를 보내고 있었다. 로마인들은 이렇게 훌륭한 지도자를 계속 곁에 두고 싶었고, 공화정의 평화와 안녕을 위해 옥타비아누스에게 그 말을 거두어달라고 간청했다. 사흘 후, 이 연설에 감격한 원로원이 옥타비아누스에게 가장 존엄한 자를 뜻하는 '아우구스투스' 칭호를 올렸다. 이렇게 해서 옥타비아누스는 공화정의 최고 권력자이자 신격화되는 등 로마 최고의 1인자가 되었다. 오늘날 8월을 뜻하는 영어 '오거스트(August)'는 바로 옥타비아누스가 서거한 8월을 기리기 위해 그의 이름을 따서 만든 것이다.

옥타비아누스는 매일 이른 아침 시민들과 만나는 시간을 마련했다. 시민들 앞에서 그는 어디 하나 흠 잡을 데 없이 훌륭하게 연설했고, 원로원 회의에도 자주 참석했다. 국가 행사나 연회에도 빠지지 않았고, 접경 지역도 직접 살폈다. 그는 매사에 신중했으며, 국가대사를 두루 잘 살피고, 항상 겸손하며 도량도

넓었다. 원로원은 회당 안의 금 방패에 "영웅에게 두려움이란 없다. 자애롭고 배포가 넓으며 정의를 위해 목숨을 다해 노력했다."라는 글귀를 새겨 위대한 영웅의 공로를 치하했다. 옥타비아누스는 기존의 60여 개 사단을 28개로 축소해 정예 부대를 조직하고, 직업 상비군을 창설했다. 외국에서 영토를 개척할 때에는 산과 하천 등 자연을 제국의 경계 지역으로 삼았다. 그는 재임 기간에 아폴로 신전, 아우구스투스 광장, 옥타비아누스 기둥 등 역사에 길이 남을 훌륭한 건축물을 완성했고, 도시 수도 시설을 완비해서 로마 문화의 상징으로 삼았다. 기원전 12년에 옥타비아누스는 대제사장을 지냈고, 기원전 2년에는 '제국의 아버지'라는 황제의 칭호를 받았다. 당대의 조각가들은 옥타비아누스의 청동, 백운석 조각을 만드는 데 매진했는데, 그 가운데 아우구스투스 흉상은 로마의 최대 걸작으로 손꼽혔다. 그는 생전에 도시의 수호신으로 추대되기도 했다. 당시 사람들은 로마 광장에 그를 기념하는 황금 조각상을 설치했는데, "위대한 옥타비아누스가 육상과 해상의 평화를 되살려냈도다!"라는 글귀가 새겨져 있다.

공화정 내부에서 피어나는 야심

옥타비아누스를 두고 공화정 내부의 1인자가 되기 위해 사전 포석을 깔아둔 사람이라는 주장도 제기된다. 공직자 선거에 출마한 후보자들은 모두 옥타비아누스의 경쟁 상대가 될 수 없었다. 결국 옥타비아누스가 선거에서 잇달아 당선되면서 로마의 행정, 입법, 사법, 군사 등 모든 권력을 휘둘렀다. 원로원과 코미티아 결의안을 최종 심사하는 결정권도 있었다. 또 공천할 수 있는 기회를 잘 활용해 측근을 요직에 심어두었다. 중앙집권 관료제도 그의 작품이다. 충직한 원로 15명과 집정관 2명으로 구성한 '원수 고문회'를 출범하고, 국고 관리 등의 왕실 사무를 처리하는 기관을 두어 측근과 석방된 노예들이 이곳에서 일할 수 있도록 배려했다. 그리고 로마는 행정 구역을 두 등급으로 분류했다. 즉 코르시카, 시칠리아, 페르가몬 등의 원로원 행성과 갈리아, 에스파냐, 시리아 등의 원수 직할성으로 나누었다. 이 행성 제도는 황제와 원로가 토지를 공평하게 나누어 관할하는 '이원 정치'와는 성격이 다르다. 다시 말해, 원로원 행성은 지정학적으로 요충지가 아닌 곳이며 황제가 파견한 총독이 행성의

▲ 옥타비아누스가 관리와 시민을 접견하고 자리를 떠나는 장면으로, 영국의 화가 앨머 태디마의 1897년 작품이다.

군사와 세금을 관리했다. 총독의 임기는 1년으로 정해졌으나 황제가 임의로 교체할 수 있었고, 주둔군을 둘 수 없었다. 반면에 원수 직할성은 전략적 요충지로 자원이 풍부한 곳이었고, 총독의 임기는 3년이었다.

옥타비아누스가 통치한 시기의 로마 공화정은 예전과는 많이 달랐다. 아우구스투스 이후 로마는 200년 동안 계속 평화를 누리며 번성했다. 그의 걸작으로 평가되는 원수정이 방대한 로마 영토를 통치하는 데 적절했을 뿐만 아니라 치안을 잘 유지했고 교통과 물자 교류가 활발하게 이루어져 그야말로 로마의 태평성대가 펼쳐졌다. 이른바 '팍스로마나' 시대이다. 아우구스투스의 통치가 최고로 빛을 발해 로마에 의한 평화가 실현된 것이었다.

그러나 그도 세월을 거스를 수는 없었다. 옥타비아누스는 남부 이탈리아를 순찰하던 중 병마에 시달리다가 14년에 나폴리에서 향년 77세로 조용히 숨을 거두었다. 임종 직전에 그가 이런 말을 남겼다.

"이 아름다운 세상에서 내가 어떤 모습으로 살다가는 지 모르겠다. 내 역할은 이미 끝났다. 내가 역할에 충실했다고 생각이 들거든 나에게 박수를 보내달라!"

인류의 파괴자 폭군 네로

로마는 황제가 어떤 사람이냐에 따라 희비가 엇갈렸다. 로마 황제는 대체로 온건하고 인자한 성품의 군주와 잔혹하고 난폭한 군주로 나눌 수 있다. 대표적인 폭군을 꼽으라면 하나같이 이 사람을 언급할 것이다. 물론 그의 예술적인 감각과 기발한 아이디어로 탄생한 로마 성은 칭찬받아 마땅한 걸작이나, 그의 기괴한 성격과 난폭함은 오늘날까지 그를 폭군의 대명사로 기억하게 한다. 그는 바로 그 유명한 네로이다.

기이한 성격

37년에 로마 부근의 안티움에서 귀족 그나이우스 도미티우스 아헤노바르부스와 아그리피나 사이에서 클라우디우스 네로 카이사르가 태어났다. 그는 세 살 때 아버지를 여의었고, 그 후 어머니가 숙부 클라우디우스의 황제비가 되었다. 어머니는 적극적인 성격으로 숙부를 잘 내조하면서 황실에서 입지를 굳혔다. 네로는 열한 살이 되던 해에 클라우디우스 황제의 양자가 되었다. 4년 후 아그리피나가 클라우디우스를 독살해 네로는 열여섯의 어린 나이로 황제의 자리에 올랐다.

이 젊은 황제가 통치를 시작했을 때만 해도 로마는 안정된 정국에서 문화를 발전시키며 최고의 전성기를 보내고 있었다. 네로의 스승인 철학자 루키우스 세네카는 항상 겸손하고 인자했으며 문학과 예술 등 다방면에 조예가 깊었다.

네로는 국사를 돌보기보다는 여가를 즐기는 데 시간을 많이 보냈다. 당시 저명한 하프 연주가를 초청해서 수십일 동안 점심 식사를 마친 후부터 늦은 밤까지 하프 연주에 빠져 지내기도 했다. 또한 그는 여색도 밝혀서 어머니가 맺어 준 의붓동생 브리타니쿠스의 누이 옥타비아와 이혼하고 요염한 미녀 포파에아 사비나를 애인으로 삼았다. 그러던 어느 날 그가 어머니를 위해 성대한 잔치를 준비했다. 어머니를 모셔오려고 특별히 제작한 배를 보내드렸는데, 연회 당일 저녁에 파도를 만나 배가 산산조각이 났다. 아그리피나는 다행히 목숨을 건졌지만, 그녀는 참으로 기구한 운명이었다. 전해지는 바에 따르면, 하루는 그녀와 네로의 애인이 다투었다고 한다. 그날 밤 아그리피나는 술에 취해서 아들과 간통을 범했고, 이에 자신을 도저히 용서할 수 없던 네로는 59년에 어머니를 죽였다. 자신의 통치에 가장 큰 걸림돌이던 어머니를 직접 제거한 것이다. 그러나 어머니를 죽였다는 고통은 시종일관 그를 따라다녔다. 걸핏하면 악몽을 꾸었고, 매사에 의심이 들어 줄곧 불안한 생활을 해야 했다.

네로의 통치 후기는 64년 7월 로마에 일어난 대화재를 기점으로 시작된다. 처음에 조그마한 불씨로 시작된 불은 걷잡을 수 없이 번져서 6일 만에 온 로마를 불바다로 만들었다. 네로가 아끼던 진귀한 소장품은 물론 목조 건축물도 몽땅 재로 변해버렸다. 당시 로마는 골목이 좁고 집들이 다닥다닥 붙어 있어서 불길이 번지기는 쉽고 진압하기는 어려웠다. 그래서 불은 삽시간에 널리 번져 14지구 중 10지구를 모두 태우고 로마 시민 수천 명의 목숨을 앗아갔다. 화재로 이재민도 50만 명이나 발생했다. 이제 로마는 희망이라고는 찾아볼 수 없는 암흑의 땅이 되어버렸다. 이 사건에 대해 역사학자들은 네로가 자신이 구상한 신도시를 건설하기 위해 일부러 로마를 불태웠으며, 심지어 불타는 로마를 보며 호탕하게 웃었다고 전하기도 했다. 그러나 이 역시 추측일 뿐 정확한 증거는 발견되지 않았다. 화재가 발생한지 한 달이 지나도록 새로운 도시를 세우려는 조짐은 찾아볼 수 없었고, 네로가 직접 나서서 화재 진압과 이재민 구호에 안간힘을 썼던 점 등 당시의 정황을 종합적으로 살펴볼 때 일부 역사가들의 주장은 현실성이 떨어진다. 네로는 폐허로 변해버린 로마를 물끄러미 바라보며 "모든 것이 사라져버렸구나! 내가 무엇을 할 수 있겠는가!"라며 깊은 한숨을 내쉬었다. 주변에서는 네로에게 수도를 옮기자고 건의했다. 이때가 바로 젊은 황제 네로에게 가장 힘든 시기였다. 네로는 사람들이 쏟아내는 비난의 화살을 피하기 위해 기독교도들을 방화범으로 몰고 그들을 잔혹하게 탄압했다.

임시변통의 방대한 공정

네로는 스승 세네카와 부인 포파에아 사비나의 격려를 받으며 재기했다. 그리고 옛 로마의 모습을 철저히 배제한 새로운 로마, 즉 예술의 도시를 만들려는 계획을 세웠다. 네로가 새로운 로마의 설계도를 공개했을 때 사람들은 그 방대한 공정에 입을 다물 수 없었다.

로마는 청동과 백운석 등 성을 세우기 위해 자재를 대량 끌어 모앉다. 예술가와 조각가, 장인들도 속속 집결했다. 네로는 직접 현장에 나가서 자신의 계획이 순조롭게 진행되고 있는지 살폈다. 그리고 이 공사 중에 콘크리트를 발명하면서 공정 속도는 훨씬 빨라졌다. 도로를 넓게 닦고, 화원과 대중목욕탕도 완성했으며, 광장에 하늘을 찌를 듯 높은 동상을 세워 로마의 위엄을 드러냈다. 또 네로는 자신을 위해 특별한 황궁을 지었다. '도무스 아우레아'라는 이름의 황궁은 막대한 비용을 들여 지나치게 호화롭게 꾸몄다. 외관은 보석과 황금, 진주, 조개껍데기 등으로 화려하게 장식했고, 내부에는 인공 호수와 맑은 물이 흐르는 목욕탕을 만들었으며 논밭과 포도 과수원, 숲, 목장까지 두어 전원 분위기를 연출했다.

그러나 방대한 공정을 실행하느라 국고는 점차 바닥을 드러냈다. 게다가 관리들의 약탈까지 더해져 로마 전역이 빚

▲ 네로가 어머니 아그리피나를 죽이는 장면

에 허덕였다. 그런데도 네로는 전혀 아랑곳하지 않고 방대한 공정을 계속 진행했다. 하루는 네로의 충신이 새로운 자금줄을 찾았다고 이야기했다. 그가 찾은 것은 바로 신전의 재물이었다. 역대 로마 통치자들은 전쟁에서 승리하고 금의환향하면 가장 먼저 신전에 달려가서 재물을 바치고 복을 기원했다. 그의 말에 솔깃한 네로는 그때부터 신전을 마구잡이로 약탈했다. 신전 안의 재물과 심지어 금과 은으로 장식한 동상 등 돈이 될 만한 것은 모조리 빼앗았다. 그러나 이는 로마의 신에 대한 공개적인 멸시였으니, 당연히 로마 시민의 불만을 살 수밖에 없었다. 스승 세네카가 네로를 말렸지만 황제의 고집은 꺾을 수 없었다. 그러자 세네카는 자신은 더 이상 황제를 도울 수 없겠다며 네로의 곁을 떠났다. 그리고 네로가 신을 모욕한 데 분노한 원로들은 65년에 네로를 폐위하고 새로운 군주를 세우기로 뜻을 모았다. 그러나 원로들의 계획이 계속 지연되면서 결국에는 반역

▲ 네로가 여인들이 알몸으로 춤추는 모습을 지켜보고 있다. 폭군의 대명사인 네로는 게임을 하거나 여색을 즐기는 데 대부분 시간을 보냈다.

을 시작하기도 전에 네로가 이 사실을 알아차렸다. 네로는 역모를 꾸민 자들을 잔혹하게 처벌했고, 그들이 공범을 말하도록 모질게 고문했다. 그래서 죄 없는 사람들도 이 역모 사건에 연루되어 처참하게 죽임을 당했다. 이때 산 속에서 은둔하던 스승 세네카도 사약을 마시고 죽었다. 이에 로마 전역이 온통 공포에 휩싸였다. 대대적인 숙청이 벌어지면서 로마의 법체계도 엉망이 되어버렸다. 죄가 있다고 기소되면 재판을 거치지도 않고 바로 사형에 처하는 일도 허다했다.

방대한 공사와 왕실의 사치스러운 생활로 국고는 하루가 다르게 줄어들었다. 그렇지만 네로는 멈춤을 몰랐다. 급기야는 귀족들을 협박해서 재산을 국가에 헌납한다는 각서를 받아냈다. 일부 원로들이 순순히 명령을 따르지 않자 아예 그들을 죽이고 재산을 전부 몰수해 버렸다. 또 곡물 가격을 말도 안 되게 높여서 부당 이득을 챙기기도 했다. 이에 분노한 로마 시민은 네로의 동상에 주머니를 매달아 놓고는 머리 부분 위에 "우리는 최선을 다했다. 당신의 주머니를 채워주기 위해서."라고 네로를 비난하는 말을 적었다.

몰락의 길

네로는 매일 승마를 하고 연극과 검투 경기를 관람했으며 저녁에는 항상 여유롭게 하프를 켰다. 진정한 예술가다운 삶을 살았다고 해도 과언이 아니었다. 그의 예술 감각은 자타가 공인한다. 특히 연극을 잘했는데, 어떤 때에는 국사를 내팽개치고 오로지 연기를 하겠다는 일념으로 정기 공연을 하는 데에만 몰두했다. 직접 두꺼운 가면을 쓰고 익살극 무대에 올랐고, 연극이 끝나면 관례대로 무릎을 꿇고서 관객에게 박수를 구하기도 했다. 또 올림픽 경기를 본떠서 '네로니아 축제'를 열었다. 본래 5년에 1번 여는 것으로 시작했지만, 나중에는 네로가 경기에 워낙 푹 빠져서 연례 행사처럼 되어버

렸다. 그리고 원로원에도 연극과 네로니아에 직접 참여하라고 압박
했다. 이에 대해 원로원은 자신들의 위신이 바닥에 떨어졌다며 심한
모욕을 느꼈다. 네로는 연기할 때 특히 완벽주의를 고집해서 무대에
오르기 전에 연습에 연습을 거듭했다. 그리고 연극이 끝나면 아내
포파에아 사비나가 관람평을 했다. 이때 아내가 실수를 지적하면 네
로는 화를 못 이기고 많은 사람 앞에서 아내에게 발길질을 해댔다.
심지어 임신 3개월이던 아내를 발로 마구 차서 유산시킨 일도 있었
다. 66년에 네로는 더 이상 국정에 관심이 없었다. 네로니아에만 신
경을 쓰고 연극을 하러 사방을 돌아다녔다. 그렇게 예술가로 살아가
려고 작심한 것 같았다.

주그러나 네로의 포악하고 이해할 수 없는 행동이 결국 비극을 초래
했다. 갈리아와 에스파냐 귀족들이 반역을 일으키자 네로는 마지못
해서 귀국했다. 이후 원로들이 그를 집중 추궁하자 네로는 칼과
창이 아닌 예술로 모든 반란을 진압하겠다고 호언장담했다.
그는 구구절절하게 이유를 들어 민심을 되돌릴 작정이
었다. 그래서 대형 짐차에 무대를 설치하고 가수 100
여 명과 함께 전장으로 떠났다. 그러나
로마 시민은 '시대의 예술가' 네로의 기
괴하고 이성을 잃은 행동에 격분했고, 이
미 힘을 잃은 로마군과 근위군도 그를 저
버렸다. 원로들도 네로를 살생부에 올리
자는 의견에 동의했다.

주이제 네로를 지지하는 사람은 아무도
없었다. 위기에 빠진 네로는 로마 교외에
있는 노예들의 터전을 전전하며 목숨을
겨우 부지했다. 그런 상황에서도 임종
직전에 "내가 권력만 유지할 수 있다면
승리를 축하하는 자리에서 하프와 피리를
연주할 텐데. 연주를 마치면 이어서 베르길리
우스의 춤을 출 수 있을 텐데…"라며 끝까지 기괴
한 말을 늘어놓았다. 세월이 흘러도 사람의 습성
은 변하지 않았다. 그러다 임종이 머지않은 것
을 느낀 네로는 "이 위대한 예술가가 세상과 이별하는

▼ 네로가 기독교도를 희생양으로
삼았을 때 베드로도 로마를 떠
날 수밖에 없었다. 그러던 중에
십자가를 이고 가는 기독교도를
보고 베드로가 물었다. "어디로
가시나이까?" 그가 답했다. "당
신이 그들을 버리는 대신 내가
십자가에 못 박히겠소." 그러자
베드로는 가던 길을 멈추고 로
마에서 순교하기로 마음먹었고,
이후 독실한 기독교인이자 제1
대 교황으로 존경받았다.

구나!" 하고 큰소리로 목놓아 울었다. 그리고 사로잡혀 포로가 되느니 부하의 말대로 자살하는 편이 낫다고 생각했다. 그래서 네로는 서른한 살의 젊은 나이에 스스로 생을 마감했다.

연극과도 같던 네로 황제의 시대는 이렇게 끝났다. 그의 포악함과 잔혹함은 이루 말할 수가 없었지만, 로마는 황제의 장례를 성대하게 치러 주었다. 어쨌든 그는 카이사르 가문의 마지막 황제였기 때문이다. 네로가 죽은 후 로마는 혼란에 휩싸여 69년에 다시 평화를 되찾을 때까지 혼란과 분열로 얼룩졌다. 로마 시민들은 이 시기에 큰 교훈을 깨달았다.

'앞으로 귀족 가문 출신의 통치자를 고집하지 말아야겠구나. 미와 덕을 갖춰야 위대한 군주이지, 제아무리 훌륭한 가문 출신이라도 소용없구나!'

로마제국의 전성 시대 5현제 통치 시기

안토니우스 왕조는 고대 로마제국의 전성기를 이끌었다. 네르바를 시작으로 이 시기의 황제들은 로마제국을 잘 다스려 정국을 안정시켰고, 외부의 침입에도 절대 흔들리지 않을 만큼 국경을 빈틈없이 방어했으며 경제도 발전했고, 영토도 역대 로마 사상 가장 광활한 지역을 점령하면서 60년 동안 전성기를 누렸다. 18세기 영국의 사학자 에드워드 기번은 《로마제국 쇠망사》에서 이 시기를 '인류가 가장 행복했던 시간'이라고 표현했다.

5현제의 로마제국

안토니우스 왕조의 제1대 황제 네르바(96~98 재위)를 시작으로 트라야누스(98~117 재위), 하드리아누스(117~138 재위), 안토니누스 피우스(138~161 재위), 마르쿠스 아우렐리우스(161~180 재위)까지 다섯 황제가 로마를 최고의 전성기로 이끌었다. 역사에서는 이 다섯 황제를 '5현제'라고 한다.

▶ **마르쿠스 네르바의 두상**
네르바는 귀족 원로원 출신으로, 96년에 황제 도미티아누스가 암살되자 원로원의 추대로 황제에 즉위했다. 그러나 즉위한 지 2년 만에 세상을 떠났다.

안토니우스 왕조의 통치자들은 관리 등용 제도를 중시했다. 네르바는 "원로원의 공개 재판과 표결을 거치지 않으면 원로를 처형할 수 없다."라는 말을 남겼고, 후대 통치자들도 그의 뜻을 이었다. 그의 말은 사실상 원로원에 특권을 부여한다는 의미로, 이 시기에 덕망 높던 원로들은 최고의 대우를 받았다.

네르바가 죽은 후 에스파냐 출신의 트라야누스가 제2대 황제로 추대되었다. 그의 아버지는 집정관과 시리아 등 아시아 행성의 총독을 역임했다. 트라야누스는 어린 시절부터 아버지를 따라 원정에 참여했으며 특히 군인으로서 출중한 면모를 보여 군대의 두터운 신임을 받았다. 그래서 이후 군대의 추대를 받아 황제로 즉위했다. 그가 황제가 되었다는 것은 로마와 이탈리아 귀족이 왕권을 독점하던 관례를 깼다는 것을 의미했다. 다시 말해, 행성에서 실력만 갖춘다면 권력을 차지할 수 있다는 의미로 볼 수 있다. 왕위에 오를 수 있는 후보자의 자격 제한을 완화하면서 행성들은 경제가 발전했고, 황제의 정치적인 신망도 더욱 높아졌다. 이렇게 해서 로마제국은 통치 기반을 공고히 할 수 있었다. 트라야누스는 네르바의 원로원 우대 정책을 계승했다. 그리고 아시아 지역과 헬레니즘의 영향을 받은 도시에서도 가능성 있는 원로들을 선출했다. 트라야누스는 기사들의 재산 규제도 풀어주고, 나라에 공을 세운 문관과 무관을 모두 기사 신분으로 높여주었다. 또 효율적으로 국정을 처리하고, 원수 고문회의 명칭을 관료 기구로 바꾸어 관리들의 임금을 담당하게 하고, 관리의 승진과 임금에 관한 제도를 마련해 황제가 관리를 임명하고 해임할 수 있는 권한을 가졌다. 법학자들이 행성의 법령을 정리해서 '영구 칙령'을 정비했고, 이를 훗날 형량 제도의 기반으로 삼았다. 당시 명망 높던 학자들은 법률을 해석할 권한이 있었고, 모두 황제에게 충성을 바쳤다. 당시 황제는 행정권과 일부 사법권을 행사했다. 그의 뒤를 이어 황제가 된 하드리아누스는 장거리 여행을 특히나 좋아한 황제로, 행성 건축 사업에 매진했으며 집정한 21년 중 10년 이상을 행성을 시찰하는 데 보냈다. 로마제국은 당시 행성이 44개 있었는데, 하드리아누스는 38개 이상의 행성을 직접 방문했다.

안토니누스 피우스는 관대하고 인자하며 온건한 성품의 황제였다. 그가 집정한 시기에 로마의 행성들은 더욱 발전했다. 부유한 행성의 귀족들은 중앙 정권에 진출하는 영광을 얻었고, 원로원에도 진출했다. 안토니누스 피우스는 관리의 지위를 안정시키고 속주의 부담을 줄이며 재정을 건전하게 해서 로마제국이 번영하는 데 중요한 역할을 했다. 이 시기에 로마는 평온한 시절을 보냈다.

영토 확장의 명암

5현제가 통치한 시기에도 영토를 넓히는 것은 매우 중요했다. 트라야누스는 특히 군인으로 명망이 높은 황제였다. 그는 적극적으로 공격하는 동시에 방어에도 빈틈이 없었다. 101년부터 106년까지 트라야누스는 도나우 강을 건너 다키아를 정복해서 속주로 삼았다. 원정을 승리로 장식한 트라야누스는 123일 동안 승리를 기념하는 축제를 벌였고, 넓은 광장에 이를 기념하는 기둥을 세웠다. 기둥 위에는 격렬하게 싸웠던 당시의 상황을 생생하게 조각으로 표현했다.

▲ 산탄젤로 성

로마 시내 티베르 강 부근에 세
워진 성곽이다. 로마 황제 하드
리아누스가 135년에 짓기 시작
해서 139년에 안토니누스 피우
스가 완성했다. 로마 황제의 무
덤으로, 이후 카라칼라 황제에
이르기까지 여러 황제가 매장되
었다.

더 광활한 영토를 차지하고 싶었던 트라야누스는 이때부터 아시
아 원정을 시작했다. 105년부터 2년 동안 나비타이 왕국을 병합해
아라비아를 속주로 삼고, 114년에 파르티아군과 벌인 전쟁에서 승
리해 아르메니아와 메소포타미아, 아시리아까지 속주로 두었다. 트
라야누스가 재위한 시절에 로마제국은 5현제 사상 가장 넓은 영토
를 확보했다. 동쪽으로는 유프라테스 강과 서쪽으로는 대서양 연안
및 브리타니아, 북쪽으로는 라인 강, 남쪽으로는 이집트, 북아프리
카 등까지 영토를 확장했다.

그러던 117년에 트라야누스는 아시아 원정을 마치고 로마로 귀환
하던 중에 병사했다. 그의 뒤를 이어 즉위한 하드리아누스는 로마제
국을 더욱 평화롭게 다스렸다. 대외적으로는 국방을 튼튼히 하여 외
부의 침입을 막았다. 파르티아와 평화 조약을 맺었고, 아시리아와
메소포타미아, 아르메니아를 속주에서 보호국으로 한 단계 풀어주
었다. 또한 현재의 잉글랜드 북부 동해안에서 서해안에 이르는 북부
브리타니아의 국경을 보호하기 위해 성벽을 쌓았다. 이것이 '하드
리아누스의 방벽'으로, 픽트족을 몰아내고 서북부 접경 지역을 방
어하기 위해 쌓은 성벽이다. 이는 국방을 지키기 위한 가장 확실한

방법이었다. 그의 국방 수호 정책을 다음 대의 안토니누스 피우스가 계승했다.

황제 하드리아누스의 양자였던 안토니누스 피우스가 통치한 시기에도 로마제국은 대체로 평화로웠다. 그러나 전쟁은 어김없이 찾아왔고, 변경 지역도 점차 어수선해졌다. 안토니누스 피우스가 죽은 후 마르쿠스 아우렐리우스가 후계자로 즉위했다. 당시 로마제국은 경제와 군사 면에서 모두 어려운 상황에 처한 시기였다. 백 년 이상 유지해 온 적극적인 원정 정책도 이민족의 침략에 무릎 꿇게 되면서 제동이 걸렸다. 161년에 페니키아가 시리아를 침략한 것을 시작으로 로마의 변방에 이민족이 침입하는 일이 잦아졌다. 초기에는 로마가 승승장구하는 듯했으나, 전염병인 페스트가 돌면서 전세가 역전되어 로마는 참패했다. 특히 도나우 강 쪽에서 마르코만니족과 쿠아디족이 자주 침입했고, 168년에 이들은 이탈리아 북부 지역까지 공격했다. 겉으로 보기에는 로마제국이 예전처럼 광활한 영토를 유지하는 듯했으나 게르만족 및 이민족의 침입으로 전쟁이 빈번해지면서 예전과 같은 명성을 유지하지는 못했다.

로마제국의 태평성대

5현제가 통치한 시기에 로마는 유례없는 전성기를 맞이했다. 정국이 안정되고 경제가 발전하고 영토도 최대한으로 확장했으며 사람들의 생활수준도 크게 향상되었다. 네르바는 이자를 낮춰 지주들에게 종자돈을 빌려주고 국고에서 이를 보충하는 방법으로 농업을 발전시킬 수 있었다. 지주가 낸 이자는 지방 금고에 보관해서 보조금 형식으로 가난한 가정의 아이들과 고아들을 지원했다. 트라야누스도 국고 일부와 개인 자산을 지방 기금으로 내놓아 가난한 가정의 아이들과 고아들에게 보조금을 지급했다. 또 남자아이들에게 매월 16세스테르티우스, 여자아이들에게는 매월 12세스테르티우스를 지급하도록 법으로 규정했다. 덕분에 당시 로마제국의 가난한 아이들 5,000명은 나라에서 식량과 버터, 포도주를 무상으로 제공받았다. 원로들은 개인의 최소 3분의 1을 이탈리아 토지를 사는 데 투자해야 했다. 이 또한 농업을 발전시키기 위함이었다. 하드리아누스는 지난 15년 동안 밀린 이탈리아와 행성 주민들의 채무를 면제해주며 선대의 민생 정책을 좀 더 개선했다. 황제들이 로마인을 배려하는 정책을 마련하면서 계급 간의 갈등의 골도 점차 줄어들어 로마제국은 평온을 유지할 수 있었다.

하드리아누스는 노예의 권리를 보장해주는 법률을 제정해서 노예를 매매하거나 검투사로 출전시키거나 하는 인권을 짓밟는 모든 행위를 금지했다. 안토니누스 피우스는 노예를 해치는 것을 살인죄로 다스렸다. 이로써 2세기 즈음에는 주인이 노예를 해치거나 함부로 대하던 관습도 상당히 개선되었다. 노예의 과실도 주인이 아닌 행성 장관이 판결하도록 했고, 노예에게도 기소권을 부여했다. 비록 상당수 법률이 다소 허술하게 운용되었지만, 노예의 권리를 보장하는 법률을 제정함으로써 로마의 법체계를 체계적으로 정비하고 노예도 다른 계급과 평등한 대우를 받을 권리가 있다는 인식이 자리잡았다.

▲ 하드리아누스 방벽

로마 성벽이라고도 불리는 하드리아누스 방벽은 현재 잉글랜드 북부의 동해안에서 서해안까지 약 120km에 걸쳐 세워져 있다. 122년에 하드리아누스가 짓기 시작해서 128년에 완성되었다. 픽트족을 몰아내고 국경을 확실히 하기 위해 쌓은 방벽으로, 17세기 초까지 스코틀랜드의 침입에 대비한 방벽으로 사용했다.

5현제 시기에는 경제 발전이 특히 눈부셨다. 수공업은 모든 분야별로 상당히 발전했고, 분업 체계도 더욱 세분화되었다. 각지에 중간 규모의 공방을 세웠는데, 현재 폼페이 지역은 당시 이탈리아 수공업의 중심지였고, 로마제국의 동부와 서부 행성들의 발전이 특히 대단했다. 정국이 안정되고 국력이 탄탄해지자 상업 무역도 활발해졌다. 특히 교통이 사통팔달로 뻗어 경제 통합을 이룰 수 있는 기반이 마련되었다. 소말리아의 유향과 상아, 중국의 비단 등 각국의 다양한 특산품이 로마제국으로 들어왔다. 이 밖에 브리타니아, 갈리아 등의 신생 도시도 빠르게 번성했다. 이들이 오늘날의 런던과 빈의 전신이다. 농업에서도 예속농인 콜로누스가 적극적으로 농사에 참여했다. 이들은 농업 이론과 기술을 배워 해당 지역에서 어느 정도 자주권을 보장받았다. 해방 노예들도 관리나 기사로 신분을 상승할 수 있었다. 또 유럽에서 다양한 과수를 들여오고 이집트에서 아마와 재배 기술을 도입해 로마제국의 농업은 괄목할 만한 발전을 이루었다.

물론 태평성대의 한편에는 위기도 도사리고 있었다. 하드리아누스는 유대인에게 예루살렘에 주피터의 신전을 세우라고 억압했다. 그러자 132년에 유대인이 대규모 봉기를 일으켰다. 그리하여 하드리아누스는 3년 동안 수많은 용병을 투입해서 겨우 반란을 진압했다. 그리고 162년에 일어난 파르티아 전쟁을 기점으로 이민족의 침입이 빈번해져 로마제국은 위기를 맞았다. 180년에 마르쿠스 아우렐리우스가 죽고 그의 아들 코모두스가 즉위했는데 그는 사치와 향락에 젖은 생활을 했고 검투사 대회에만 관심을 두는 등 나랏일은 등한시했다. 결국 왕권은 바닥에 떨어지고 제국도 쇠락의 길을 걸었다.

개혁의 선구자 가이우스 디오클레티아누스

3세기에 위기를 맞으면서 로마제국의 문제점이 속속 드러났다. 그러던 중 284년에 등장한 가이우스 디오클레티아누스가 로마제국에 새로운 바람을 몰고 왔다. 그는 오리엔트식 전제군주정을 수립했고, 4분 통치를 시작했다. 또한 군사, 세금, 화폐 제도의 개혁을 단행하며 난세 속의 로마를 구해 내기 위해 각고의 노력을 기울인 개혁의 선구자이다.

전제군주정

 3세기 무렵 로마제국은 점차 쇠락하고 있었다. 경제는 물론이거니와 정치 체제에서도 여러 가지 문제가 속출했다. 기사 출신의 셉티미우스 세베루스(193~235 재위)는 국정을 처리할 때 군대의 의견을 중시했다. 노예들의 반란을 진압할 때나 서고트족과 페르시아인 등 이민족의 침입을 방어할 때에도 군권을 강화했다. 기사 출신으로 병사들에 의해 황제로 추대된 그의 이력을 충분히 반영한 통치였다. 253년부터 268년까지는 이른바 '30인 참주' 시기로, 세력가 30명이 로마제국을 이끌었다. 270년에 잠시 통일을 이루는 듯했으나 로마제국의 내부는 이미 여러 가지 문제로 곪을 대로 곪아 있었다. 이러한 위기의 순간에 가이우스 디오클레티아누스가 즉위했다.

 245년에 달마티아 부근의 작은 마을에서 가이우스 디오클레티아누스가 태어났다. 그는 노예 신분을 막 벗어난 비천한 천민 출신이었으며, 디오클레티아누스는 성장한 후 일반 병사로 복무했다. 그는 총명함을 타고났으며, 용맹하고 전쟁에서 탁월한 능

▼ 산피에트로 대성당(성베드로 대성당)
기독교도들이 탄압받을 때 디오클레티아누스의 궁수는 다름 아닌 독실한 기독교도 베드로였다. 베드로가 기독교를 배반할 수 없다고 하자 디오클레티아누스는 그를 처형했다. 전해지는 바로는, 베드로가 며칠 후에 부활해서 디오클레티아누스를 찾아가 처형당했을 때의 상처를 보여주며 자신의 부활을 확인시켰다고 한다.

력을 보여 일개 병사에서부터 한 단계씩 승진해 친위대를 이끄는 자리에 올랐다. 284년에 황제 누메리아누스가 양아버지이자 근위대장인 아페르에게 살해되자 사람들이 이에 격렬히 저항하며 들고 일어났다. 같은 해 11월 20일에 니코메디아의 병사 집회에서 가이우스 디오클레티아누스가 아페르를 맹비난하고 사형에 처했다. 그러자 사람들은 환호했고, 그를 황제로 추대했다. 이후 가이우스 디오클레티아누스는 로마제국 황제였던 카루스의 장남이자 서부의 정적 카리누스를 몰아내고 갈리아와 아프리카 지역의 반란을 잠재우며 유일한 황제로서 입지를 굳혔다.

가이우스 디오클레티아누스는 또 로마를 개혁하는 데 앞장섰다. 천민 출신의 군인인 이 황제는 로마의 전통적인 공화정이 아닌 오리엔트식 전제군주정에 더 매력을 느꼈다. 황제로 즉위한 후 그는 페르시아를 모티브로 삼아 지상의 신을 자처했다. 영원불멸의 신비한 위력을 드러내는 왕관을 늘 쓰고 다녔으며 진주와 보석으로 화려하게 수를 놓은 토가를 걸쳤다. 그가 입장하면 대열을 갖춘 악대의 힘찬 연주가 울려 퍼지고 로마인은 모두 우레와 같은 박수로 황제를 맞이했다. 그러면 황제는 다소 거만하게 고개를 들고 구름처럼 몰려든 군중을 내려다봤다. 이어서 화려한 궁전으로 들어가서 눈부시게 번쩍이는 황금 계단을 올라 근엄하게 자리에 앉았다. 그리고 황제가 명령을 내리면 신하들은 엎드리거나 무릎을 꿇고 절하고 황제의 발에 입을 맞추며 최고의 예를 갖추었다. 황제는 자신의 권위와 신성성, 초자연성을 강조했다. 이후 로마의 궁정 예절과 황제를 상징하는 격식과 절차 등은 모두 페르시아의 것을 따랐다. 또 전통을 지키기 위해 과거의 다신 숭배를 부활시켰다. 로마식으로 신전에 참배하고, 다시 최고신 주피터에게도 최고의 예를 갖추었다. 그러면서 자신이 주피터의 아들이라며 신성성을 강조하는 것도 빼놓지 않았다. 이렇게 해서 기존에 공화정을 시행하던 로마는 오리엔트식 전제군주정을 확립했다. 로마인을 가리키는 명칭도 시민에서 신하와 백성을 뜻하는 신민으로 바뀌었다. 결국, 지난 수백 년 동안 투쟁에 투쟁을 거듭하며 이룩한 로마의 민주정은 소리 없이 자취를 감추었다. 이후 가이우스 디오클레티아누스는 동서양의 문화를 결합한 새로운 문화를 선보였다.

4분 통치제

　당시 원로원은 여전히 막강한 영향력을 행사했다. 지난 로마제국의 역사를 돌아보면 로마를 1인 체제로 통치한 1인자라고 해도 원로원의 아성을 무너뜨릴 수는 없었다. 원로원의 철옹성 같은 힘은 가이우스 디오클레티아누스에게도 큰 고민거리였다. 그러던 중에 번뜩이는 아이디어가 떠올랐다. 로마를 공동으로 통치하는 방식으로, 권력을 나누면 원로원의 입김을 조금이나마 약화시킬 수 있었다. 그는 전우 막시미아누스와 함께 286년부터 로마제국을 다스렸다. 막시미아누스는 성격은 급했지만 전쟁에는 누구보다 뛰어나 잇단 전쟁에서 모두 승리를 거두었다. 특히 그는 디오클레티아누스가 통치하는 데 이러쿵저러쿵 간섭하지 않았다. 막시미아누스는 디오클레티아누스에게 '카이사르' 칭호를 부여했으며, 얼마 후 다시 황제를 칭하는 '아우구스투스'라고 부르며 경의를 갖추어 대했다.

　그러나 황제 두 명이 통치하는 것으로 위기를 완전히 잠재울 수는 없었다. 그래서 디오클레티아누스는 293년에 권력을 더 세분했다. 정식 황제 두 명이 각각 부황제를 둘 수 있게 하고 그들에게 '카이사르' 부황제의 직위를 하사했다. 디오클레티아누스는 군인 출신 중에서도 능력이 뛰어난 갈레리우스를, 막시미아누스는 귀족 출신의 군사 콘스탄티우스를 카이사르에 책봉했다. 이후 정식 황제 아우구스투스는 귀족 출신의 부황제 카이사르와 함께 권력을 더욱 강화했다. 두 부황제는 본처와 이혼하고 갈레리우스는 디오클레티아누스의 딸과, 콘스탄티우스는 막시미아누스의 며느리와 재혼했다. 그리고 카이사르 두 명은 아우구스투스의 양자가 되었다.

　이렇게 제국은 황제와 부황제 총 4명이 분할 통치하는 4분 통치를 시행했다. 부황제는 각각 황제와 함께 통치했고, 형식상 입법권과 행정 관리권도 황제와 함께 누릴 수 있었다. 그러나 실은 디오클레티아누스가 최고의 권력을 행사했다. 법적으로 황제가 서거하거나 퇴위하면 부황제가 황제에 오르고, 그가 다시 부황제를 임명했다. 황제는 20년 동안 통치한 후 부황제에게 양위하며 순서대로 돌아가면서 황제를 맡았다. 그리고 디오클레티아누스는 니코메디아, 막시미아누스는 메디오라눔(현 밀라노), 갈레리우스와 콘스탄티우스는 각각 시루미움, 트레이브(트리엘)를 수도로 정했다. 이로써 지난날 화려하게 꽃 피웠던 로마의 민주정은 모습을 감췄다. 이 통치자 4명은 원로원의 입법권과 의정권도 박탈하고 공화정 시기의 집정관, 행정관 등도 유명무실한 직책으로 만들어 그들의 세력을 약화시켰다. 4분 통치는 한때 어느 정도 긍정적인 효과를 보였다.

내정 개혁

디오클레티아누스는 노예제를 부활시키고 제국을 다시 일으키기 위해 4분 통치 외에도 여러 방면에서 개혁을 단행했다. 먼저 행성의 구역을 줄이고 세분화해서 기존의 47개 행성을 100개 행성으로 확대했다. 그런 후 10~12개 행성을 묶어 한 행정구에 귀속시키고, 지방 총독은 군대와 관련된 직무를 겸임할 수 없게 했다.

군대도 방위군과 순찰군으로 더 세밀하게 구분했다. 방위군은 이민족으로부터 로마를 지켰고 순찰군은 국내 봉기를 진압하고 원정을 떠나는 부대였다. 정규 사단도 72개 사단으로 대폭 늘리고 병력도 60만 명까지 확충했다. 이민족과 예속농인 콜로누스도 군인이 될 수 있었다. 그러나 군사 개혁에서 이민족을 아군에 편성한 것이 훗날 커다란 악재를 불러오리라고는 전혀 예상하지 못했다.

국가 재정을 관리하는 부분도 과감하게 개혁했다. 먼저 토지 단위와 인구 단위를 결합한 농업 과세 제도인 '카피타티오 유가티오'를 실시했다. 이에 따라 농민은 물품으로 인두세와 토지세를, 도시민은 화폐로 인두세를 내야 했다. 세금은 성인 남성이 여성보다 2배 더 많이 냈다. 그러나 이후 부작용이 속출했다. 세금 항목을 세분화하고 부당하게 세금을 거두는 사건이 비일비재하게 일어나 사람들이 부담을 느꼈고, 막중한 세금 부담을 피해 이곳저곳으로 떠돌아다니는 사람도 많았다. 그래서 디오클레티아누스는 세원을 확보하기 위해 토지를 황무지로 남겨두지 못하도록 하

▼ 디오클레티아누스 궁전
디오클레티아누스가 퇴위한 후 머무른 곳으로 오늘날 크로아티아 스플리트에 있었으며, 1979년에 유네스코의 세계문화유산으로 지정되었다. 궁전을 짓는 데 사용된 재료와 기술은 로마 제국 전제 왕정 시기의 건축 기술을 잘 보여준다. 궁전은 로마군 진영의 군사 요새 형태를 띠고, 전체를 4개 구역으로 나누었다. 그리고 궁전의 수비를 위해 감시탑을 세우고 군사를 배치했다.

고, 수공업자는 반드시 관련 협회에 가입해야 한다고 규정했다. 또 천민을 감시하라는 명목으로 관리를 파견했다. 막중한 세금은 로마인들이 아무리 허리띠를 졸라매도 감당할 수 없을 정도였고, 세금을 차별적으로 징수해서 사회 갈등을 피할 수 없었다.

또 당시 화폐가 평가 절하된 점을 고려해 금 함량을 더 높여서 화폐를 만들라고 명령했다. 이때 화폐당 금 5.45g을 포함시키도록 규정했다. 그런데 금과 다른 자원이 모두 귀한 데다 화폐를 찍어내자마자 부유층에서 사재기를 해서 물가가 천정부지로 뛰어오르는 등 여러 가지 사회적인 문제가 발생했다. 그러자 301년에 디오클레티아누스는 '물가 칙령'을 발표했다. 생활필수품과 최저 임금의 상한선을 정한 것이었다. 그러나 현실적으로 상인들의 매점매석과 고가 판매 등까지 하나하나 적발할 수는 없었다. 결국 칙령은 유명무실해졌고 오히려 사회적 문제만 더 키웠다.

종교 개혁에서는 황제를 신격화하고 기독교도에게 로마의 신인 주피터를 숭배하라고 강요하며 박해했다. 그러나 기독교도들은 로마 황제를 신으로 인정하지 않고 로마의 신인 주피터를 숭배하지도 않았다. 디오클레티아누스가 기독교도를 박해하기 시작한 것은 그가 특별히 애지중지하던 궁전 침실이 불에 탔을 때 그 방화범이 기독교도라는 말을 들은 이후부터였다는 설이 전해지기도 한다. 그는 안티오코스와 알렉산드로스가 세운 아름다운 도시를 더욱 아름답게 만들기 위해 몇 년 동안 고민에 고민을 거듭했다. 그러다 방화범이 기독교도들이라는 말을 듣고, 이때부터 기독교도를 잔혹하게 탄압하기 시작했다. 302년에 그는 모든 교회를 부수고 성경을 모조리 불태우라고 명령했다. 303년에 들어서는 기독교도는 로마제국에서 요직을 맡을 수 없으며, 로마 전 지역에서 성경을 불태우라는 칙령까지 반포했다. 304년에는 제4칙령을 반포해 제국의 모든 기독교도를 가두라고 명령했다. 이때 반항한 기독교도들은 즉시 처형되었다.

용두사미의 개혁

디오클레티아누스의 개혁안 중에 참신하고 긍정적인 효과를 낸 것들도 있었지만, 나날이 무용지물로 전락해가는 노예제를 되살리기에는 역부족이었다. 물론 사회적인 문제도 완전히 해결할 수 없었다. 옥타비아누스와 5현제 때의 전성기로 돌아가는 것은 더욱 어려

▲ 성 지오르지오는 260년에 팔레
스타인에서 태어났다. 전설적인
로마제국의 기병이었던 그는 훗
날 디오클레티아누스의 기독교
탄압을 막으려다가 실패하고,
303년에 죽임을 당했다.

워 보였다. 행정, 군사 제도의 개혁도 로마
인들의 부담을 높이는 결과만 낳았다. 관료
체제도 성숙하지 못했고 군대에 막대한 예
산을 쏟아 부었으며 궁정에 노예와 신하가
너무 많고 황제와 부황제 4명의 궁전을 각
기 세우기 위해 지나치게 많은 비용을 쓰는
등의 이유로 국가 재정은 날로 줄어들었다.
4세기에 "세금이 이렇게 오른 적이 없었다.
세금 항목이 세금을 내는 사람보다 많으니,
파산한 콜로누스까지도 토지를 포기하게
되고 잡초만 무성한 땅이 점점 늘었다."라
고 당시의 상황을 전한 사람도 있었다. 국
정 경험이 부족한 이들이 내놓은 임시방편
의 경제 정책은 시간이 흘러 대부분 폐지되
었다. 종교 개혁도 마찬가지였다. 당시 기
독교가 상당한 영향력을 가지고 있던 상황
이었는데, 국가에서 이들의 포교 활동을 금
지했지만 기독교도들은 이를 어겨가면서까
지 포교에 힘썼다. 이에 분노한 디오클레티
아누스는 교회를 부수고 성경을 모조리 불태웠으며 기독교도들을
대상으로 잔혹하게 대량 학살을 저질렀다. 그러나 기독교도들은 더
욱 똘똘 뭉쳐서 탄압에 강력하게 저항했다.

305년 11월, 그 무렵 정사를 잘 돌보지 않던 디오클레티아누스는
20주년 경축 기념 행사에 참석해서 황제의 자리에서 물러나기로 선
언했다. 내란을 피하기 위해서였다. 일찍이 293년에 디오클레티아
누스는 막시미아누스에게 자신과 함께 황제의 자리에서 물러나자고
제안했다. 그해에 디오클레티아누스는 니코메디아에서 약 4km 떨
어진 탁 트인 초원에서 퇴임식을 했고, 같은 날 막시미아누스도 로
마에서 황제의 자리에서 물러났다. 그러자 디오클레티아누스는 부
황제들이 그 뒤를 이어나가길 바랐다. 그러나 갈레리우스는 병을 얻
어 죽고, 또 한 명의 부황제 콘스탄티우스가 정권을 차지하려고 하
자 이후 18년 동안 내란이 벌어졌다. 이렇게 해서 디오클레티아누스
가 각고의 노력을 기울여 확립한 4분 통치 시대는 끝을 맺었다.

신앙의 자유를 인정한 황제, 로마제국의 재건자
콘스탄티누스 1세

디오클레티아누스가 죽자 4분 통치는 더 이상 유지되기 어려웠다. 그러자 황제의 자리를 차지하기 위해 격렬한 전쟁이 벌어졌다. 그중 로마제국 동쪽에서 막강한 적수들이 등장했다. 콘스탄티누스와 막시미아누스의 아들 막센티우스였다. 여기서 그치지 않고 로마제국 서쪽에서도 하루 걸러 하루 꼴로 전쟁이 벌어졌다. 막강한 적수들과의 전쟁에서 콘스탄티누스가 승리하며 유일한 통치자가 되었고, 그는 기독교를 합법화하여 신앙의 자유를 허락했다. 당시 로마제국이 유럽 전역에 진출하면서 기독교는 서양 사회가 고대 문명의 기반을 닦는 데 큰 영향을 끼쳤다.

신비한 계시

콘스탄티누스와 같은 시대의 사람인 주교 에우세비오는 《콘스탄티누스전》에서 "콘스탄티누스와 기독교의 인연은 신비한 환상으로 거슬러 올라가 설명할 수 있다."라고 기록했다. 312년 10월에 콘스탄티누스는 군대의 선봉에 서서 로마를 향해 진격했다. 그러나 병사와 말이 모두 부족한 상황이라 승리를 장담하기 어려웠다. 젊은 병사들은 배고픔에 쓰러져가면서 힘겹게 로마로 진격했다. 이때, 하늘도 그들의 패배를 원치 않았는지 갑자기 둥근 불덩어리가 하늘을 가르며 저 멀리 떨어졌다. 그리고 뒤이어 하늘에 여러 형상이 희미하게 나타났다. 그러면서 거대한 십자가와 함께 알파벳 'X'와 'P'가 보였다. 병사들은 놀라움에 입을 다물지 못했으나 점차 안정을 되찾았다. 생각에 잠겼던 콘스탄티누스는 그날 밤 꿈속에서 헬라어로 '그리스도'의 첫 두 글자인 'XP'를

▼ **콘스탄티누스 대제 동상**
콘스탄티누스 1세는 기존의 4분 통치를 폐지하고, 밀라노 칙령을 반포해 신앙의 자유를 인정했으며 수도를 콘스탄티노플로 옮기는 등 '새로운 로마'를 세워 서양 문명에 큰 영향을 남겼다.

▲ **콘스탄티누스 개선문**
312년에 콘스탄티누스 1세의 서
로마 통일을 기념하여 원로원이
건축해서 315년에 바쳤다. 높이
21m, 너비 25.7m, 안 길이
7.4m로, 로마제국의 조각 양식
을 그대로 보여 준다. 이것 하나
로 생생한 로마 조각사 한 편을
감상하는 듯한 느낌을 받는다.

다시 보았고, '이것을 가지고 정복하라' 는 음성을 들었다.

사실 콘스탄티누스와 병사들이 실제로 그런 경험을 했는지는 알 수 없다. 일부 학자들은 운석이 떨어진 것을 불덩어리로 착각했을 것이라고 추측하기도 했다. 에우세비오는 그의 저서에서 "콘스탄티누스는 결코 허튼 소리를 하는 사람이 아니었다. 그는 실제로 경험한 바를 전했으며 병사들이 그 증인이 될 것이다."라고 전했다. 그러나 아무리 콘스탄티누스가 진실을 말했다고 해도, 그를 완전히 신뢰할 수 없게 하는 부분도 있다. 콘스탄티누스는 약속을 어기고 심복의 제부와 그 아들을 암살한 일도 있고, 이 밖에도 약속과 다른 일을 많이 했다고 전해지기 때문이다. 이를 기록한 에우세비오는 콘스탄티누스가 기독교와 이교도의 격렬한 투쟁이 벌어지던 시대에 살았기 때문에 글을 쓸 때 다소 과장되는 부분도 있고 신비한 면을 강조했을 수도 있다고 했다. 어쨌든 기독교는 확실히 콘스탄티누스에게 큰 감동으로 다가왔다. 이후 기독교는 로마제국은 물론 서양의 고전 문화에도 큰 영향을 끼쳤다.

콘스탄티누스가 본 도안은 기독교를 상징했다. 전쟁에서 그의 군대는 그 도안을 휘장으로 만들어서 방패에 그려 넣었다. 그리고 방패 주변을 금 테두리로 장식하고 진주도 부착했다. 사실 병사들은 이렇게까지 하길 원하지 않았으나, 지난 수백 년의 로마 역사를 보면 알 수 있듯이 신의 뜻을 거역하면 끔찍한 대가를 치러야 했다. 그래서 콘스탄티누스는 당시에 병사들이 명령대로 도안을 그리지 않자 화를 내고는 자신이 먼저 직접 방패 위에 도안을 그렸다고 전해진다. 그러자 그의 결연한 모습에 병사들도 황급히 황제를 따라서 도안을 그려 넣었다.

콘스탄티누스와 막센티우스의 격돌

312년에 로마의 요충지인 티베르 강 밀비아 다리에서 콘스탄티누스와 막센티우스가 맞붙었다. 사실 밀비아 다리 전투는 막센티우스의 생각이었다. 그는 선제공격으로 적의 심기를 건드린 다음, 후퇴하는 척하며 밀비아 다리로 빠지면 적이 빠르게 뒤쫓아올 것이니 이때 적들을 다리 중간 지점까지 몰아 넣고 다리를 붕괴시키려고 했다. 그런데 예상치 못한 일이 발생했다. 콘스탄티누스 진영의 대장이 다리 근처를 지나가다가 그들의 계획을 눈치챈 것이다. 그 장군은 다리 끝에 매달려 있던 막센티우스군 병사를 보고 바로 활을 쏘아 죽였다. 그리고 아군이 다리에 오르기 전에 미리 다리를 두 동강 내버렸다. 뜻밖의 기습을 당한 막센티우스군은 소스라치게 놀랐고, 다리 위는 순식간에 아수라장으로 변했다. 막센티우스군의 병사들은 앞 다투어 물속으로 뛰어들었고 살려달라고 비명을 질렀다. 그러나 전세는 이미 기울어 막센티우스군의 병사들은 콘스탄티누스군의 활에 맞아 픽픽 쓰러졌다. 사상자들이 다리 아래로 우수수 떨어지면서 강물은 곧 선홍빛 피바다로 변해버렸다. 병사들의 투구가 이리저리 나뒹굴고, 주인을 잃은 창도 여기저기 널려 있었다. 그야말로 아비규환의 현장이었다. 막센티우스는 그 와중에 익사했고, 그의 장군은 참형을 당해 시가지에 목이 내걸렸다. 콘스탄티누스군은 승리의 기쁨에 환호성을 질렀고, 핏자국으로 얼룩진 콘스탄티누스의 얼굴에는 웃음꽃이 피었다. 그의 대승이었다. 막센티우스가 한 발 앞서 계략을 짜낸 듯했으나 결국은 스스로 무덤을 판 꼴이 되었다. 콘스탄티누스는 초반에만 해도 승리하기 어려운 상황이었는데 이렇게 큰 승리를 거둔 것은 신의 은총 덕분이라고 생각했다. 적어도, 콘스탄티누스는 그렇게 생각했다.

콘스탄티누스는 온 로마인의 축하 세례를 받으며 금의환향했다. 막센티우스의 포악한 정치에 힘겨워하던 로마 시민들이 거리로 나와 콘스탄티누스와 그의 군대가 가는 길에 꽃가루를 뿌리며 열렬히 축하하는 등 로마 전역이 기쁨에 도취되었다. 콘스탄티누스가 연단에 올라 격앙된 목소리로 말했다. "로마의 승리는 그대들의 것이다. 그대들이 이룬 것이다! 짐은 그대들에게 땅과 자유, 평화, 아니 영원한 평화를 허락한다!" 그러자 로마 사람들도 우레와 같은 박수로 그에게 화답했다. 콘스탄티누스가 이어서 긴 토가를 걸친 원로들에게 말했다. "그리고 당신들이 있어 가능했다. 짐은 그대들에게 마땅히 누려야 할 권력을 주겠다!" 원로들은 그의 말에 감동하고 예를 갖추었다. 그러자 기독교의 휘장과 독수리 모양을 수 놓은 깃발이 높이 펄럭였다. 그러나 이 와중에도 위기는 꿈틀대고 있었다.

통치자가 되는 여정

콘스탄티누스에게는 또 다른 막강한 적수가 있었다. 바로 로마제국의 서부를 다스리던 리키니우스였다. 그래서 콘스탄티누스는 미모와 재능을 겸비한 여동생을 리키니우스에게 시집 보내 그와 혼인 동맹을 맺었다. 리키니우스가 로마의 서부를 평정하면 제국을 둘로 나누어 다스리기로 했다. 이후 리키니우스는 곧바로 출정해서 로마 서부의 세력을 하나씩 제압했다. 그러나 리키니우스는 당시 콘스탄

▼ 기독교와 관련된 다섯 명을 그린 그림이다. 콘스탄티누스(왼쪽 상단)는 로마 역사상 처음으로 기독교를 인정한 왕이다. 이때를 기점으로 그동안 탄압받던 기독교가 공인되어 유럽 등 각지로 퍼져나갔다.

티누스의 친기독교 정책을 마음에 들어 하지 않았다. 기독교도들이 힘을 키우면서 반기독교인 자신의 세력을 약화시킨다는 것이 이유였다. 기독교에서 주장하듯이 로마의 다신 숭배를 모독하는 것은 원로원에서 받아들일 수 없는 일이었다. 그래서 리키니우스와 원로원은 뜻을 모아 콘스탄티누스를 몰아내려고 했다. 하지만 그들의 모략이 사전에 드러나는 바람에 분노한 콘스탄티누스가 원로원의 원수를 처형했다. 반란은 이렇게 일단락되었지만, 이후 원로원은 영원히 콘스탄티누스의 신뢰를 얻지 못했다.

두 황제의 대결은 장기간 계속되었고, 또한 참혹했다. 324년에 두 사람의 군대가 아드리아노플과 크리소폴리스에서 전쟁을 벌였다. 군사력이 막상막하인 양측이 팽팽하게 대치하면서 양측은 모두 큰 피해를 보았다. 병사들이 줄줄이 죽어나갔고, 강물은 점점 핏물로 변해갔다. 그때 콘스탄티누스가 극비 무기를 드러냈

다. 병사들에게 거대한 군기를 게양하라고 한 것이다. 그 깃발은 윗부분에 기독교의 휘장이, 아랫부분에는 예수와 신도를 그린 그림이 들어갔다. 당시 로마에서는 기독교가 상당히 입지를 굳힌 상황으로, 로마군도 대부분 기독교로 전향했다. 전해지는 바에 따르면, 3세기 무렵에 로마의 기독교도가 600만 명까지 늘었고 상류층에도 기독교도가 있었다고 한다. 콘스탄티누스의 어머니도 기독교도였다. 텅 비었던 전장의 하늘을 콘스탄티누스군의 승리의 깃발이 가득 채우자 리키니우스군의 선봉에 선 지휘관들이 서둘러 대열을 정비했지만 모두 허사였다. 깃발을 보고 대부분이 싸울 의지를 잃은 리키니우스군은 결국 완전히 패했고, 콘스탄티누스는 이 모든 것이 예수의 계시가 있었기에 가능했다고 말했다. 이렇게 콘스탄티누스는 신의 보우로 전쟁에서 승리하며 로마제국의 유일한 황제가 되었다.

신흥 세력의 부상

313년에 콘스탄티누스, 즉 콘스탄티누스 1세는 기독교 신앙의 자유와 빼앗은 교회 재산 반환 등을 담은 '밀라노 칙령'을 반포했다. 그리고 이에 따라 그동안 국가가 몰수한 교회 재산을 돌려주고, 사비를 털어서 교회를 신축하는 데 보탰다. 자신의 아들에게도 정통 기독교 교육을 시켰다. 그러나 12년 후 사복음서와 사도서를 둘러싸고 시각의 차이가 생겨 교회 내에 분열이 일어났다. 이에 콘스탄티누스 1세는 니케아 공의회를 열어서 주교 318명의 의견을 듣고, 325년에 교리를 체계화했다. 이때부터 신흥 종교인 기독교를 기반으로 신흥 문명이 나타났고, 회색의 로마를 다시 일으켜 세웠다. 활력이 넘치던 고대 로마를 부활시킨 것이다. 당시의 종교는 이후 유럽에 전파되어 수 세기 동안 유럽을 이끌어간 중심 사상으로 자리 잡았다.

콘스탄티누스 1세는 330년에 본래 리키니우스의 본거지이던 비잔티움으로 수도를 옮겼다. 이곳은 황제의 이름을 따서 콘스탄티노플이라고 불렸다. 콘스탄티누스 1세는 장기적인 관점에서 보스포루스 해협과 마르마라 해가 보이는 곳으로 수도를 옮긴 것이었다. 다시 말해, 이곳은 로마가 동방으로 영토를 확장하기 위해 최고의 조건을 갖춘 땅이었다. 콘스탄티누스 1세는 이곳 콘스탄티노플을 제국의 중심지로, 그리고 동서양을 연결하는 창구로 빠르게 발전시켰다. 또 이곳에 황제를 위해 목숨도 아끼지 않는 최정예 로마군을 배치했다.

밀라노 칙령이 반포된 이후 로마제국은 기독교의 영향을 많이 받았다. 337년, 재위 30주년을 맞이한 콘스탄티누스 1세에게 죽음이 찾아왔다. 임종 직전에 그는 황제의 옷을 벗고 성직자의 흰 옷을 입은 후 그동안 미뤄 오던 세례를 받았다. 그리고 337년 5월 22일에 콘스탄티누스 1세는 눈을 감은 후, 황금 관에 누워 콘스탄티노플의 '사도 성당'에 안치되었다. 그는 죽기 직전까지 신이 속세에서 저지른 자신의 죄를 모두 사하기를 기도했다.

사실 콘스탄티누스 1세가 기독교로 전향했다고 확신하기는 어렵다. 아마도 기독교에 대한 그의 인식은 실리주의에서 출발했다고 볼 수 있겠다. 당시 기독교는 이미 로마 사회 깊숙이 영향을 끼치고 있었고 로마제국은 막강해진 기독교 세력을 저지할 수 없었다. 기독교도들을 탄압하는 것도 이제는 쉽지 않았다. 한편, 기독교를 지지하던 신흥 노예주들도 구세력을 비난하는 데 앞장섰기 때문에 황제가 구세력을 약화시키고 통치 기반을 확고히 하기 위해 이들을 이용하려면 기독교를 공인할 수밖에 없었다. 또 다른 의문점은 콘스탄티누스 1세가 정말로 기독교에 귀의했는가 하는 점이다. 308년에 그는 아폴로 신전에 최고의 예를 갖추어 제물을 바쳤다. 당시 화폐를 만들 때에는 태양신을 새겨넣어야 했는데, 콘스탄티누스 1세는 이를 금지하지 않았다. 또 대제사장을 자처하며 예수를 신전에 다른 신과 함께 모셔야 한다고 주장한 적도 있다. 따라서 당시 로마제국이 완전히 기독교화되었다고 단언하기는 어렵다. 아마 그는 어떤 신, 그리고 그 신도들의 힘을 등에 업고서라도 강성한 제국의 1인자가 되려고 했던 것이라고 평가할 수 있겠다.

이렇게 야심 많던 황제는 제국의 비전을 달성해가는 과정에서 세계의 운명을 바꿔놓았다. 기독교의 부활과 고대 문명의 몰락이 맞물리며 역사는 새로운 시대를 맞이했다.

이민족에 의해 초토화된 영원불멸의 성
서로마제국의 멸망

세계를 지배한 로마제국도 세월 앞에서는 무기력했다. 시간이 흐르면서 승승장구하던 로마의 앞길에 제동이 걸리며 점차 쇠락의 길을 걷게 되었다. 이에 따라 500년 이상 지탱해온 대제국 로마는 내부적으로 분열이 일어났고 그 와중에 이민족들이 빈번하게 침입했다. 이렇게 영원히 쇠락할 것 같지 않던 로마는 후대에 많은 교훈을 남기며 서서히 몰락했다.

통일과 분열

디오클레티아누스와 콘스탄티누스 1세는 로마제국의 최고 전성기를 이끌었다. 그러나 이들이 지는 해가 된 로마의 운명을 되돌릴 수는 없었다. 4세기부터 5세기까지 로마는 바닥난 재정을 채우기 위해 국민의 재산을 가혹하게 착취했다. 18세기 영국의 역사학자 에드워드 기번은 "번성은 부패를 잉태하는 원인이다. 멸망의 원인은 영토를 확장할수록 늘어날 수밖에 없다. 때가 되거나 우연한 사건으로 인위적인 성장의 동력이 사라지면, 그동안 번성을 이끌던 여러 가지 요인이 갑자기 몰락을 앞당기는 악재로 바뀐다."라고 말했다.

337년에 로마의 전성기를 이끌던 콘스탄티누스 1세가 죽은 후 그의 세 아들과 두 조카딸이 로마를 분할 통치했다. 이후 16년 동안 로마제국에는 권력을 둘러싸고 암투가 끊이지 않았다. 353년에 콘스탄티누스의 셋째 아들 콘스탄티누스 2세가 마그넨티우스를 몰아내고 잠시 단독 황제가 되었다. 그는 갈리아에 침입한 알라만족을 물리치기 위해 율리아누스를 부황제로 임명했다. 그러나 후에 율리아누스가 배신하여 이를 토벌하기 위해 제국의 서쪽으로 출정하던 콘스탄티누스 2세가 361년에 세상을 떠났다. 그의 뒤를 이어 율리아누스가 황제로 즉위했다. 그는 로마제국을 잘 다스렸고, 이민족의 침입도 잘 막아냈다. 그러나 363년에 사산 왕조 페르시아로 원정을 가던 중에 부상을 입어 죽었다. 그에게는 후계자가 없었기 때문에 이로써 콘스탄티누스 왕조는 끝이 났고, 로마제국은 혼란 속으로 빠져들었다. 이듬해인 364년에 군 지휘관들이 판노니아 지방 출신의 군인 발렌티니아누스를 황제로 추대했다. 그는 곧장 동생 발렌스를 공

동 황제로 임명해 제국의 동쪽을 통치하게 하고, 자신은 밀라노를 수도로 하는 제국의 서쪽을 다스렸다.

발렌티니아누스가 즉위한 첫해에 로마는 서고트족을 지원했다. 서고트족은 로마의 동북부에서 살던 민족으로 376년에 중앙아시아에서 이동해 온 훈족의 침입을 받아 서쪽으로 민족 대이동을 결심했다. 로마는 서고트족이 스스로 무장을 해제하고 자신들을 인질로 삼아도 좋다고 하자 로마령인 모에시아로 이주할 수 있도록 도왔다. 로마인들은 서고트족을 속주민으로 삼으면 로마군으로 징병되는 것을 원하지 않는 이들에게 군 복무 면제를 대가로 이들에게서 거액을 받아 재정을 확충할 수 있을 것이라고 생각했다. 그들은 이 이민족이 교양도 없고 사리

▲ 로마(좌)와 콘스탄티노플(우)을 상징하는 조형물로 운명의 여신을 형상화했다. 이 조형물은 일반 가정에서도 실제 장식용으로 사용되었다. 당시 로마인들은 운명의 여신을 모티브로 도시의 상징을 만들었는데, 왼쪽의 로마 여신상은 긴 창과 방패를 들고 빈틈없이 방어하겠다는 의지를 표현했고, 오른쪽의 콘스탄티노플 여신상은 좀 더 자유롭게 표현하여 풍요를 상징하는 양의 뿔을 들었다.

판단도 하지 못하는 미개인이라고 여겼다. 그리고 훈족에 대패한 것을 보면 힘도 없는 것이 분명하다고 보았다. 그래서 이들을 피난민으로 대우하지 않고 마치 포로처럼 하대했다. 가혹한 착취는 기본이고, 속주민을 통치한 관리들은 부정부패를 일삼았다. 서고트족은 하루하루를 눈물로 보내다가 마침내는 반란을 일으켰다. 이에 황제 발렌스가 직접 지휘봉을 잡고 6만 대군을 모아서 반란을 진압하려고 나섰다. 378년에 하드리아노폴리스에서 로마와 서고트족의 전쟁이 벌어졌다. 서고트족은 강한 기병을 앞세워서 로마군을 공격했고, 이에 성공하자 여세를 몰아 공격에 박차를 가했다. 그 결과, 예상을 뒤엎고 로마는 병사 4만 명에 군 지휘관과 호민관 35명을 잃었으며 발렌스 황제도 이 전쟁에서 목숨을 잃었다. 전해지는 바로 서고트족은 발렌스 황제의 시신을 막사 안에 넣고 불태웠다고 한다.

이후 동로마는 발렌스와 플라비우스 그라티아누스가 함께 통치했다. 그러다 383년에 그라티아누스가 죽고, 그가 동로마 황제로 임명한 테오도시우스 1세가 사르마티아인과 서고트족을 토벌했다. 그리고 서쪽을 다스리는 발렌티니아누스 2세에게 서고트족의 영토 일부

를 내주었다. 이때까지 서고트족은 잠잠했다. 392년, 발렌티니아누스 2세가 갈리아에 있는 빈의 궁전에서 살해당한 채 발견되었다. 2년 후인 394년에 테오도시우스 1세가 서로마에서 봉기한 세력들을 잇달아 쳐부수고 디오클레티아누스 황제 이후 분할 통치되어 온 로마제국을 재통일했다. 395년에 테오도시우스 1세가 세상을 떠나고, 그의 유언에 따라 두 아들인 열일곱 살 아르카디우스와 열 살의 호노리우스가 각각 동로마와 서로마를 분할 통치했다. 이는 과거에 로마제국이 원활한 통치를 위해 영토를 여러 곳의 속지로 나눈 것과는 완전히 다른 개념이었다. 이후 로마제국은 동로마와 서로마로 분리되어 완전히 다른 독립적인 제국으로 각기 다른 길을 걸어갔다.

영원불멸의 로마, 눈물을 흘리다

서로마를 통치한 열 살 호노리우스는 유약했고, 신하들의 중상모략도 전혀 알아차리지 못했다. 신하들은 서고트족이 로마의 위신을 땅에 떨어뜨리고 있으니 그들은 모두 죽여 마땅하다고 황제에게 말했다. 그 소식을 전해들은 서고트족은 분노했다. 그래서 408년에 서고트족 대장 알라리크가 로마를 압박하기 시작했고, 로마의 일반 시민들과 예속된 농민들은 오히려 이를 반겼다. 당시 로마군은 사방에 뿔뿔이 흩어져 있어서 알라리크는 3개월도 채 안 되어 로마 성을 함락할 수 있었다. 로마 성은 수비에 유리한 구조로 건축되어 공격이 쉽지 않았지만, 알라리크는 로마의 생필품 공급로를 차단하면 쉽게 함락할 수 있다고 생각했다. 그래서 먼저 티베르 강을 장악하고 로마 성을 포위한 채 성벽 가까이에서 진을 쳤다. 식량 공급이 끊긴 로

▼ 3세기에 로마인이 반달족을 몰아 낸 장면을 부조로 표현했다.

마 성에서는 굶주림에 시달리고 전염병 페스트가 돌면서 죽어가는 사람이 속출했다. 로마는 결국 알라리크에게 굴복했고, 호노리우스는 라벤나로 피신해서 이후의 위협에 대항할 준비를 했다. 서로마는 이제 알라리크가 추대한 새로운 황제 아탈루스가 통치했다. 이때 라벤나

로 피신한 호노리우스는 서로마를 단결시켜 서고트족을 물리칠 생각을 하기는커녕 오히려 가만히 앉아서 서고트족이 새로운 통치 세력을 몰아내주기만을 바랐다.

절망에 빠진 로마인들은 원로원에 도움을 구했다. 원로원은 비록 그 명성이 예전만 못했지만 여전히 권위가 있었다. 아탈루스는 서고트족의 알라리크와 협상을 시작했다. 그는 비장하게 알라리크의 진영으로 들어가 서로마에서 철수하라고 요구했다. 그 말에 알라리크는 크게 노해서 벌떡 일어나 소리쳤다. "당신은 내가 이 로마 성 안에 서로마 군대가 얼마나 있는지 파악하지 못한다고 생각하겠지! 여기서 분명히 말하겠다. 나는 군대는 물론, 병사들의 머리털 수까지 알고 있다! 우리 서고트군이 너희를 곧 박살내고 말 것이다." 그러고는 서고트족 병사를 보며 호탕하게 웃었다. 오만하면서 쩌렁쩌렁 귀를 찌르듯 울리는 그의 웃음소리를 듣고 원로원은 내심 두려워졌다. 그러나 아탈루스가 곧 평정심을 되찾고 물었다. "원하는 것이 무엇이냐?" 알라리크가 대답했다. "금과 은을 내놓아라. 보석까지 모두." 선뜻 수락하기 어려운 요구에 아탈루스는 다시 물었다. "그렇다면 당신은 우리에게 무엇을 줄 것인가?" 그러자 알라리크가 단호하게 대답했다. "너희의 목숨만은 살려주겠다."

로마 성으로 돌아온 원로원은 전국의 금은보화를 모조리 긁어 모으고 교회 장식품까지 몽땅 쓸어왔다. 차량 수십 대를 동원해서 전국에서 재물을 실어 나르니 금만 2톤을 훌쩍 넘겼다. 은도 1톤이나 되었고, 비단과 가죽도 많은 양이 모였다. 알라리크는 그것을 보고 로마가 성의를 표시했다고 생각했다. 하지만 서고트족의 욕구를 완전히 채워주지는 못했다. 알라리크는 다시 원로원을 찾아가 검을 꺼내 들고 위협했다. "이 화려한 로마 성에 재물이 고작 이 정도밖에 없다는 말인가?" 원로원은 절망해서 고개를 떨구고 말했다. "그렇습니다. 우리는 최선을 다했습니다." 그러자 알라리크가 분노하며 소리쳤다. "말도 안 된다! 이것으로는 부족하다. 너무 부족해! 이 정도로는 너희를 살려줄 수 없다. 사흘을 더 줄 테니 성 안의 식량을 전부 바쳐라. 그러면 로마를 구할 수 있을 것이다."

원로원은 사흘 동안 모든 식량을 성내로 모았다. 이렇게 서고트족의 마음은 어느 정도 달랠 수 있었지만, 복병이 또 있었다. 또 다른 이민족의 군대가 침략한 것이다. 이때 피신해 있던 호노리우스가 원로원의 제안을 받아들여 서고트족과 협약을 맺기로 했다. 그 협약에 따라 로마는 서고트족에 토지를 주었고, 알라리크군은 로마 성에서 철수했다. 그런데 그 후에 호노리우스가 접경 지역에 사는 서고트족을 모조리 몰아내려는 모험을 감행했다. 그러나 병력 6,000명으로는 알라리크가 이끄는 강한 서고트족 군대의 상대가 될 수 없었다. 로마는 결국 천 여 년 만에 처음으로 이민족에게 완전히 점령당하고 말았다. 알라리크는 그 후 로마에 과두 정부를 세웠다. 그리고 시간이 흘러 호노리우스와 다시 협상을 시작했다.

두 사람이 평화 조약을 체결한 후 로마제국은 진정한 평화를 되찾는 듯했다. 그런데 호노리우스의 장군이 이 협상에 제동을 걸었다. 이미 철수를 선언한 알라리크의 군대를 제멋대로 공격한 것이었다. 로마는 결국 몹시 화가 난 알라리크에게 다시 정복당했다. 알라리크는 고개를 내젓고는 하늘을 보며 푸념을 내뱉었다. "로마 황제가 나를 두 번 속이는구나. 그렇다면 우리도 가만히 있을 수는 없다. 본때를 보여주겠다!"

제국의 영향

410년에 로마가 임의로 평화 조약을 폐지한다고 통보하자 발끈한 알라리크가 다시 군대를 이끌고 로마 성 앞에 나타났다. 그들이 무서운 기세로 공격하면서 그동안 평화롭던 로마에는 다시 어둠의 그림자가 드리웠다. 지난 천 여 년 동안 이민족의 침입을 잘 막아냈던 로마가 완전히 함락되는 순간이었다. 로마를 점령한 후, 알라리크는 이상한 명령을 내렸다. 병사들에게 사흘 동안 마음껏 약탈하라고 명령한 것이다. 이는 자존심 강한 로마인들이 용납할 수 없는 행동이었다. 서고트족 병사들은 로마 성에서 값 나간다 싶은 것들을 모조리 약탈하고 도시를 완전히 폐허로 만들었다. 또, 비록 알라리크가 교회까지 불태우라고 명령하지는 않았지만 도시 전역에 불길이 번지면서 교회도 잿더미가 되었다. 알라리크군은 그렇게 로마를 초토화한 후에야 철수했다. 그로부터 4개월 후 알라리크가 세상을 떠났다. 당시 그의 의형제 아타울푸스가 이끌던 게르만족의 지파 반달족은 오랫동안 평화롭던 이베리아 반도의 안달루시아 지역에 정착했다.

이후 반달족은 에스파냐의 인근 지역을 정복하고, 강력한 함대를 이끌고 북아프리카에 상륙했다. 439년에는 카르타고를 점령하고 트

▲ 476년에 서로마 황제 아우구스
툴루스가 폐위되는 장면으로,
서로마제국의 몰락을 상징한다.

리폴리까지 진격했으며, 지중해의 코르시카와 시칠리아, 사르데냐 섬도 정복했다. 이어서 455년에 마침내 로마 성으로 진격하면서 영원불멸의 성 로마는 또다시 이민족의 침입을 받았다. 이제 로마제국에 희망이라고는 전혀 찾아볼 수 없었다. 그 후에는 훈족의 침입이 이어졌다. 이들에게 굴복한 서로마는 평화를 얻기 위해 훈족에게 매년 금 150kg을 바치겠다고 약속했다. 로마가 훈족에게 조공으로 바쳐야 하는 금액은 해를 거듭할수록 눈덩이처럼 불어났다. 한편, 서로마에서는 반달족 출신의 애국심이 투철했던 스틸리코를 처형한 후 각지에서 여러 세력이 저마다 황제를 칭하고 나서 정국이 혼란에 빠졌다. 브리타니아에는 색슨족이 침입했고, 갈리아 지방에는 프랑크족과 부르군트족이 침입했으며, 에스파냐는 수에비족과 반달족에게 점령되었다. 475년에 오레스테스는 스스로 황제가 되지 않고 이제 네 살인 어린 아들 로물루스 아우구스툴루스를 황제의 자리에 앉혔다. 그 이듬해인 476년에 게르만족이 로물루스 아우구스툴루스에게 스스로 퇴위하면 연금을 주고 목숨을 부지할 수 있게 해주겠다고 제안했다. 아우구스툴루스가 이를 받아들이면서 서로마제국은 결국 완전히 멸망했다.

오랜 세월 최고의 전성기를 누리던 로마제국은 이렇게 서서히 역사의 저편으로 사라졌다. 그러나 모든 것이 절망으로 변해버렸을 때, 한 가닥 희망이 그들을 기다리고 있었다.

로마제국의 영광 로마 문명

기원전 753년에 건국되어 476년에 멸망할 때까지 로마는 천여 년 동안 수많은 우여곡절을 거치며 역사를 써내려 갔다. 광활한 지역을 통치한 강력한 로마가 남긴 로마 문화는 대대로 전해져서 오늘날에도 우리 곁에 살아 숨 쉬고 있다.

로마여, 위대하도다!

사람들은 그리스를 번영의 땅, 로마를 위대한 땅이라고 말했다. 그리스와 로마는 실제로 주옥 같은 문명을 이룩해 인류의 역사를 더욱 찬란하게 했다. 로마는 그리스 문명을 계승했지만 그대로 답습하지 않고 그리스 문명을 모티브로 삼아 로마의 특색을 잘 살렸다. 문학, 역사, 철학을 망라하며 큰 업적을 남겼고, 체계적인 법 제도와 정교하면서도 웅장한 건축 예술은 그리스 못지않게 훌륭하며 로마 최고의 걸작이라고 할 수 있다.

로마는 또한 그리스 문학을 계승하고 주옥 같은 작품을 많이 남겨 고대 그리스와 중세 문학의 가교라고 설명할 수 있다.

로마 시인 베르길리우스(기원전 70~기원전 19)는 로마의 시성詩聖이라고 불릴 만큼 뛰어난 시인이었다. 대표작인 로마 건국에 대한 서사시 《아이네이스》는 로마 건국 당시 트로이의 영웅인 아이네이아스를 노래한 시이다. 그는 11년이라는 긴 시간 동안 많은 공을 들여서 아이네이아스가 그리스군에 패한 후 부하들과 함께 이곳저곳을 떠돌며 라티움에 로마제국의 기초를 세운다는 줄거리를 구성했다. 또 다른 걸작 《농경시》도 완성하는 데 무려 7년이나 걸렸다. 4권으로 구성된 이 서사시는 작물 재배와 기후, 가축 사육 방법, 양봉에 이르기까지 국토에 대한 사랑과 농사의 중요성을 고취하기 위해 쓴 작품이다. 당시 로마제국의 소박한 생활이 생생하게 표현되어 있다.

호라티우스(기원전 65~8)도 당대 최고의 시성으로 평가되었다. 남부 이탈리아의 베누시아에서 해방 노예의 아들로 태어났고, 아테네의 아카데메이아에서 수학했다. 그가 쓴

▼ 고대 로마의 시인 호라티우스의 동상

《서정시집》4권은 최고의 기교를 발휘해 전원생활과 일상생활 등을 노래한 시 등 아름다운 서정시를 담았다. 《풍자시》2권은 문명을 비판하는 내용을 담았다. 당시는 많은 시인이 공화정을 버리고 전제군주정으로 전향했고, 호라티우스도 아우구스투스의 궁정 시인이었다. 그는 카이사르 암살 사건과 내란을 죄악으로 여기며 특히 내란을 비판했다. 그리고 아우구스투스가 이러한 죄악에 보복해야 한다고 말했다. 그의 작품에는 사회의 부정부패를 신랄하게 비판하는 내용도 있는데, 이를 아우구스투스가 여러 제도를 확립한 동기와 연관시켜 설명했다. 즉, 황제가 사회 질서를 바로잡고 윤리 기강을 확립하기 위해 제도를 구축했다고 전했다.

한편, 로마는 철학에서도 눈부신 성과를 거두었다. 그리스 철학자들과 비교해 로마 철학은 좀 더 참신했다. 무엇보다 로마 철학은 유파가 다양했으며 대표적으로 스토아학파, 에피쿠로스학파, 회의학파, 신新플라톤학파 등이 있었다.

사학자도 많이 배출되었다. 로마 역사를 처음으로 서술한 역사가는 파비우스 픽토르로, 기원전 200년경에 로마의 건국 신화를 그리스어로 기록했다. 특히 그는 제2차 포에니 전쟁을 기록하는 데 더 많은 노력을 기울였다.

로마 최고의 역사학자로는 단연 타키투스(55~120)를 꼽을 수 있다. 로마 귀족 출신인 그는 어렸을 때부터 글을 매우 잘 쓰고 박학다식해서 주변 사람들을 놀라게 할 정도였다고 한다. 로마 제정 시대에 호민관, 재무관, 법무관을 거쳐 집정관을 지냈으며, 황제정을 비판한 역사서를 썼다. 그는 역사서를 쓸 때 역사적 사실을 하나하나 신중하게 고찰해서 기록했다고 한다.

기원전 1세기의 로마 역사, 즉 로마제국 초기의 역사는 주로 타키투스의 기록을 통해서 알 수 있었다. 그는 《역사》, 《게르마니아》, 《연대기》등 주옥 같은 작품을 남겼다.

일상생활 속 로마 문명

로마인들은 기술을 상당히 발전시켰다. 당시 다른 어느 나라도 따라올 수 없는 경지였다고 해도 과언이 아니었다. 심지어 로마인의 기술이 19세기까지 전해내려올 정도였다.

이처럼 로마제국의 기술은 가히 혁신이었다. 그리스와 이탈리아는 선박과 무거운 화물을 옮길 때 기중기를 사용했고, 황제정 초기부터 곡물을 경작할 때 바퀴식 쟁기와 탈곡기를 사용했다. 이 덕분에 경작 속도가 확연히 빨라졌고, 밭을 더욱 깊게 팔 수 있게 되어 다양한 작물을 재배할 수 있었다. 그리고 갈리아에는 오늘날의 콤바인과 같은 구조인 소가 끄는 수확 기계도 사용되었다.

▲ 기원전 1세기 로마의 농촌 생활을 대리석 부조로 표현했다. 한 농민이 포도 광주리를 들고 사냥감은 이고 걸어가는 모습이다. 소의 등에는 장에 내다 팔 양이 실렸다.

백만 인구가 모여 살았던 로마는 수공업의 종류도 무려 80여 가지나 되었다. 주로 자유민과 노예들이 수공업으로 생계를 꾸렸으며, 로마와 이탈리아에서는 주로 소규모 공방에서 일꾼 몇 명이 노예를 두고 일하는 형태였다. 중간 규모의 공방은 두 자리 수의 노예를 두었고, 100명 이상 노예를 부린 대형 공방도 있었다. 노예를 가장 많이 부린 업종은 건축이었다. 1만 명 이상을 수용하는 대형 극장을 세우려면 노예가 천 명 이상 필요했다.

고대 로마의 역사가이자 과학자인 플리니우스는 유리에 관해 다음과 같이 기록했다. 천연 소다를 거래하는 페니키아 상선이 지중해 연안의 강 하구에 이르러 식사 때가 되자 밥을 지을 준비를 하려고 했다. 그런데 주위는 온통 모래사장이라 솥을 걸어놓을 재료가 없었기 때문에 자신들의 배에 실은 소다덩어리를 받침으로 삼아 솥을 걸고 불을 지폈다. 얼마 후 이 불길이 세지면서 소다가 모래와 섞여서 처음 보는 반투명한 액체가 몇 줄기 흘러내렸고, 이렇게 해서 페니키아 상인들이 최초로 유리의 제조 원리를 발견했다. 훗날 로마가 페니키아를 점령하면서 유리 제조 기술을 도입하고 발달시켜 온갖 유리 공예 기술이 개발되었다고 한다. 로마인들은 술잔과 장식품도 유리로 만들었다.

특히 각종 유리를 가열해서 혼합하고 새로운 모양을 만들어내는 상감 공법이 유명했다. 그리고 유리 표면에 인물이나 도안을 장식하는 부조 공법도 유행했다. 유명한 포틀랜드 화병은 상감 공법과 부

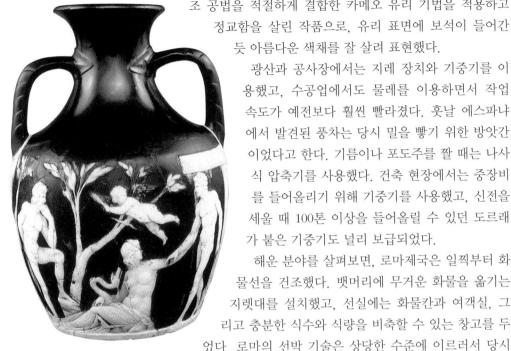

조 공법을 적절하게 결합한 카메오 유리 기법을 적용하고 정교함을 살린 작품으로, 유리 표면에 보석이 들어간 듯 아름다운 색채를 잘 살려 표현했다.

광산과 공사장에서는 지레 장치와 기중기를 이용했고, 수공업에서도 물레를 이용하면서 작업 속도가 예전보다 훨씬 빨라졌다. 훗날 에스파냐에서 발견된 풍차는 당시 밀을 빻기 위한 방앗간이었다고 한다. 기름이나 포도주를 짤 때는 나사식 압축기를 사용했다. 건축 현장에서는 중장비를 들어올리기 위해 기중기를 사용했고, 신전을 세울 때 100톤 이상을 들어올릴 수 있던 도르래가 붙은 기중기도 널리 보급되었다.

해운 분야를 살펴보면, 로마제국은 일찍부터 화물선을 건조했다. 뱃머리에 무거운 화물을 옮기는 지렛대를 설치했고, 선실에는 화물칸과 여객실, 그리고 충분한 식수와 식량을 비축할 수 있는 창고를 두었다. 로마의 선박 기술은 상당한 수준에 이르러서 당시 세계 각지를 항해할 수 있었다. 돛대와 항구를 세울 때에도 콘크리트 거푸집을 이용해서 견고하게 만들었다. 또 등대를 이용해서 항로를 파악하고 브리타니아와 레바논까지 항해할 수 있었다.

▲ 포틀랜드 화병
상감 공법과 부조 공법을 결합해서 만든 꽃병으로, 양쪽에 손잡이가 있고 푸른색 베이스 위에 흰색 유리를 조각했다.

로마의 모든 신에게 바치는 판테온 신전

고대 로마의 건축 기술은 세상을 놀라게 했다. 당시의 건축은 로마 정신의 표현이요, 로마인들의 창작 재능이 한껏 발휘된 결정체였다. 로마인들은 조화미를 추구했고, 동방의 건축물처럼 중심을 축으로 하여 균형미를 강조했다. 또한 웅장한 스케일이 돋보였다. 로마제국이 얼마나 막강한 실력을 갖추었는지 당시의 건축물을 통해서 간접적으로나마 그 느낌을 받을 수 있겠다.

주로 아치형 구조로 만들었고 다리와 도로, 수도는 물론 대형 극장도 대규모로 웅장하게 지었다. 고대 로마 시대의 건축물은 매우 견고하게 지어져서 지금까지도 원형을 거의 그대로 보존하고 있다.

크게 주택, 성벽, 궁전, 신전, 극장, 욕장, 기념문 등 건물의 종류도 다양했다. 특히 고대 로마의 건축 수준을 가장 잘 표현한 것은 신전이다. 로마의 모든 신에게 바치는 판테온 신전이 그중에서도 단연 돋보인다.

장장 27년 동안 공을 들여 세운 판테온 신전은 로마에서 발생한 대화재로 완전히 소실되었고, 이후 하드리아누스 황제 때 로마 재건 계획의 일환으로 다시 건축되었다.

북쪽 입구에 8개의 코린트식 기둥이 있으며 높이는 모두 12.5m이다. 기둥 윗부분은 넝쿨 모양의 카르투슈 양식으로 장식했다. 신전 내부는 돔형 천장을 제외하고는 대부분 우산살 모양으로 배치했다. 천장의 높이와 안지름은 동일하게 43.2m이고, 벽의 두께는 6.2m이다. 신전 안에서 고개를 들어 위쪽을 쳐다보면 짙푸른 하늘을 보는 듯한 느

▲ **판테온 신전의 내부**(소묘)
고대 로마의 원형 신전으로, 로마제국 장군이던 아그리파에 의해 만들어졌다. 훗날 로마 대화재로 소실되어 1세기에 하드리아누스 황제가 새로 지어 오늘에 이른다.

낌이 든다. 신전 입구에는 당시 최대 규모였던 7m 높이의 청동문이 있다.

하드리아누스 황제가 판테온 신전을 건축할 때에는 돔형을 적용했다. 특히 콘크리트로 재건해서 더욱 견고해졌다. 오늘날까지도 당시의 원형을 잘 보존하고 있다. 돔형 천장은 원자재의 무게를 신중하게 따져서 지어졌으며, 대칭미와 웅장한 느낌을 경이로울 정도로 잘 살렸다.

판테온 신전은 로마 건축의 정수를 보여주는 걸작으로 후대에 큰 영향을 끼쳤다. 당대의 다른 지역에서도 모방했고, 르네상스를 대표하는 피렌체 대성당도 판테온의 돔 형식을 채용했다. 미켈란젤로의 산 피에트로 대성당도 판테온 신전을 모티브로 한 작품이다.

세계사 ❷
역사가 기억하는 제국시대

발행일 / 1판1쇄 2012년 4월 5일

편저자 / 궈팡

옮긴이 / 이한님

발행인 / 이병덕

발행처 / 도서출판 꾸벅

등록날짜 / 2001년 11월 20일

등록번호 / 제 8-349호

주소 / 경기도 고양시 일산동구 장항동 775-1 삼성마이다스 415호

전화 / 031) 908-9152

팩스 / 031) 908-9153

http://www.jungilbooks.co.kr

isbn / 978-89-90636-54-6

잘못된 책은 구입하신 서점이나 본사에서 교환해 드립니다.